GIULIA SEIBEL & TEAM BLOOM's

WINTERLICHE STERNSTUNDEN

62 DIY-IDEEN
STERNE FÜR ADVENT & WEIHNACHTEN

BLOOM's

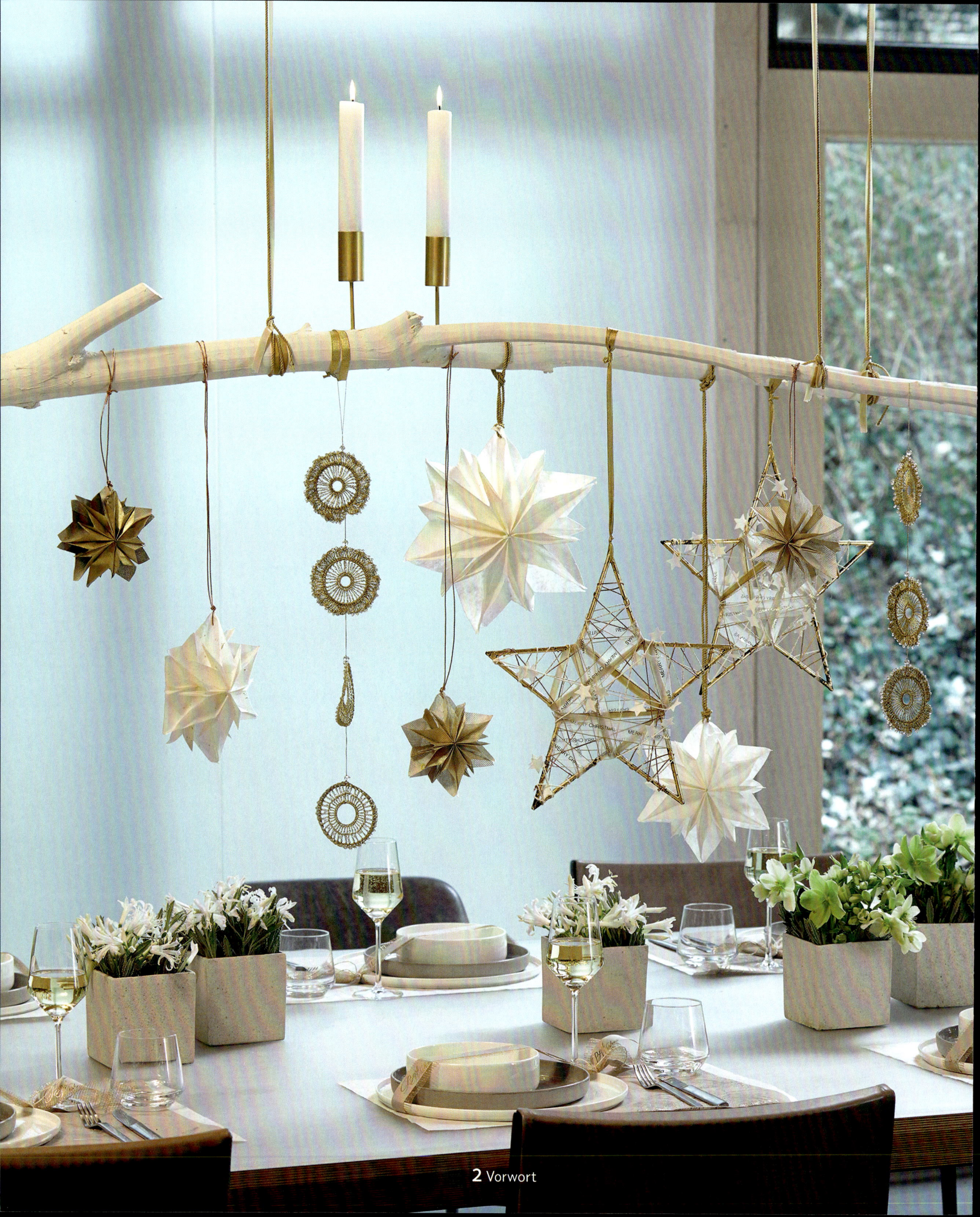

VORWORT

LASST ES STERNE REGNEN!

Sterne sind traditionsreiche Symbole, die zur Weihnachtszeit genauso dazugehören wie der Weihnachtsbaum oder die selbst gebackenen Plätzchen. Ob vereinfacht oder völlig abstrakt dargestellt, Sterne verwandeln die eigenen vier Wände während der Advents- und Weihnachtszeit in einen magischen Ort und schaffen, noch bevor der Baum aufgestellt wird, eine stimmungsvolle Atmosphäre. Und je individueller, desto schöner wird es. Dafür sorgen unterschiedliche Materialien wie Holz, Papier, Draht, Nüsse, Blüten und vieles mehr. So gleicht kein Stern dem anderen und die Gestaltungsvielfalt regt die eigene Kreativität noch mehr an.

Von klein bis groß, auffallend bunt oder dezent, aufwendig oder ganz leicht – in diesem Buch findet Ihr eine Auswahl der schönsten Sternideen, die Euch inspirieren und anregen, gleich selbst kreativ zu werden.

Viel Spaß beim Durchblättern, Basteln, Gestalten und Ausprobieren!

INHALTSVERZEICHNIS

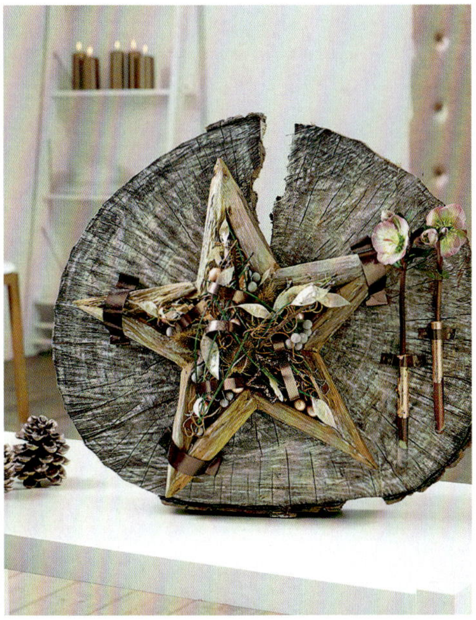

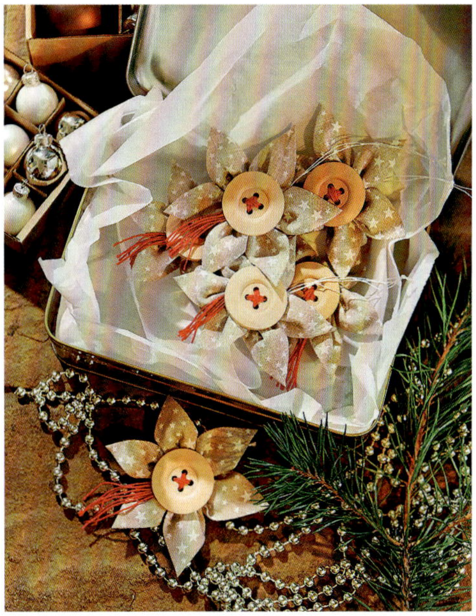

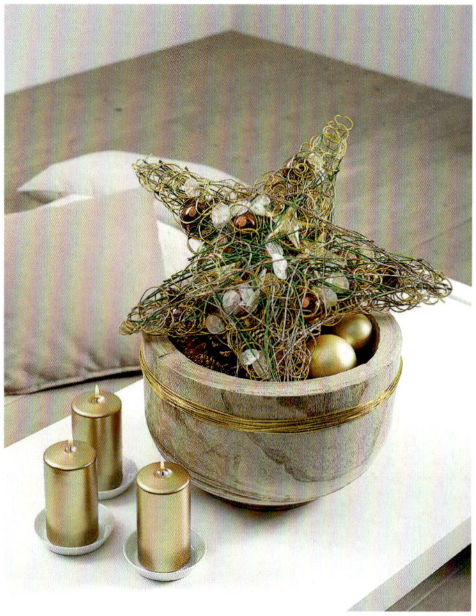

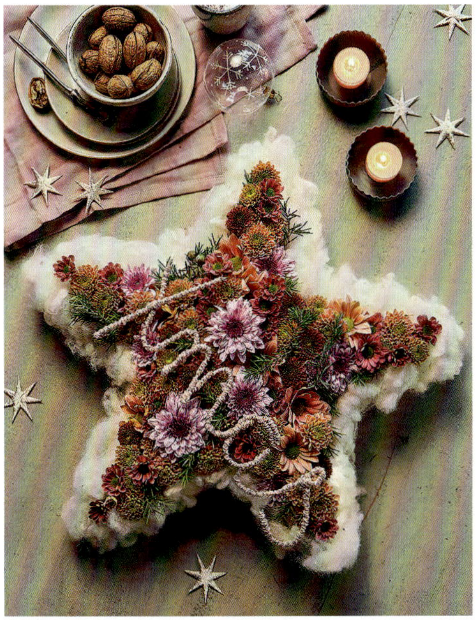

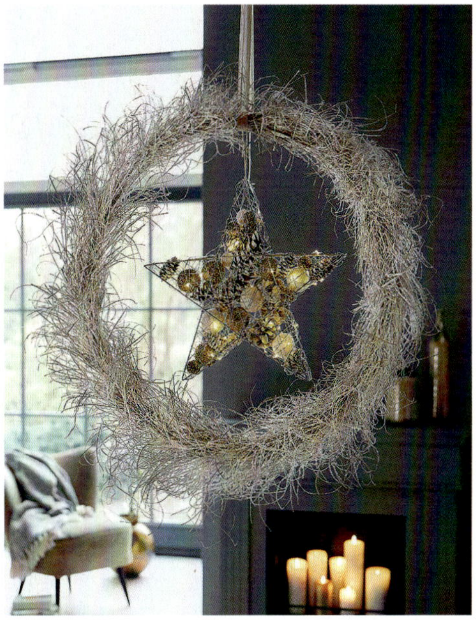

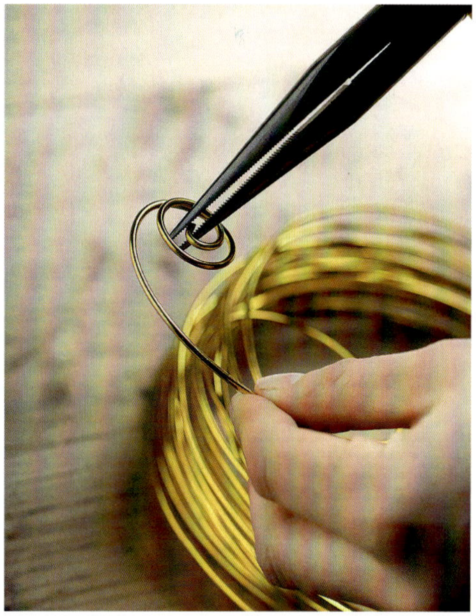

Wer selbst kreativ werden will, sollte das immer zuhause haben:
Schere, Stift, Lineal, Messer, Pinsel, Heißkleber, Klebestift, Tacker, Locher, Bohrer oder Akku-Schrauber, Hammer, Arbeitshandschuhe, Schwanenhals-Flasche, Twister, Seitenschneider und Zange

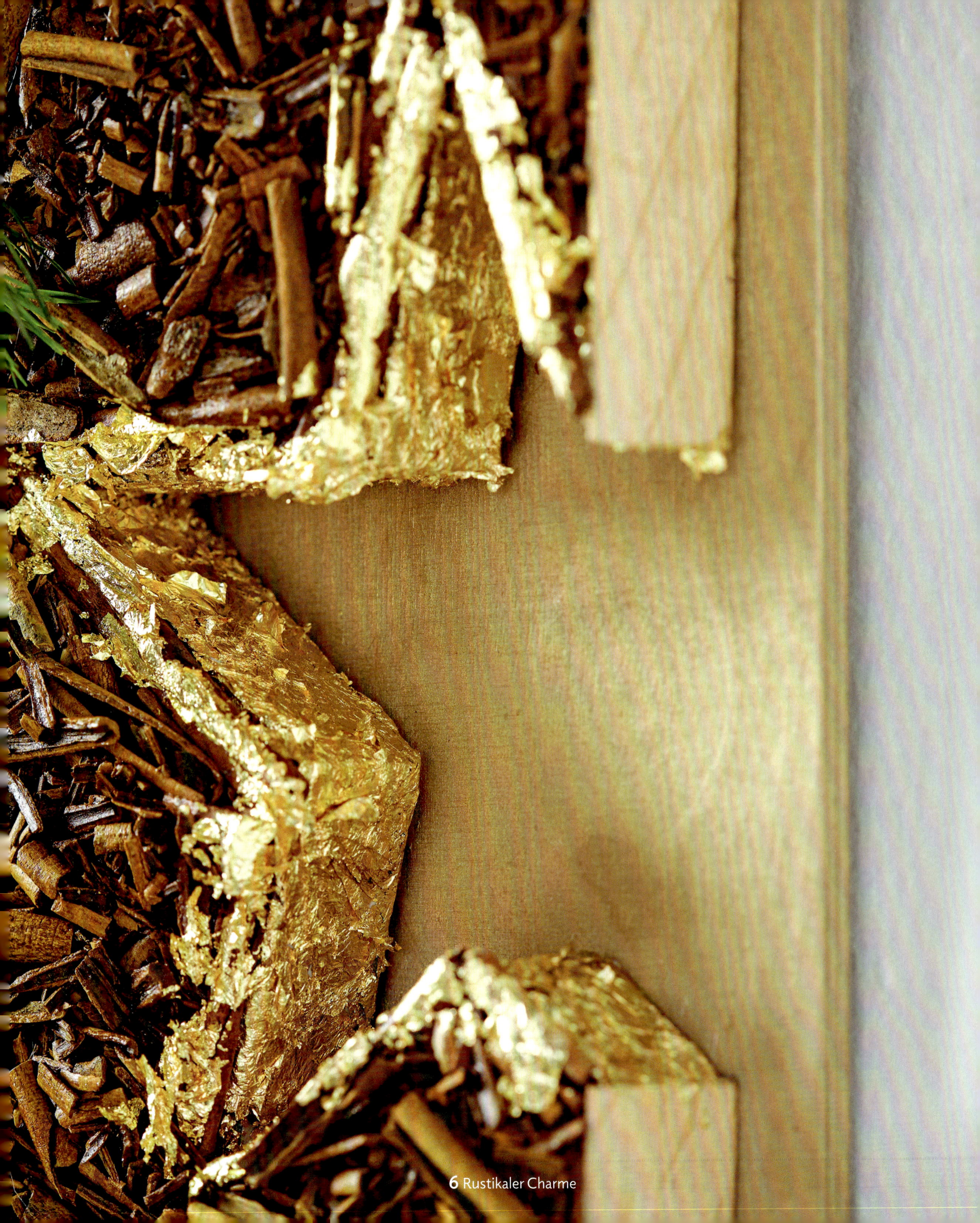

RUSTIKALER CHARME

Dieser Stil zeichnet sich durch die Verwendung grober und naturnaher Materialien wie Baumscheiben, Furnier, Holzplatten, Zweigen, Ästen und Stroh aus. Daraus entstehen dekorative Elemente, die natürlich, zurückhaltend und bodenständig sind. Mit glänzenden Details können sie aber auch genauso ansehnlich einen edlen Touch annehmen.

Stern mit bunter Mitte

Das wird benötigt:

Hilfsmittel
- Wickeldraht
- Aluminiumdraht
- Sprühfarbe, weiß

Pflanzliches
- Hartriegel
- Schwarzkiefernzapfen
- Seidenkiefer
- Äpfel

Accessoires
- Metallsterne
- Holzsterne
- Stoffherz
- Filzwolle

Ein buntes Geäst, das mit einigen Details aufwartet. Das Grundgerüst der Sternenskulptur besteht aus kreisförmig ineinander gewundenen Zweigen. Lange Hartriegelzweige werden mit Wickeldraht fixiert und bilden auf diese Weise die charakteristische Strahlenform. Grüne Äpfel auf Aluminiumdrähten sowie rote Äpfel auf Zweigen, weiße angesprühte Zapfen, Stoffherzen und Sterne sorgen für ein verspieltes Aussehen.

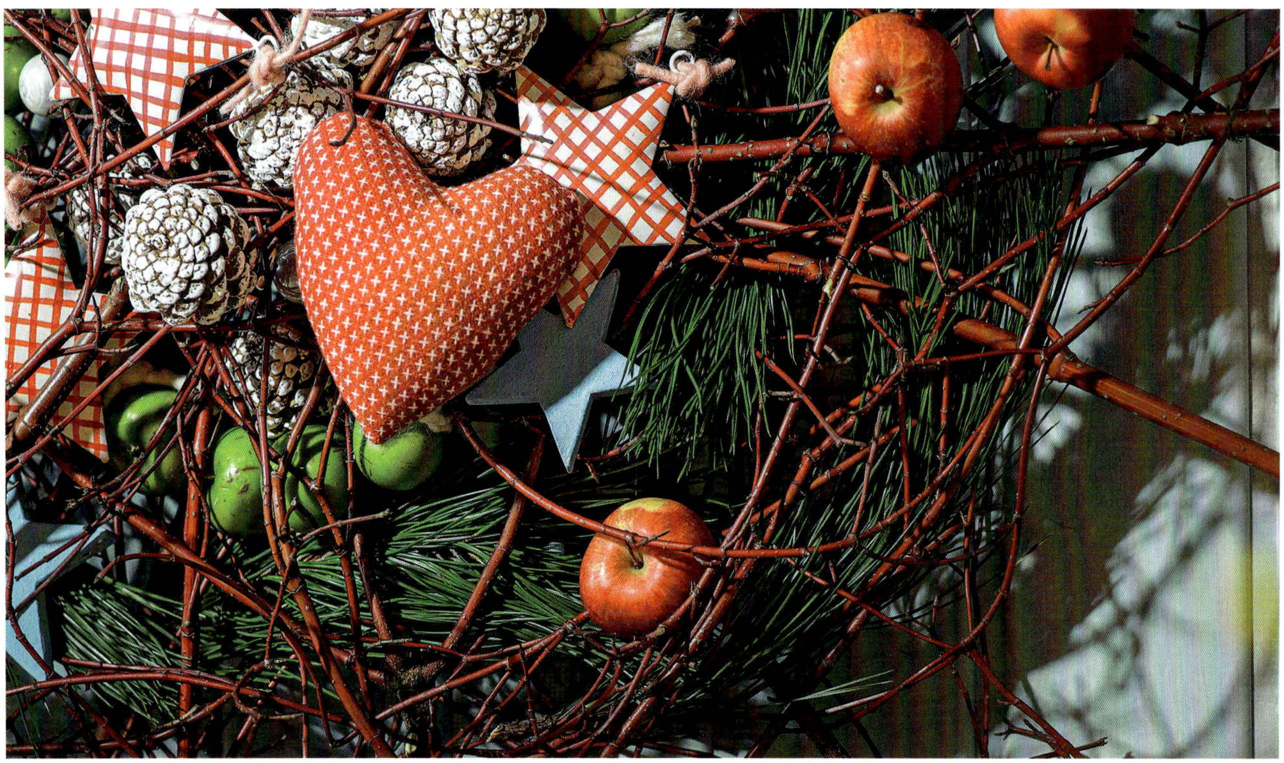

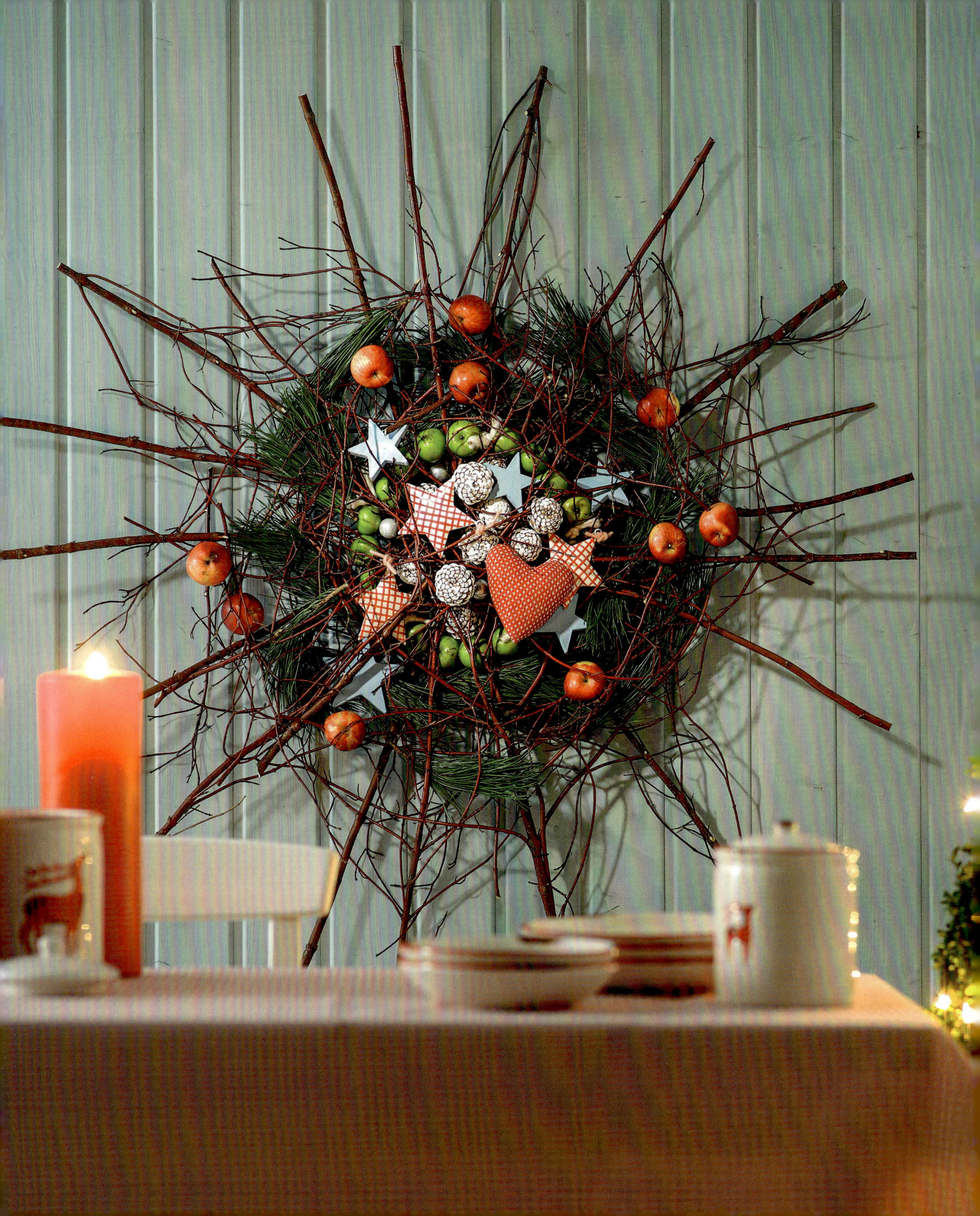

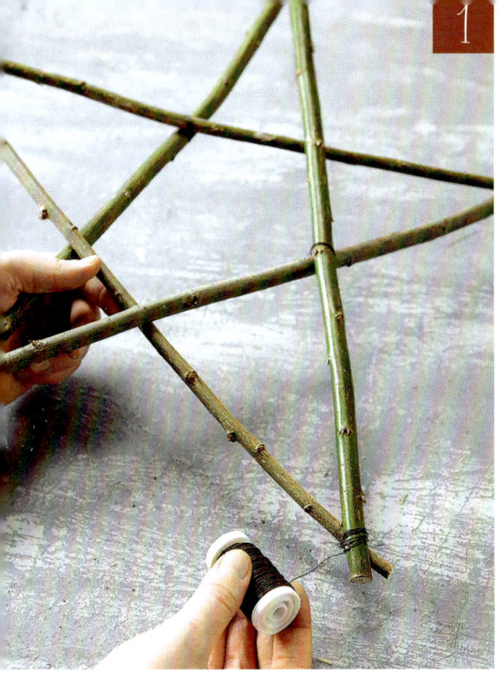

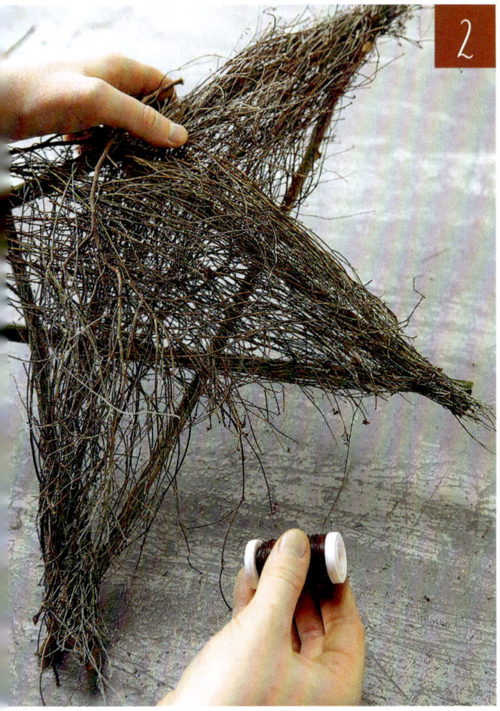

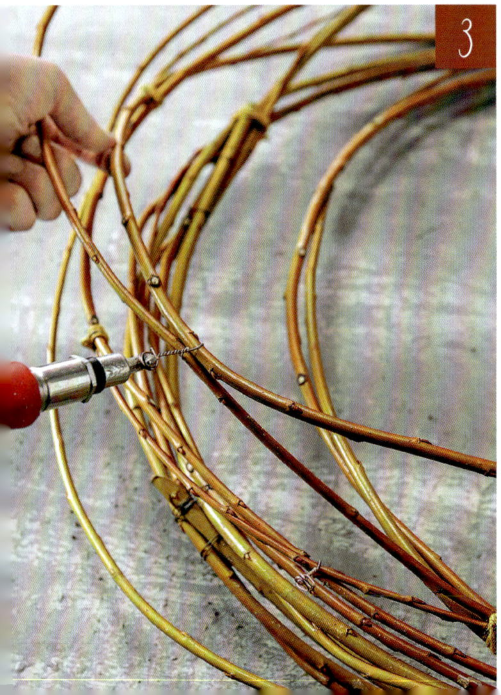

☆ IM STERNENKREIS

DAS WIRD BENÖTIGT:

Hilfsmittel
- ★ Twistdrähte
- ★ Myrtendraht
- ★ Wickeldraht
- ★ Sprühkleber
- ★ Schnur

Pflanzliches
- ★ Wilder Thymian
- ★ Stechpalme
- ★ Sicheltanne
- ★ Kiefernnadeln
- ★ Fichtenzapfen
- ★ Weidenzweige
- ★ Zimt
- ★ Walnüsse

Accessoires
- ★ Sterne, gold

SO WIRD'S GEMACHT:

1. Eine sternförmige Grundform aus dickeren Zweigen mithilfe von Wickeldraht zusammenbinden.

2. Die Grundform mit Thymianzweigen bewickeln und diese mit Myrtendraht befestigen. Die pflanzlichen Bestandteile und Accessoires in die Thymianzweige einarbeiten und ebenso wie die Kiefernnadeln mit Sprühkleber fixieren.

3. Weidenzweige zu Ringen formen und mittels Twister (Drillapparat) und Twistdrähten zusammenrödeln. Die Bindestellen können mit einer Schnur umwickelt und so hervorgehoben werden. Zum Schluss die Sternform in den Kreis einklemmen.

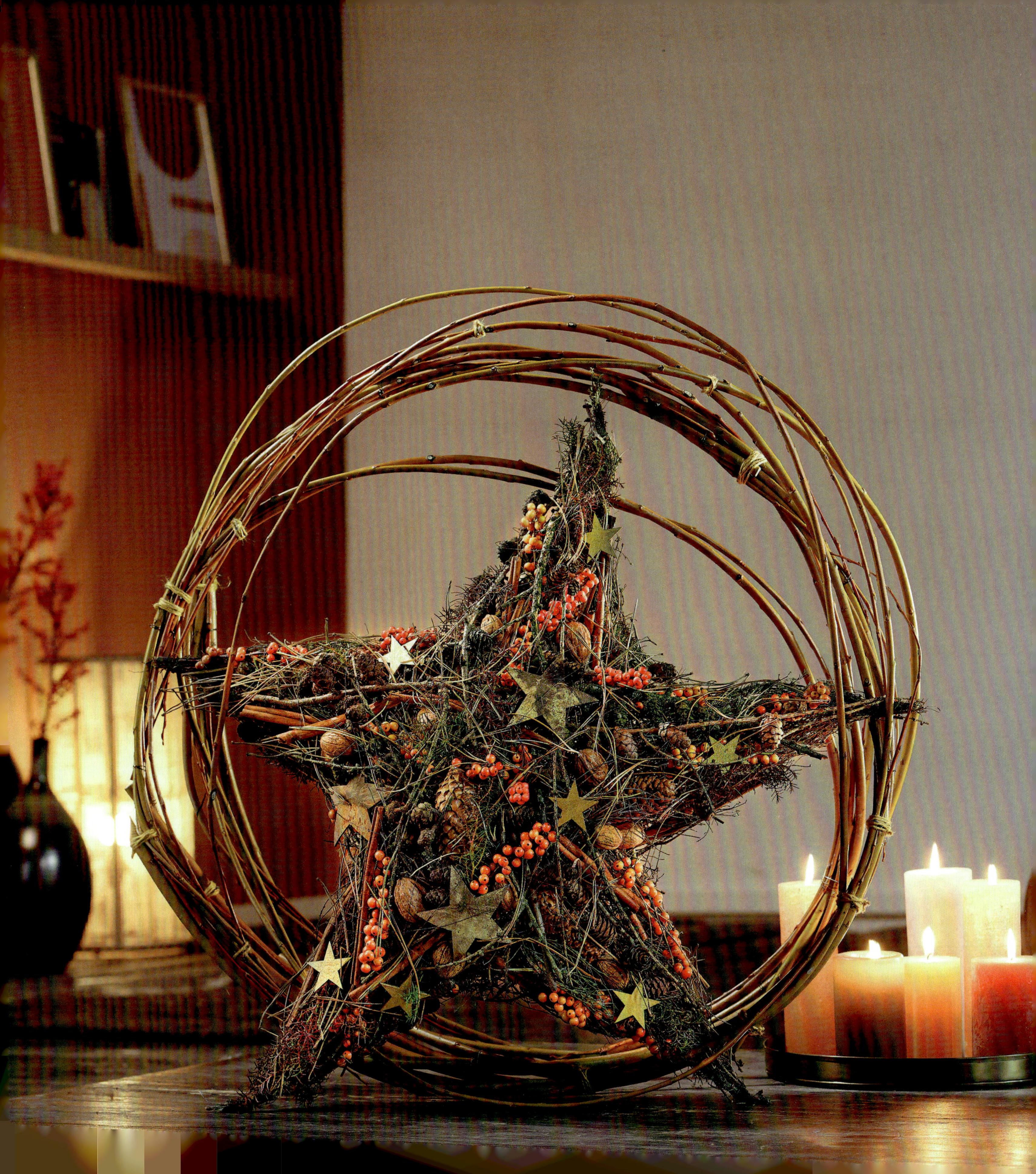

KERZE IM STROHSTERN

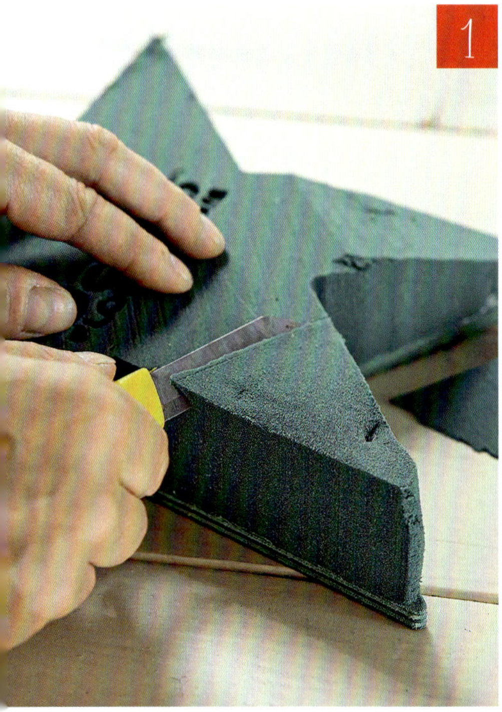

DAS WIRD BENÖTIGT:

Hilfsmittel
- Frischblumensteck-schaum-Stern
- Pinholder
- Knetkleber
- Zierdraht

Pflanzliches
- Stroh
- Hagebutten
- Lärchen- und Buchsbaumzweige

Accessoires
- Sterne, klein
- Stumpenkerze
- Keramik-Kerzenhalter, sternförmig

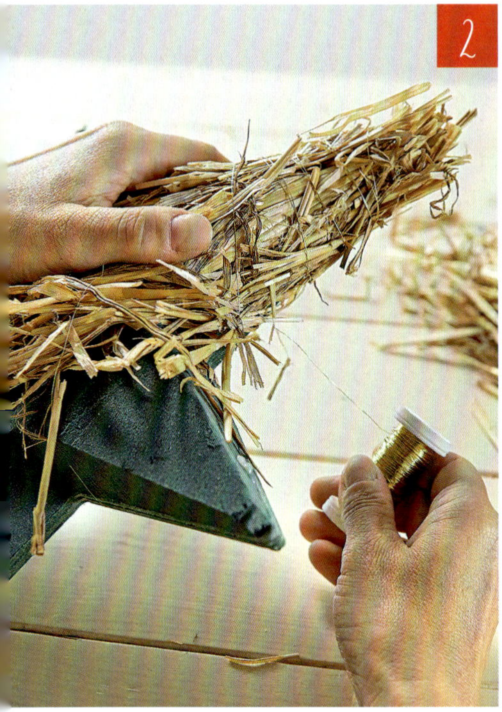

SO WIRD'S GEMACHT:

1. Als erstes alle Spitzen der sternförmigen Gestaltungsgrundlage aus Steckschaum mit einem Messer abschrägen.

2. Den Stern mithilfe von Zierdraht mit Stroh bewickeln. Den Pinholder mit Knetkleber versehen, an dem Keramikstern befestigen und in den Strohstern stecken. Eine Stumpenkerze einsetzen, kleine Sterne aufkleben und Hagebutten sowie Zweige einstecken.

Achtet darauf, dass die pflanzlichen Materialien nicht in die offene Flamme ragen.

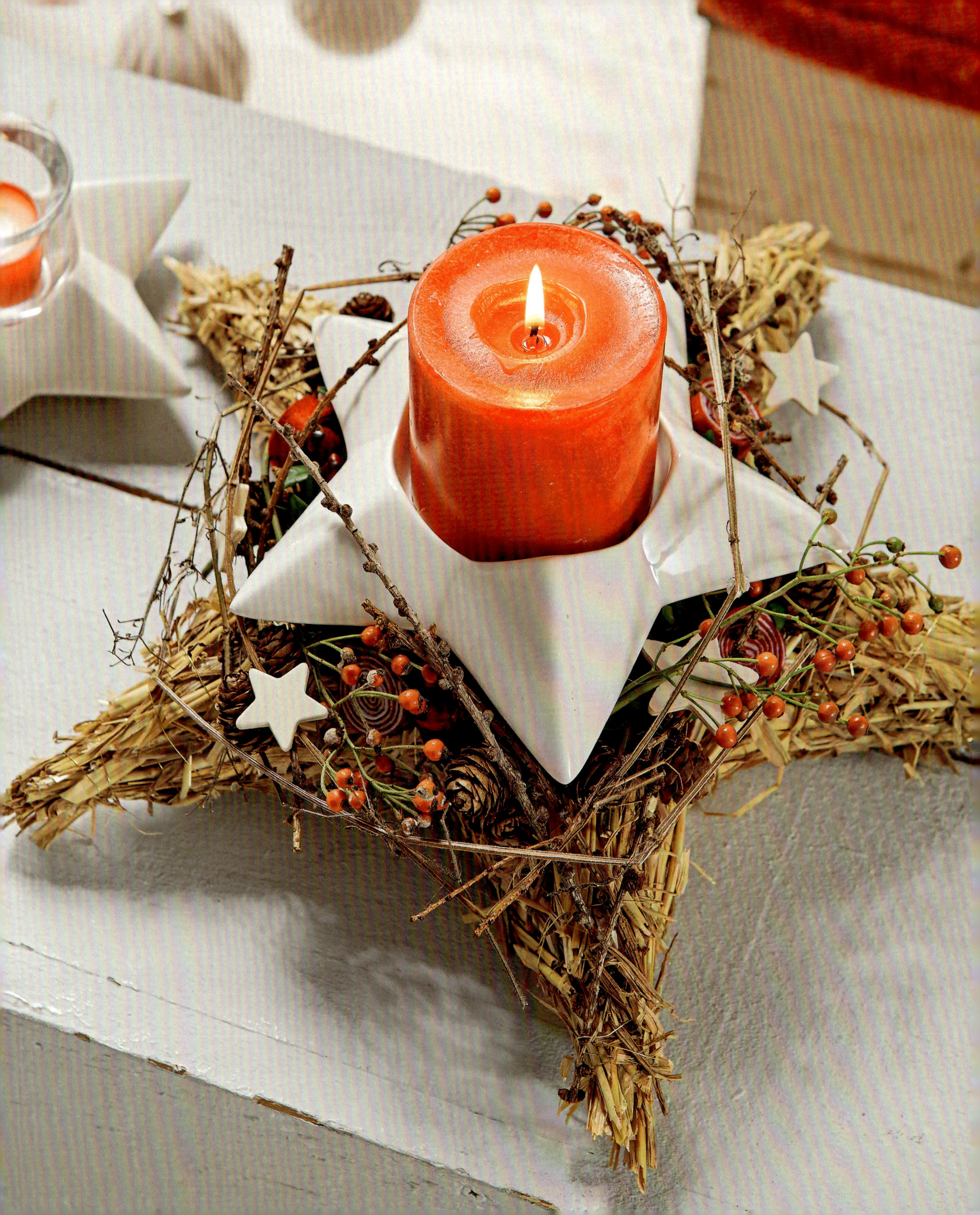

GESTAPELTE STERNE

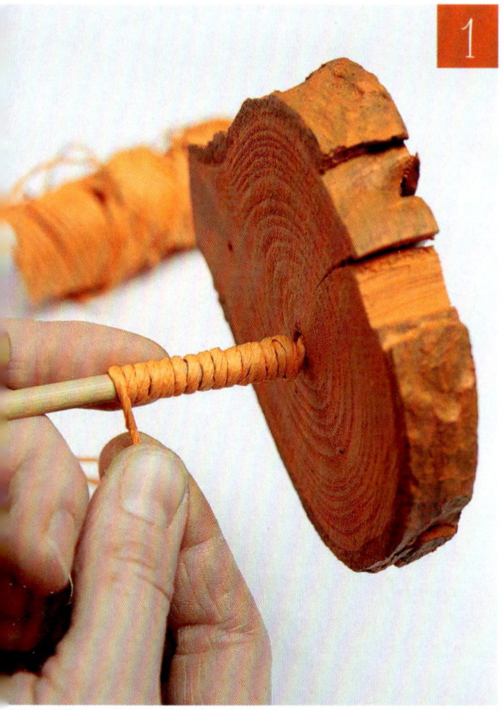

DAS WIRD BENÖTIGT:

Hilfsmittel
- Holzstab
- Papierwickeldraht, farbig
- Abtönfarbe

Pflanzliches
- Holzscheibe

Accessoires
- Strohsterne, verschiedene Größen

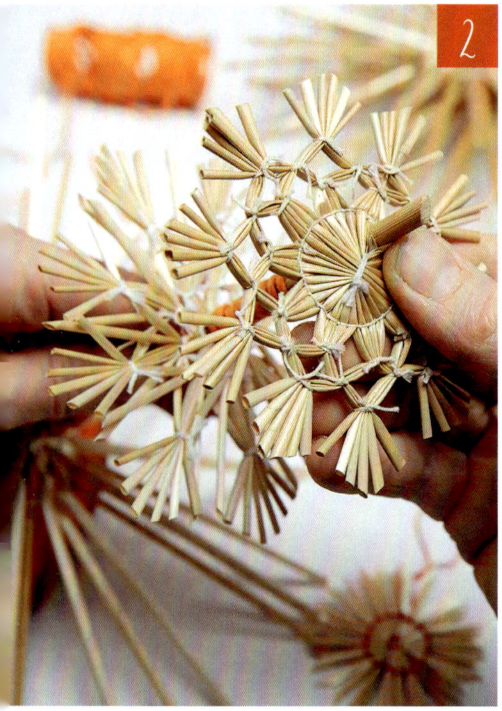

SO WIRD'S GEMACHT:

1. Die Holzscheibe mit Abtönfarbe streichen. Nach dem Trocknen mittig ein Loch einbohren, in das der Holzstab hinein passt. Diesen einstecken und mit Heißkleber fixieren. Das untere Stück mit dem Draht umwickeln, bis zu der Höhe, in der der erste Stern angebracht werden soll.

2. Dann die Strohsterne der Größe nach auf den Stab ziehen, dabei die Zwischenräume jeweils mit dem Draht umwickeln. Den letzten Stern aufrecht mit Heißkleber an der Spitze fixieren.

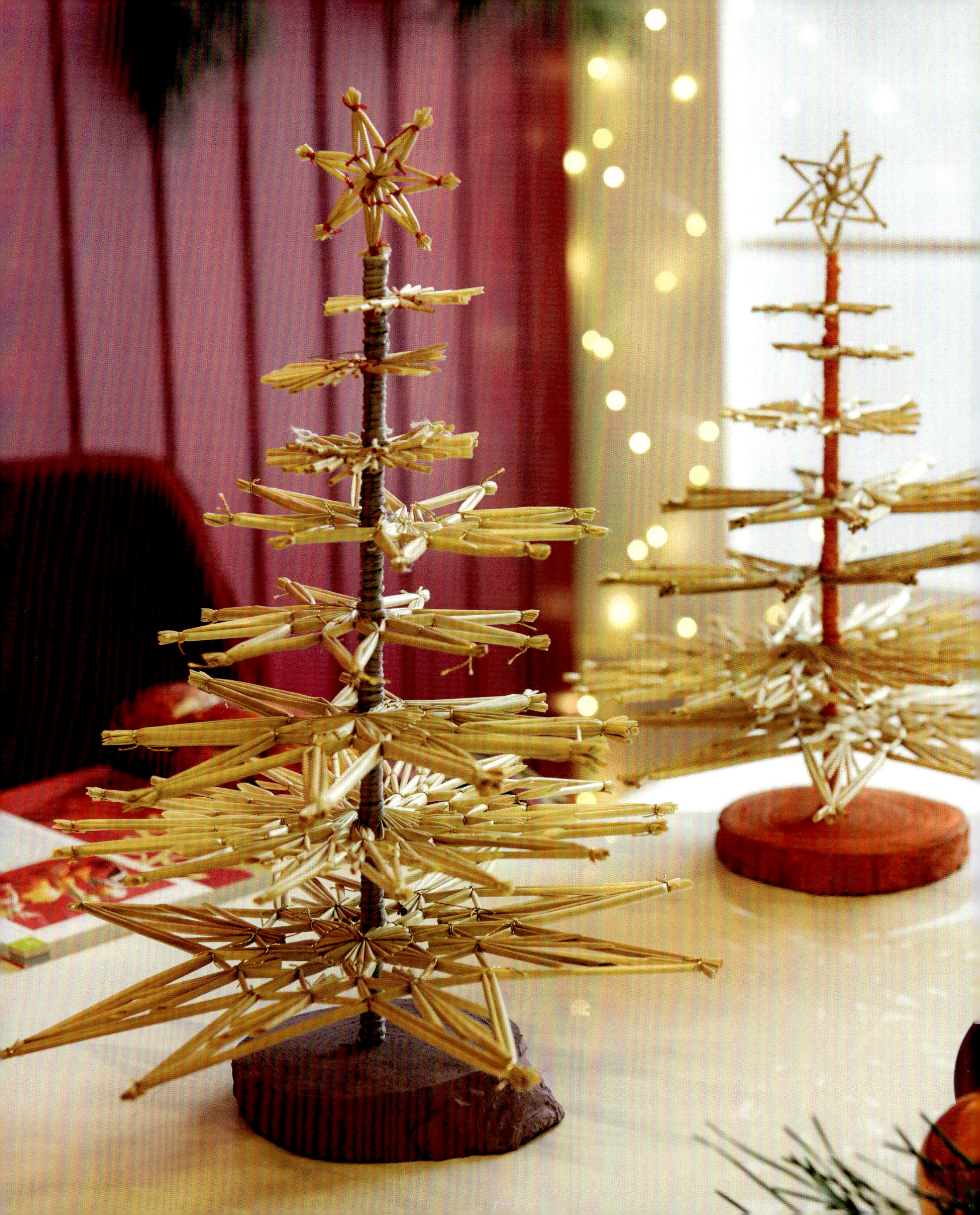

STERN-MOBILE

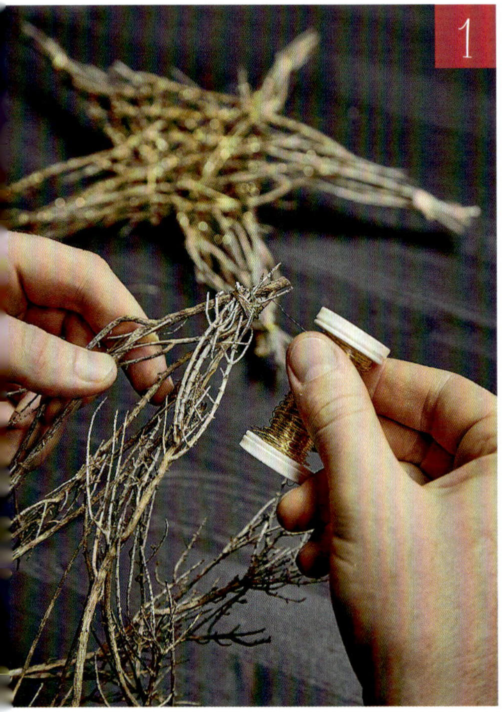

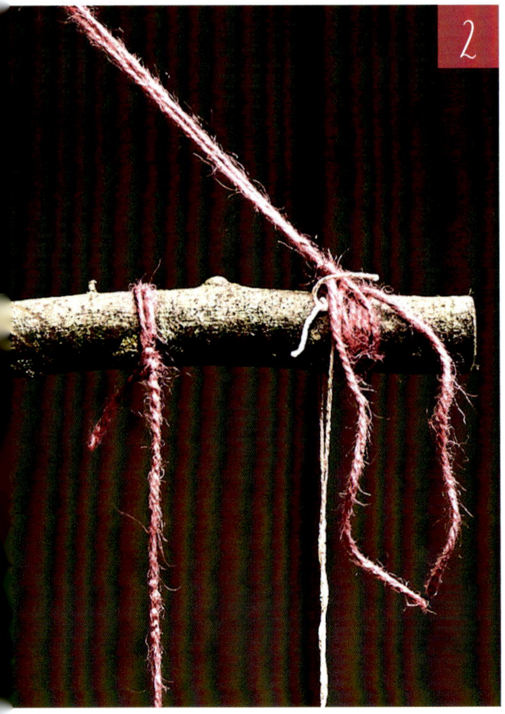

DAS WIRD BENÖTIGT:

Hilfsmittel
- Zierdraht
- Glitzerspray
- Schnur

Pflanzliches
- Ast
- dünne Thymianzweige

Accessoires
- Goldsterne
- Glaskugeln

SO WIRD'S GEMACHT:

1. Die Sterne aus dünnen Thymianzweigen mittels Zierdraht erstellen. Für den glänzenden Look die Sterne mit Glitzerspray ansprühen.

2. An die Enden eines Astes eine Schnur als Aufhängung knoten und diesen an der Decke befestigen. Goldsterne, Glaskugeln und die angefertigten Zweigesterne aus Thymianästchen ebenfalls mit Schnüren versehen und am Ast aufhängen.

Wenn Ihr lieber einen frostigen Look schaffen möchtet, könnt Ihr die Sterne leicht mit weißer Farbe besprühen.

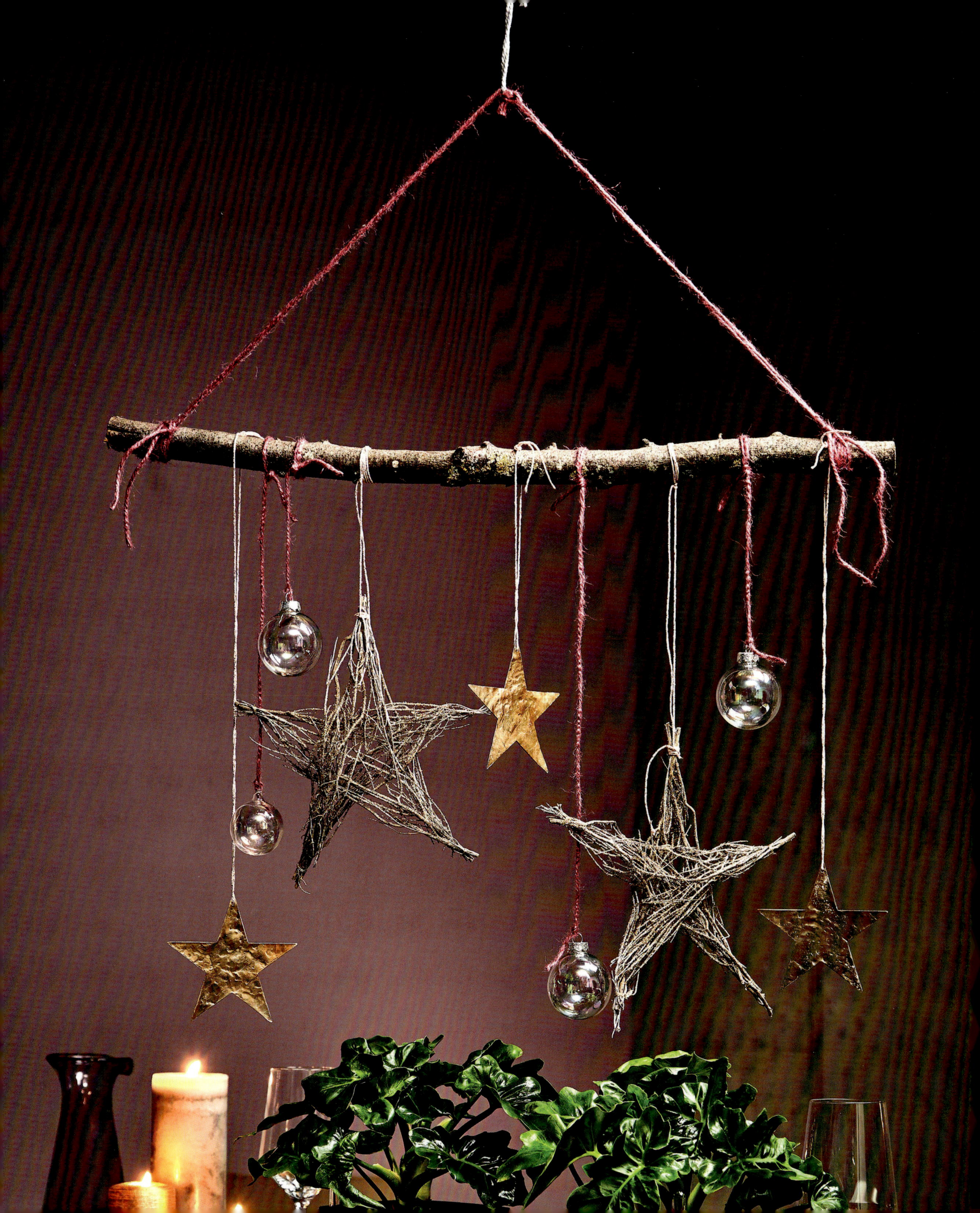

ZIMTIGER GOLDSTERN

DAS WIRD BENÖTIGT:

Hilfsmittel
- Furnier
- Sperrholzplatte
- Schlagmetall
- Sisalstrick
- Pinholder
- Sprühkleber
- Sprühfarbe, gold
- Trockenblumensteck-schaum-Platte
- Holzleim

Pflanzliches
- Zimt
- Kiefernzweige

Die vergoldete Sternsilhouette bringt Glanz in das Wandbild. Die Basis bildet eine Trockenblumen-steckschaum-Platte, aus der seitlich ein Stern herausgeschnitten wird. Die braunen Zimtstangen sind mit einem Holzleim-Wassergemisch auf der Steckschaum-Platte angebracht. Mit Furnier umrandet, kann der Stern von innen mit Schlag-metall vergoldet werden. Sobald alles getrocknet ist, wird die Steckschaum-Platte auf Pinholder gesteckt, die zuvor auf das Sperrholz geklebt wurden. Ein Kiefernzweig, der an der angebrachten Aufhängung aus Sisalstrick befestigt wird, vervoll-kommnet das Wandbild.

Wie genau Schlagmetall eingesetzt wird und was Pinholder sind, lest Ihr auf den Service-seiten 142/143.

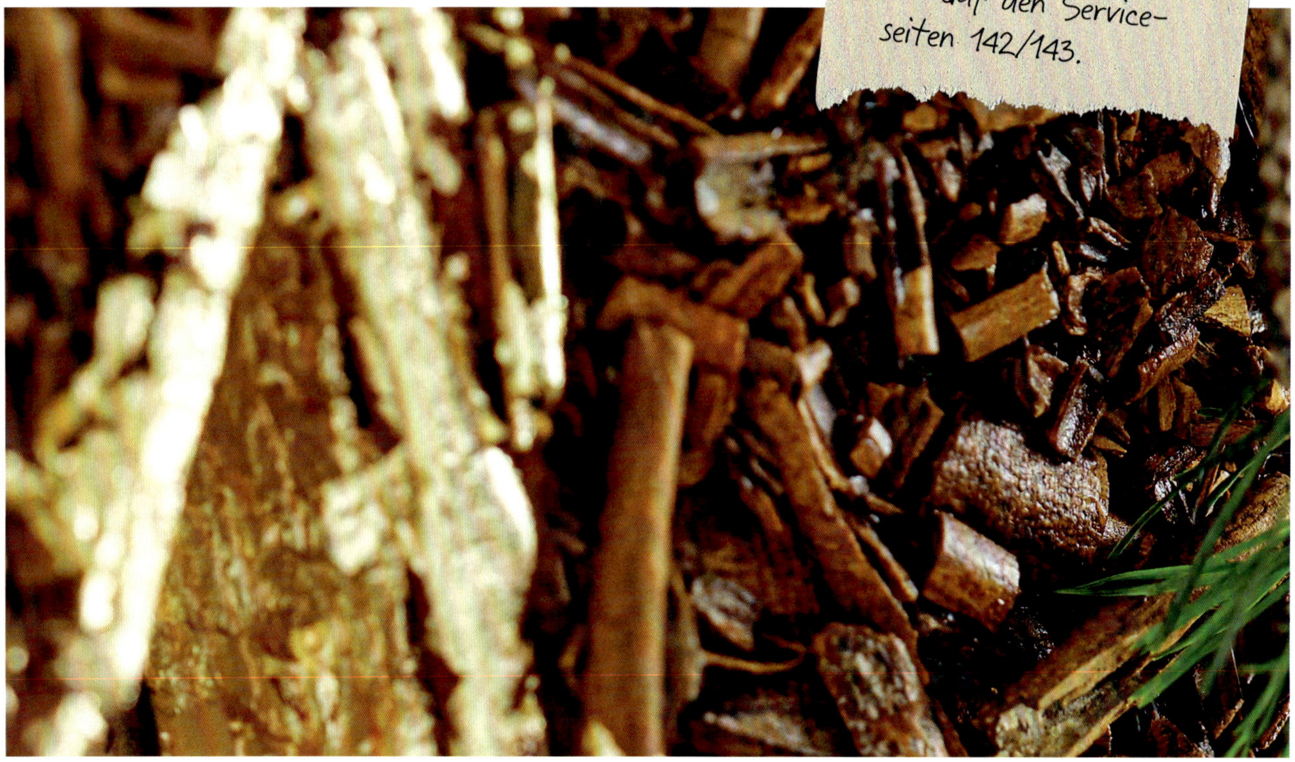

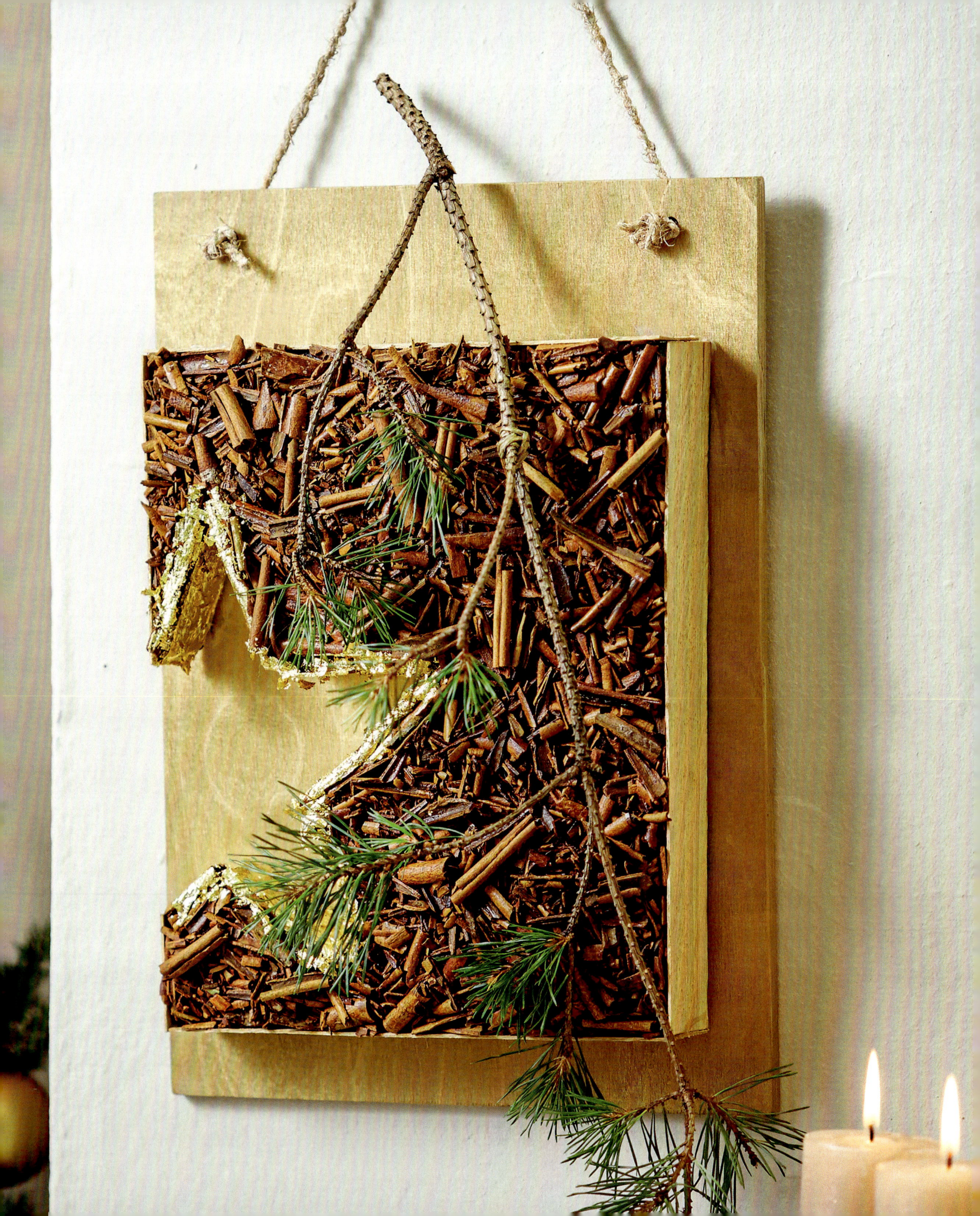

HOLZIGER XXL-STERN

DAS WIRD BENÖTIGT:

Hilfsmittel
- ★ Holzlatten
- ★ Schrauben
- ★ Rebenbindedraht
- ★ Kordel

Pflanzliches
- ★ Fichten- und Lärchenzweige
- ★ Korallenstechpalme

Accessoires
- ★ Sterne

Dieser raumeinnehmende Stern bringt trotz der hellen Holzlatten einen rustikalen Touch mit sich. Die aufeinandergelegten Holzlatten sind zu einem fünf-zackigen Stern gelegt und mehrmals aufeinandergeschichtet. Mit Schrauben fixiert, bleibt die gewollt legere Sternform stabil. Fichten- und Lärchenzweige sowie Korallenstechpalmenzweige werden mittels Rebenbindedraht befestigt und schmücken die Mitte mit kleinen Sternen, die an Schnüre gebunden sind, üppig aus.

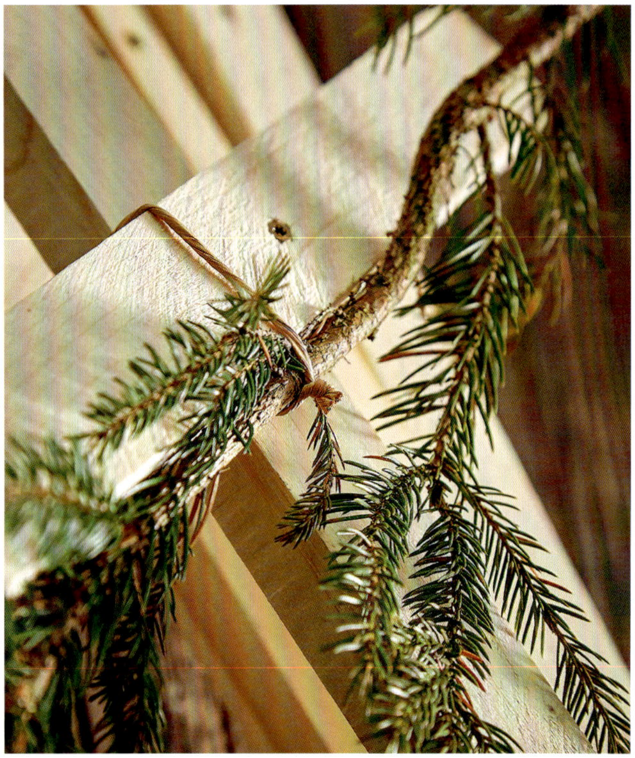

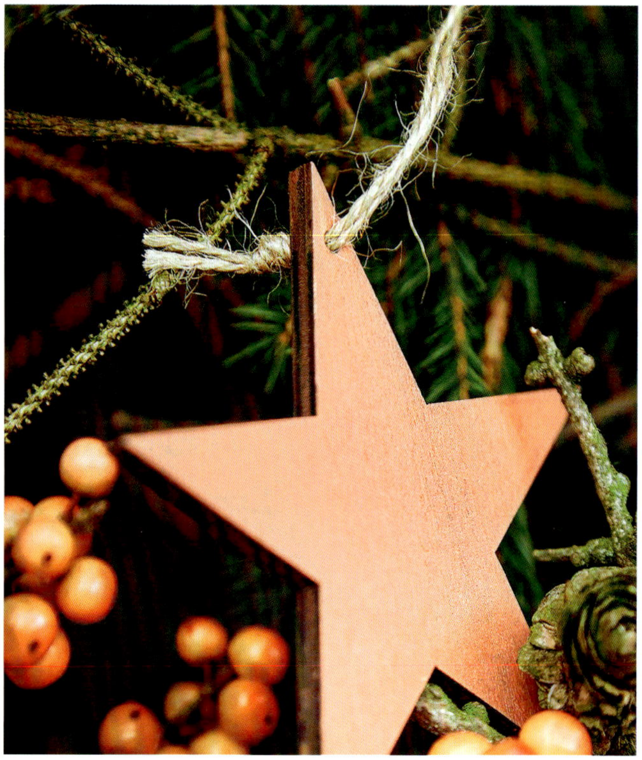

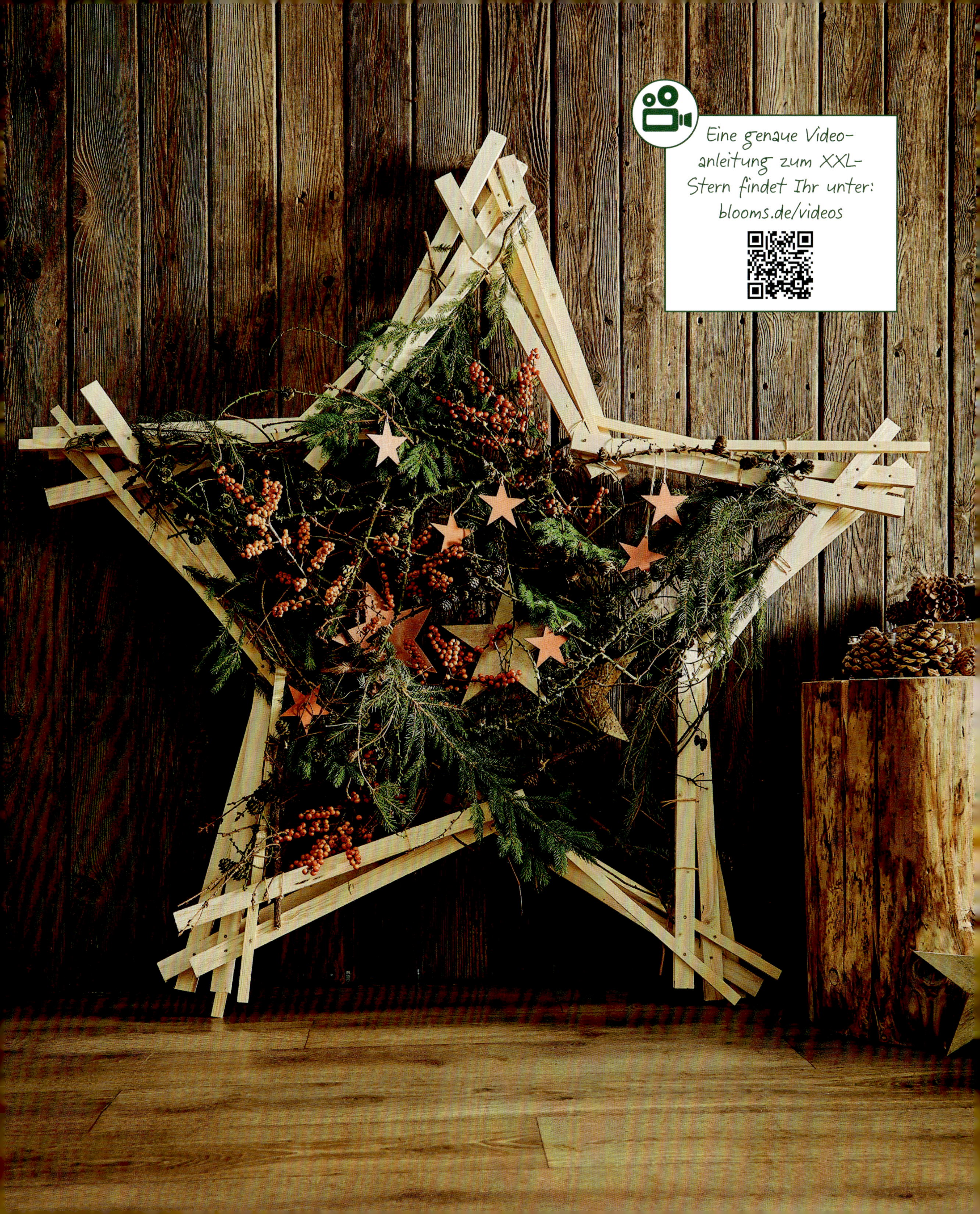

Eine genaue Video-anleitung zum XXL-Stern findet Ihr unter: blooms.de/videos

GLÄNZENDES STERNGEÄST

DAS WIRD BENÖTIGT:

Hilfsmittel
- ★ Twistdraht
- ★ Sprühkleber
- ★ Zierdraht
- ★ Schlagmetall

Pflanzliches
- ★ Lärchen- und Weidenzweige
- ★ Fichtenzapfen
- ★ Zimtstangen

Accessoires
- ★ Christbaumkugeln
- ★ Wolle
- ★ Sterne

Das Grundgerüst des Sterngeästes besteht aus stabilen Weidenzweigen, die mit Twistdrähten an den Spitzen und an den Kreuzungspunkten aneinander fixiert sind. Mit Aluminiumdraht und Wolle lässt sich die Mitte des Sterns mit Accessoires wie Christbaumkugeln und glitzernden Sternen ausschmücken. Für den besonderen Clou: Die Fichtenzapfen mit Schlagmetall veredeln und aus Zimtstangen sowie Zierdraht einen kleinen Stern herstellen. Ebenfalls alles in die Mitte des großen Sterns einarbeiten.

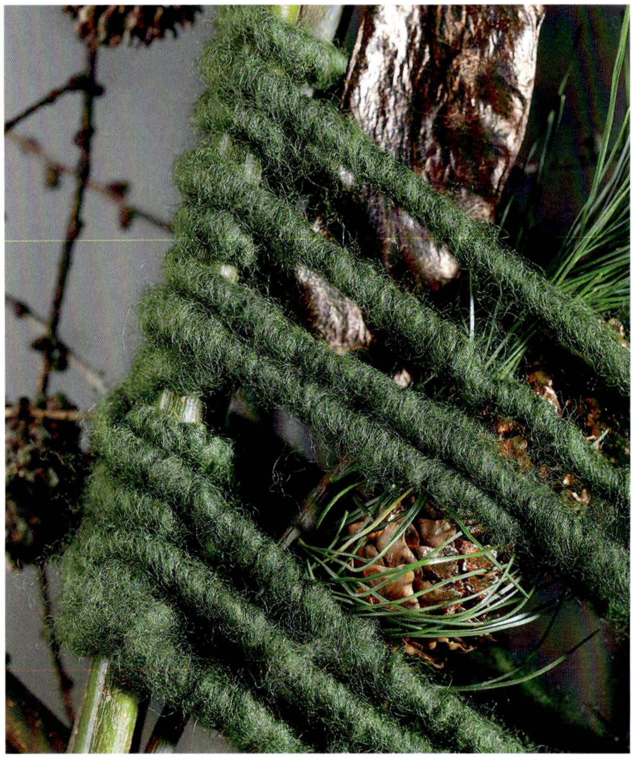

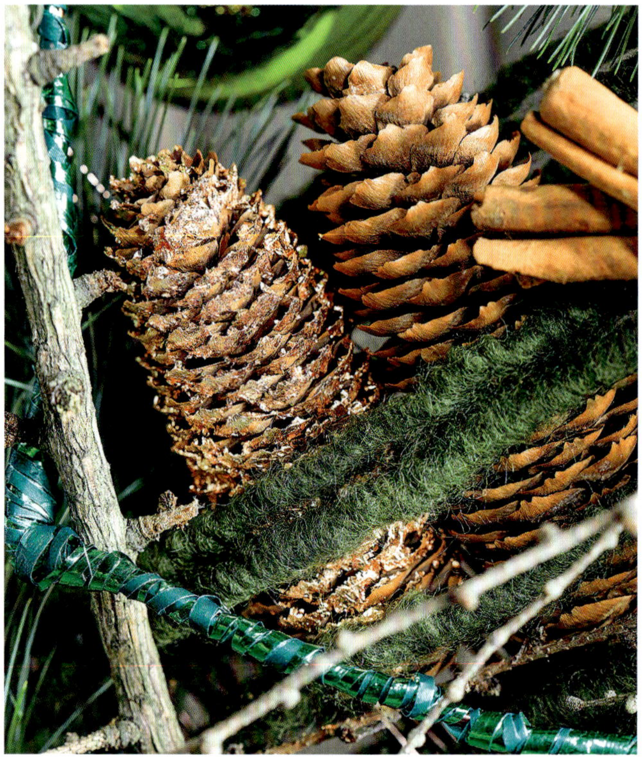

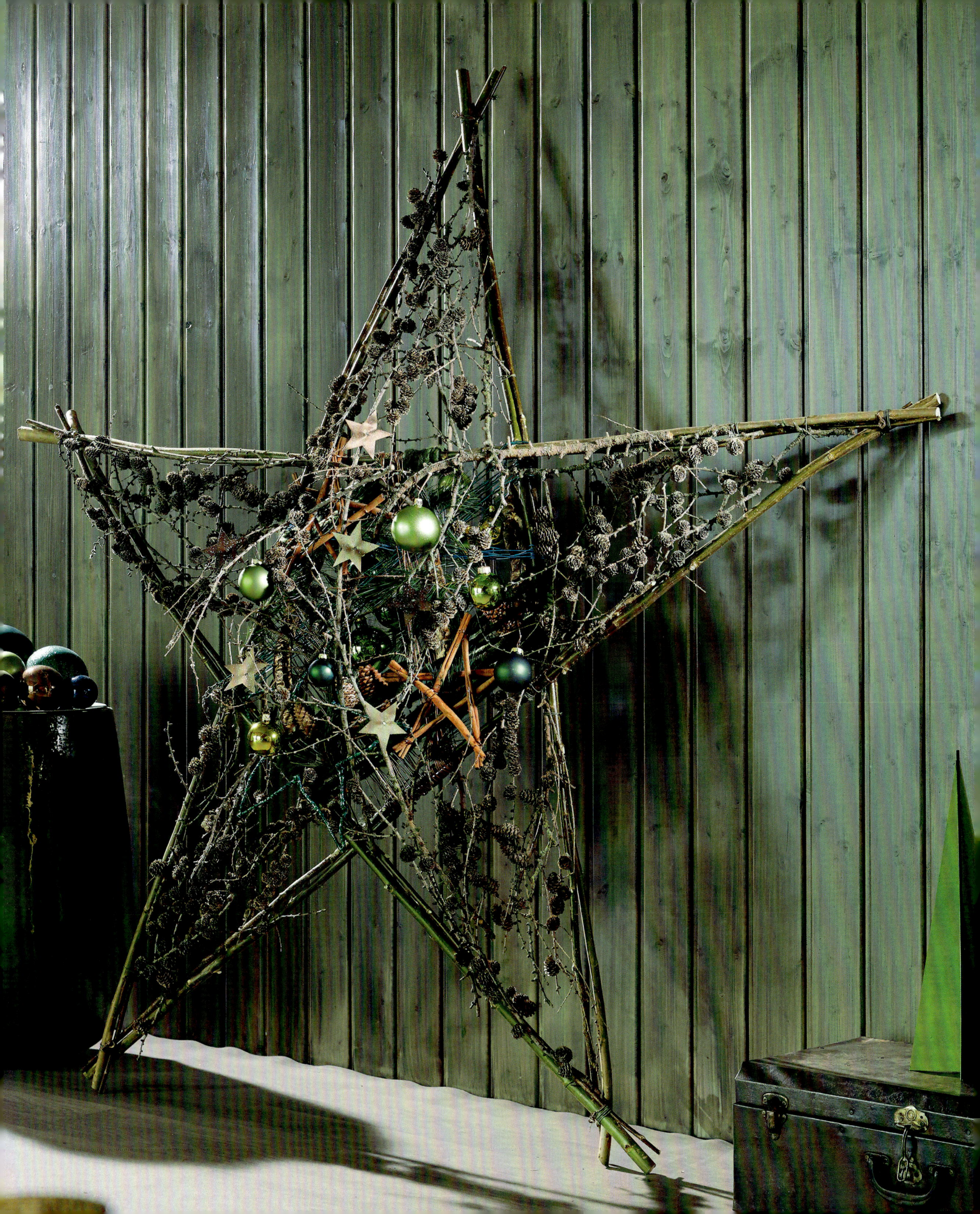

GROSSER STERNENTALER

DAS WIRD BENÖTIGT:

Hilfsmittel
- Zier-, Flach und Aluminiumdraht
- Nägel
- Glasröhrchen
- Schlagmetall, kupferfarben
- Farbe, weiß

Pflanzliches
- Baumscheibe
- *Brunia*
- Wilde Karde
- Christrosen
- Drahtpflanze
- Silberblatt
- Kiefernnadeln

Accessoires
- Spiegelbeeren
- Sterne
- Holzstern

Ein rustikales Kunstwerk, das auch in einem Museum ausgestellt sein könnte. Drei Zacken des Holzsterns sind mit Flachdraht und Nägeln an der zuvor leicht kolorierten Holzscheibe befestigt. Die Öffnung in der Mitte wird durch Zier- und Aluminiumdraht – die beide zuvor gecrusht werden – ausgefüllt. Diese Drahtbasis gibt u. a. Drahtpflanze, Silberblatt, Spiegelbeeren und Kiefernnadeln den nötigen Halt. Die Christrosen stehen jeweils in wassergefüllten Glasröhrchen, die zuvor mit kupferfarbenem Schlagmetall versehen wurden. Sie sind wie der Stern mit Flachdraht und Nägeln an der Baumscheibe befestigt.

Was Spiegelbeeren genau sind, erfahrt Ihr auf der Serviceseite 143.

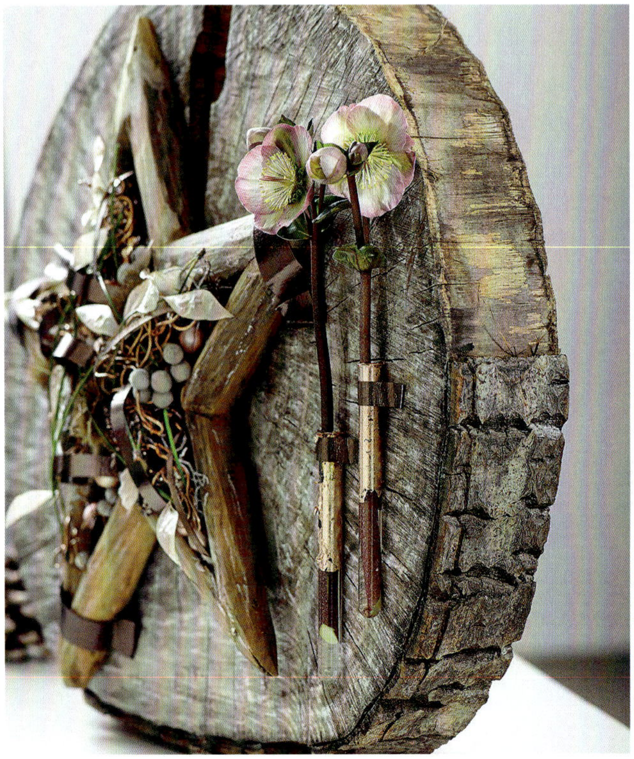

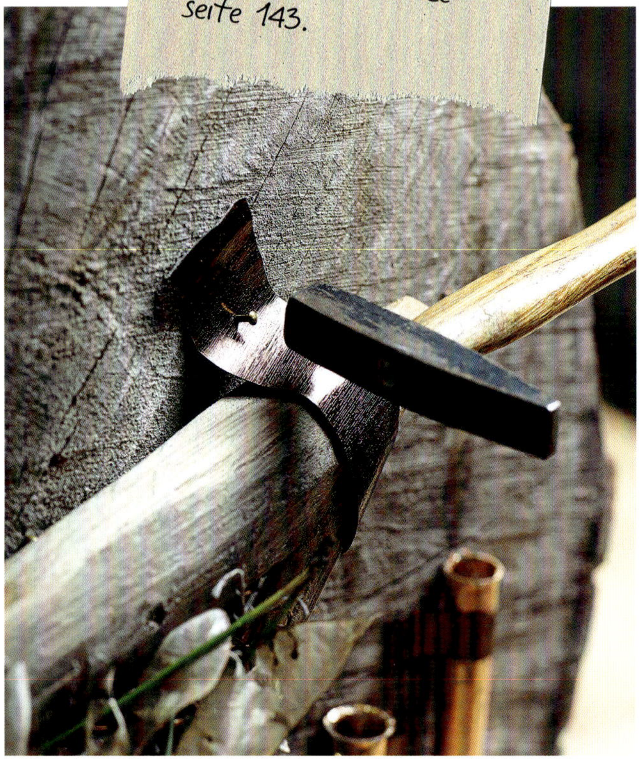

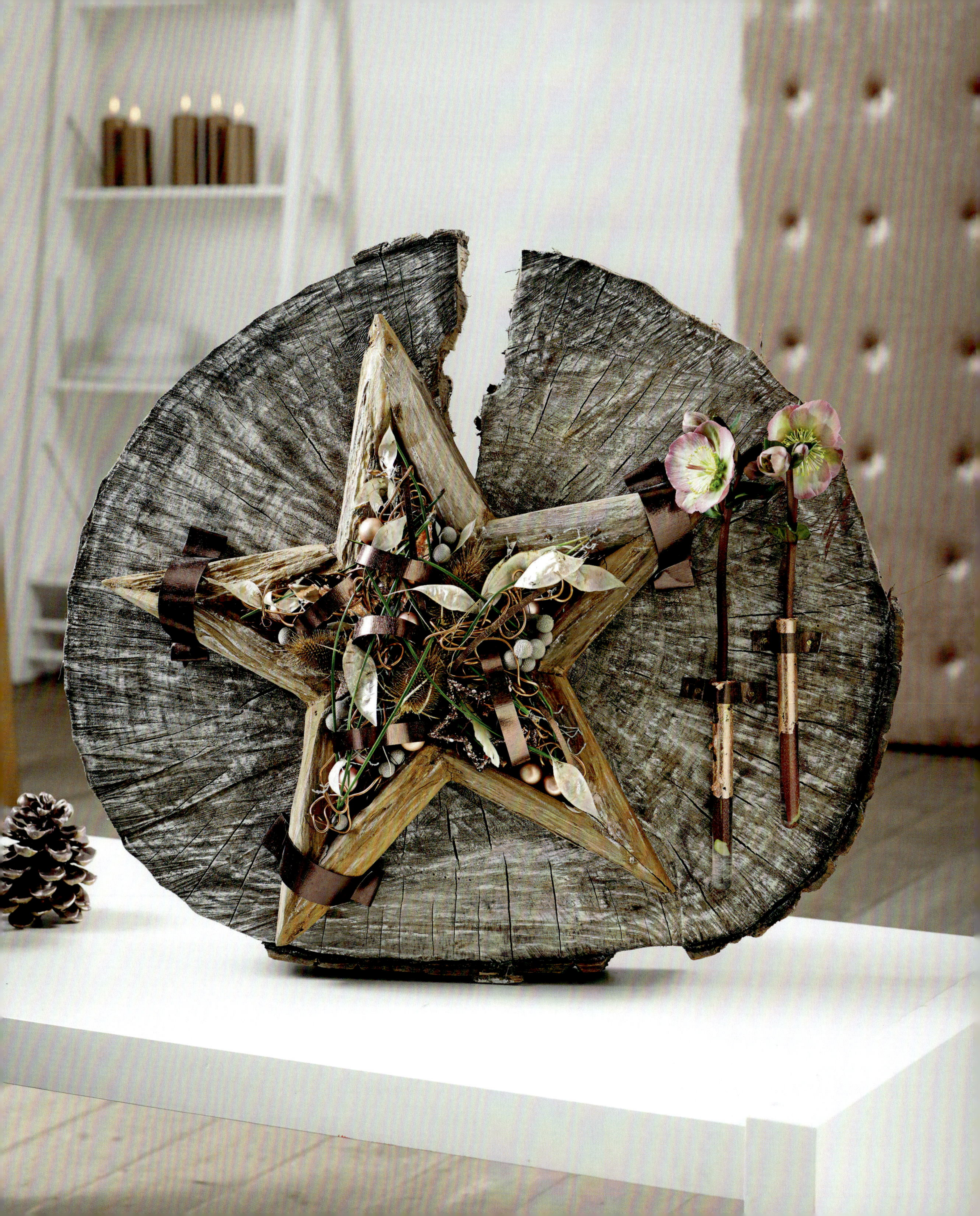

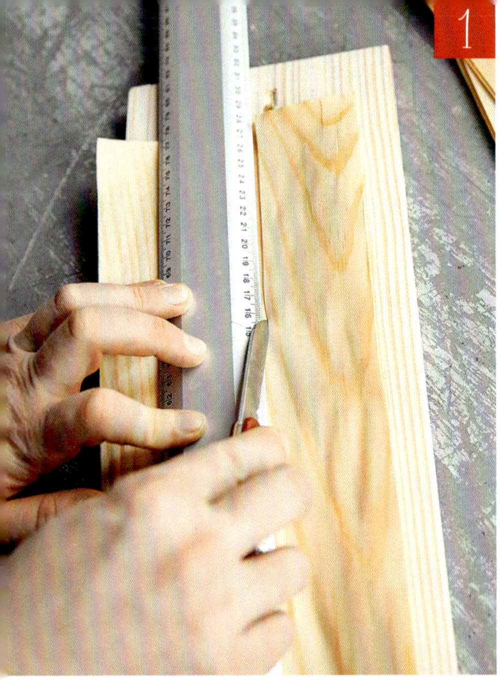

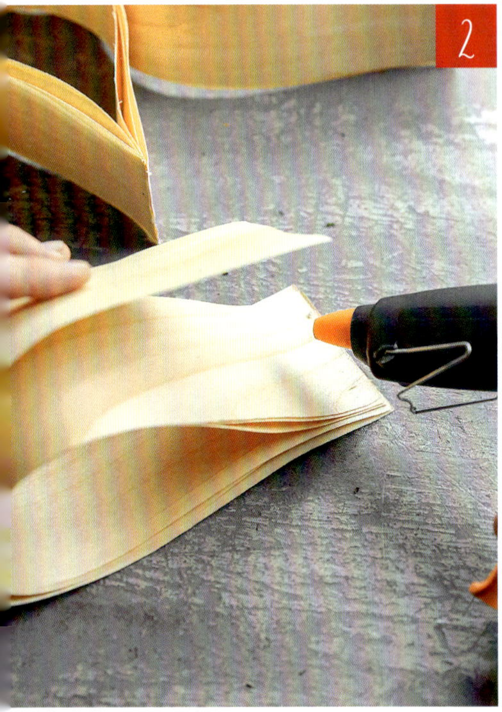

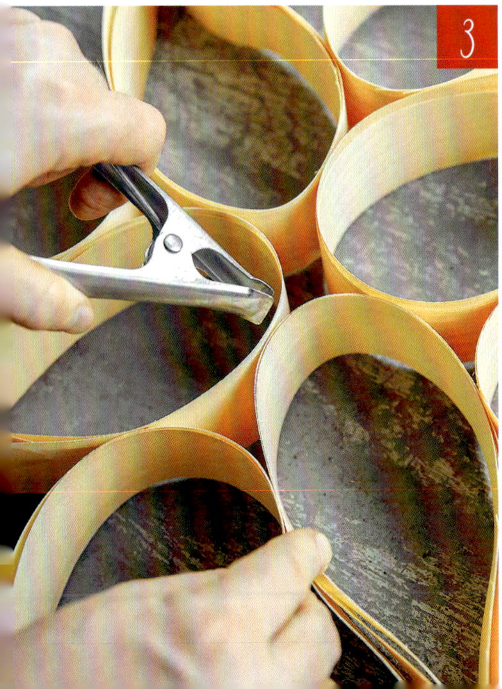

☆ FILIGRANER FURNIERSTERN

DAS WIRD BENÖTIGT:

Hilfsmittel
- Furnier
- Klemmen
- Lochösen
- Holzkleber

Pflanzliches
- Wilder Thymian
- Zieräpfel
- Hagebutten
- Bergkiefernzweige

Accessoires
- kleine Holzsterne
- Band

SO WIRD'S GEMACHT:

1. Furnier mit einem Messer und mithilfe eines Lineals in ca. drei Zentimeter breite Streifen schneiden.

2. Mehrere dieser Streifen an der kurzen Seite so mit Holzkleber zusammenkleben, dass eine Tropfenform entsteht. Insgesamt acht dieser Tropfen anfertigen.

3. Vier Tropfen an der runden Seite zu einem Stern zusammenkleben, mit einer Klemme fixieren und trocknen lassen. In die Ecken jeweils einen weiteren Tropfen kleben. Lochöse einstanzen und ein Band als Aufhängung hindurchfädeln.

Außerdem: Den Innenraum mit Werkstoffen füllen. Damit nichts verrutscht, können die Accessoires eingeklebt werden.

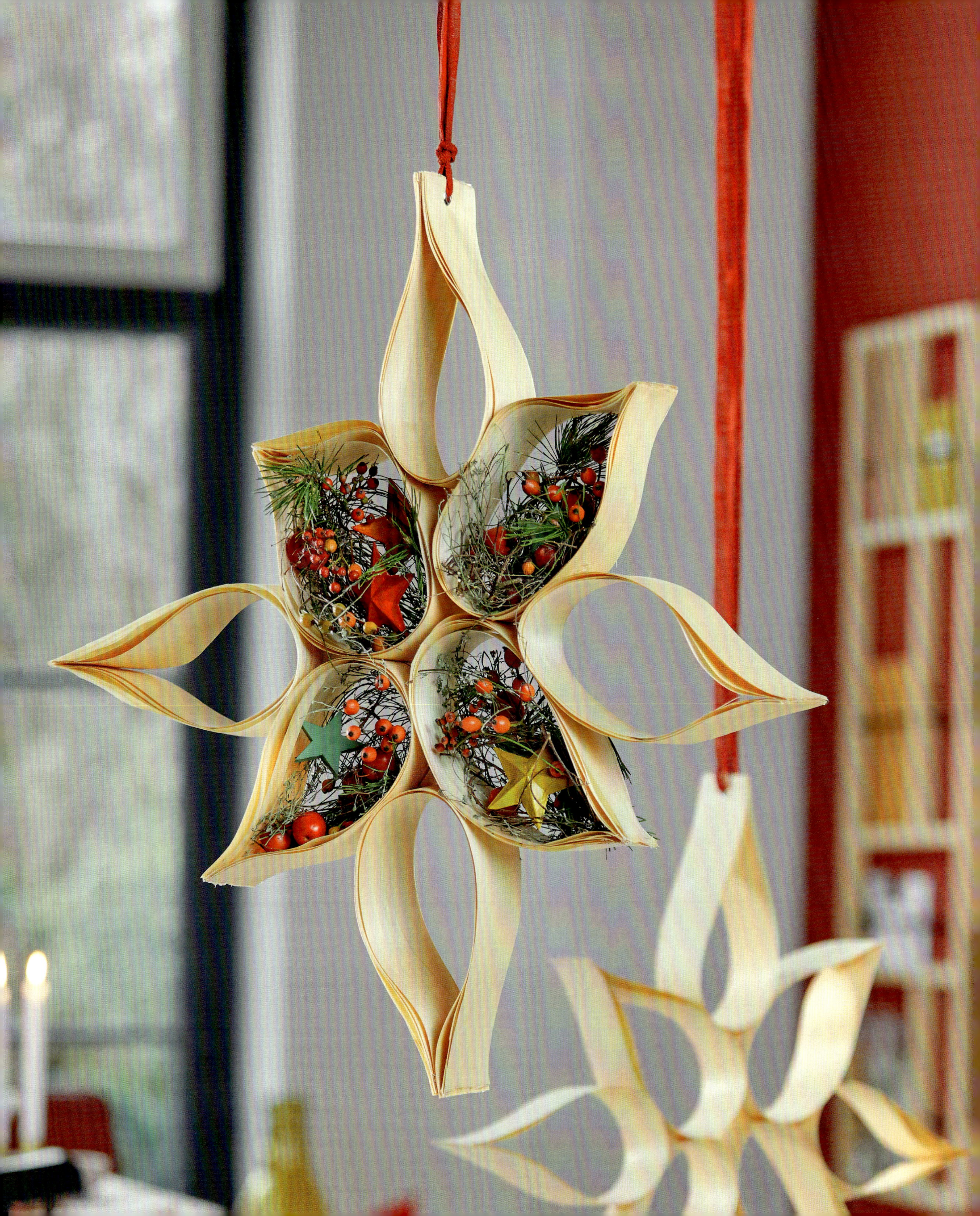

BUNTE STERNENBILDER

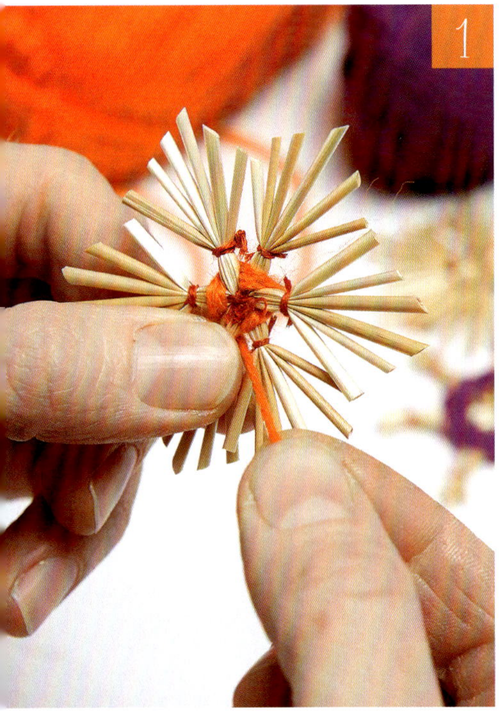

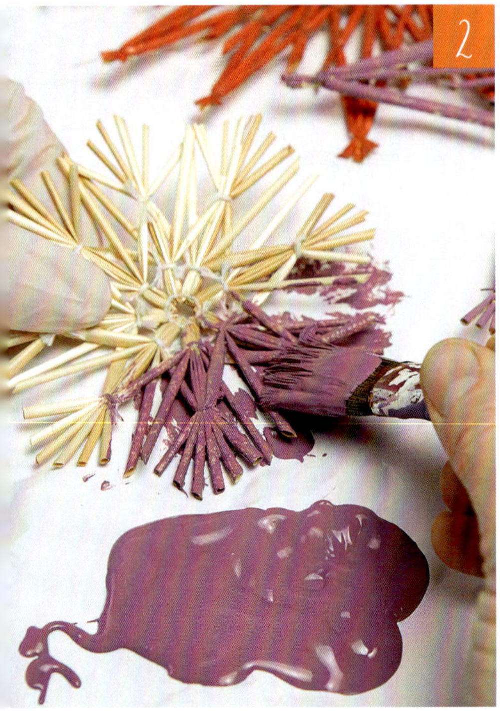

DAS WIRD BENÖTIGT:

Hilfsmittel

- Keilrahmen
- Abtönfarben
- Holzkleber

Accessoires

- Strohsterne, unterschiedliche Größen und Formen
- Wolle

SO WIRD'S GEMACHT:

1. Die Leinwände mit Abtönfarbe kolorieren und trocknen lassen. Strohsterne wahlweise im Zentrum mit Wolle umwickeln, damit sie eine ausgeprägtere Form erhalten.

2. Einige Sterne mit Farbe bestreichen und trocknen lassen. Dann mit Holzkleber nach Belieben auf den Leinwänden befestigen. Dabei können einige Sterne über den Rand der Leinwand hinausragen. Alles, was übersteht, wird anschließend einfach abgeschnitten. Dadurch entsteht eine besondere Wirkung.

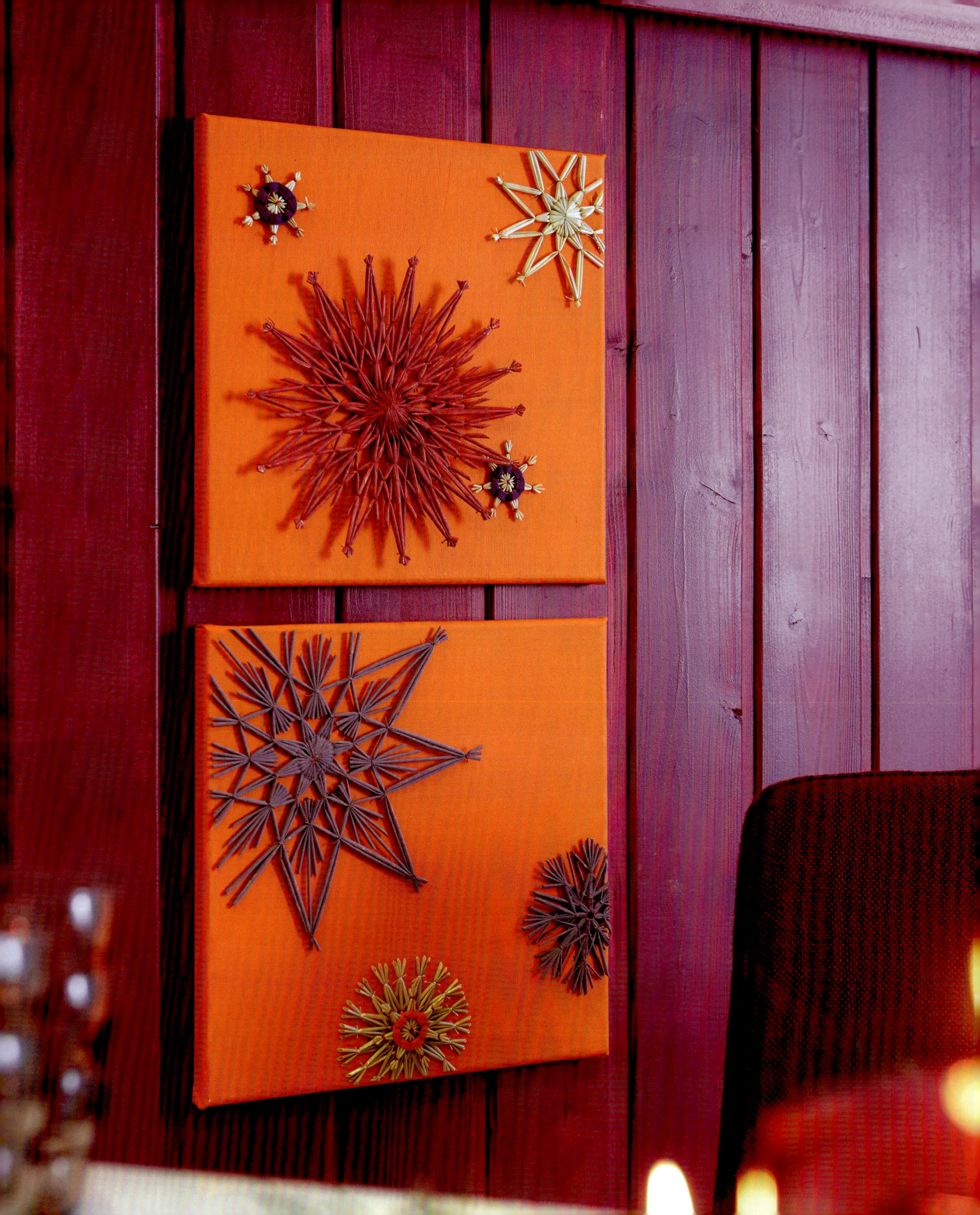

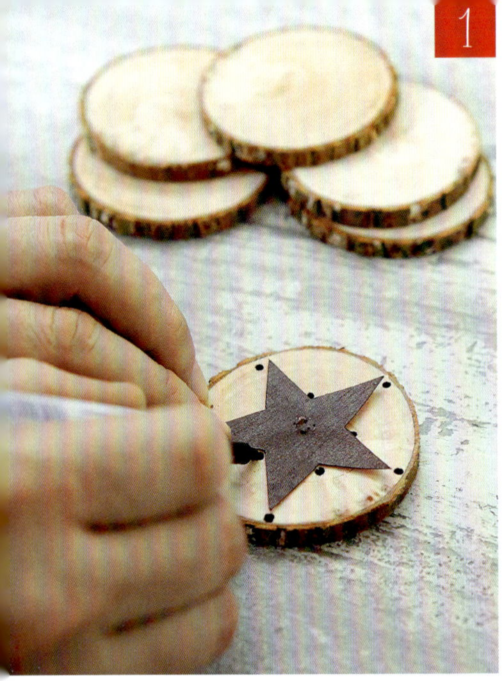

1

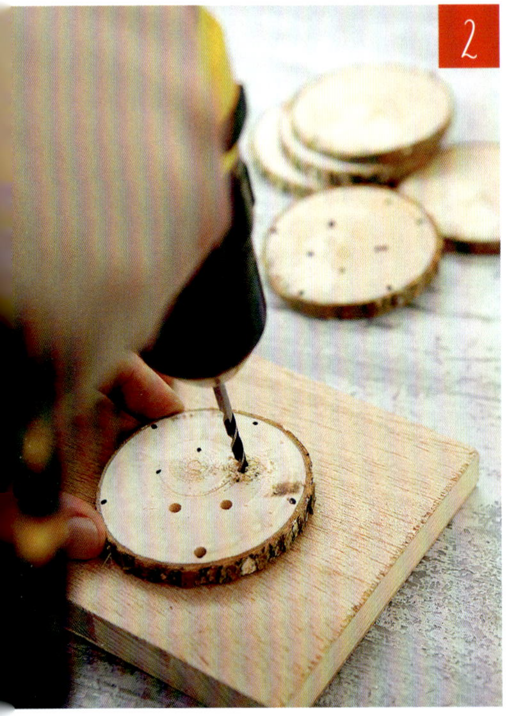

2

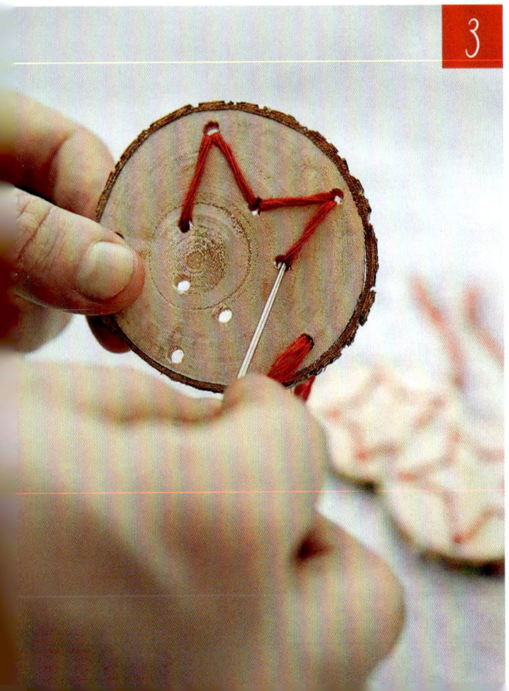

3

ASTSCHEIBEN MIT STERN

DAS WIRD BENÖTIGT:

Hilfsmittel
- ★ Gefäß
- ★ Wollnadel
- ★ Steckdraht
- ★ Wickeldraht
- ★ Holzstäbe
- ★ Schablone, Sternform

Pflanzliches
- ★ Baumscheiben, Durchmesser ca. 6–8 cm
- ★ Äpfel
- ★ Gestrüpp
- ★ Fichte
- ★ Fichtenzapfen

Accessoires
- ★ Wolle
- ★ LED-Lichterkette

SO WIRD'S GEMACHT:

1. Eine Stern-Schablone auf eine Baumscheibe legen und alle Ecken des Sterns mit Punkten auf die Baumscheibe übertragen. So mit allen Baumschauben verfahren.

2. Die Baumscheiben dann auf eine Holzunterlage legen und vorsichtig die Punkte mit einem schmalen Bohrer durchbohren.

3. Wolle mithilfe einer Wollnadel durch die Löcher ziehen, sodass ein Sternenmuster entsteht. Wollschnur als Aufhängung an jede Baumscheibe anbringen.

Außerdem: Die Fichte in ein Gefäß stellen, den Topfrand mit einem aus Zweiggestrüpp und Wickeldraht hergestellten Kranz belegen und mit einer Lichterkette schmücken. Zapfen andrahten und Äpfel mit Holzstäben versehen. Beides im Baum befestigen. Dann die Sternanhänger integrieren.

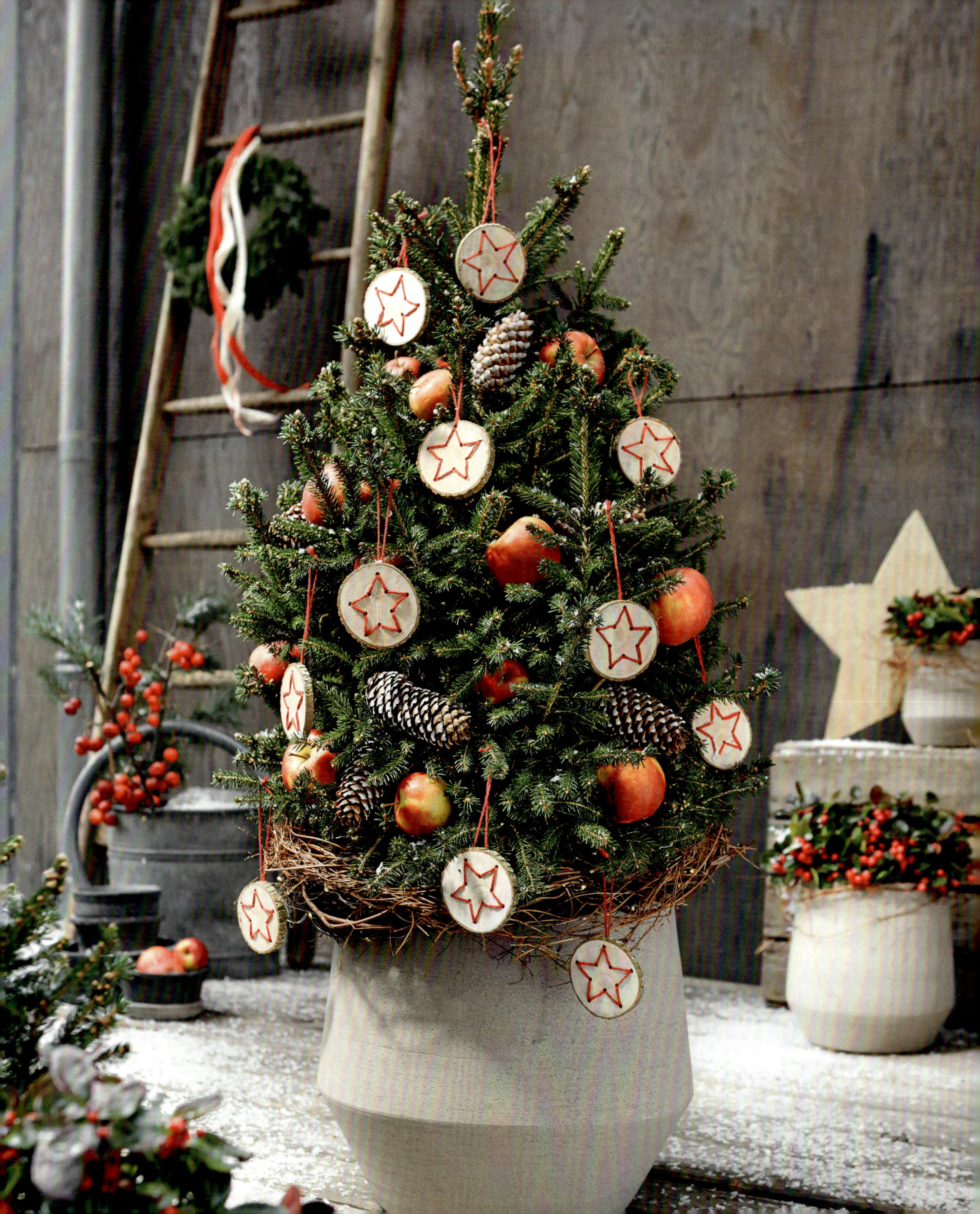

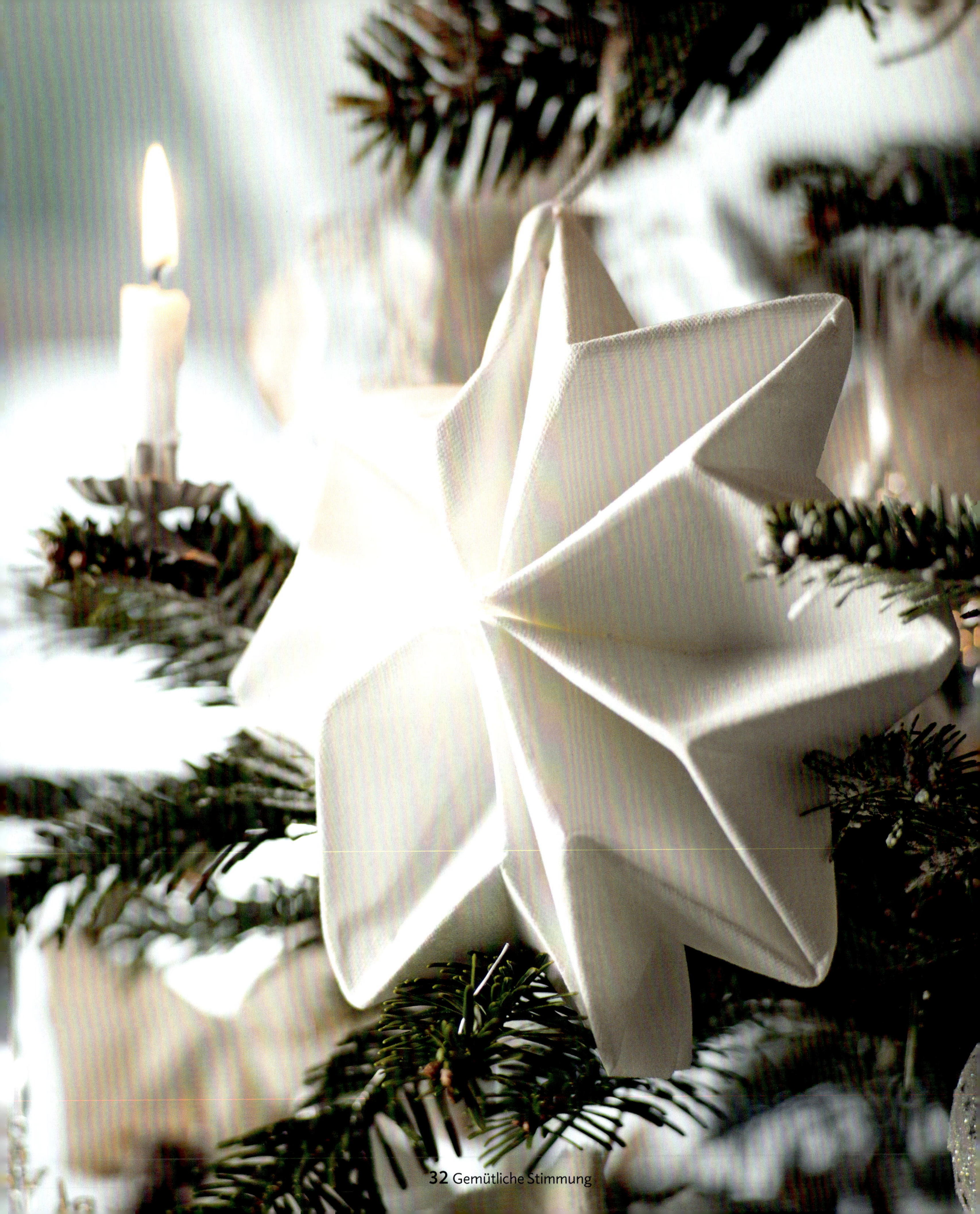

Gemütliche Stimmung

Weiche Materialien und solche, die im Grunde jeder zu Hause hat, eignen sich für dekorative Sterne, die eine gemütliche Atmosphäre verbreiten. Egal ob Papier, Servietten, Stoff, Pappe, Wolle oder ein paar Buchseiten – aus allem lassen sich schmucke Sternchen schneiden, kleben und basteln – gerne auch mit der ganzen Familie.

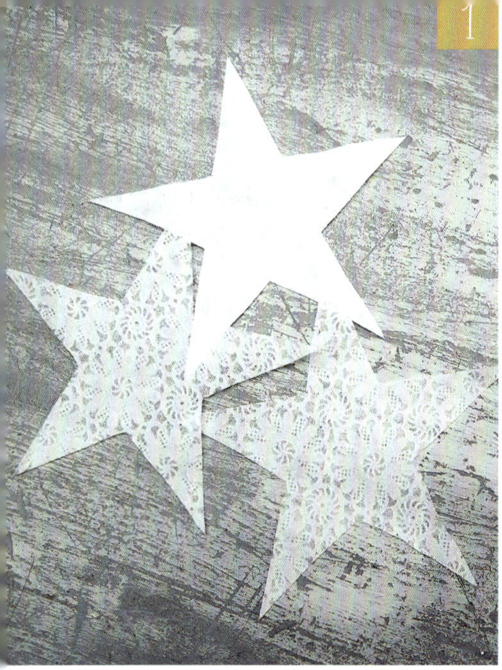

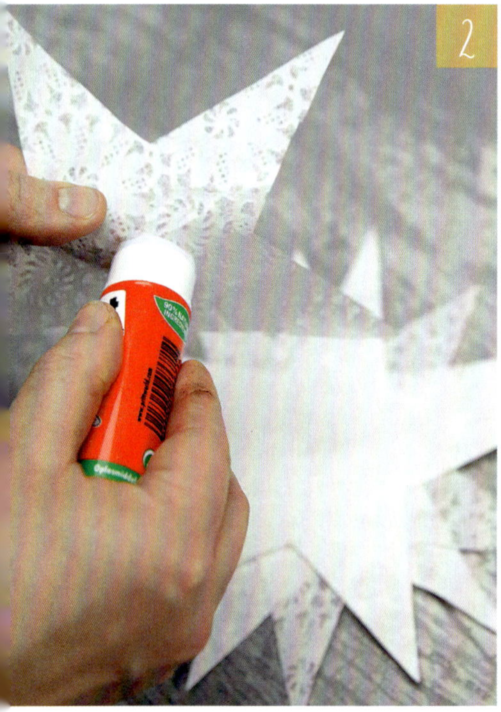

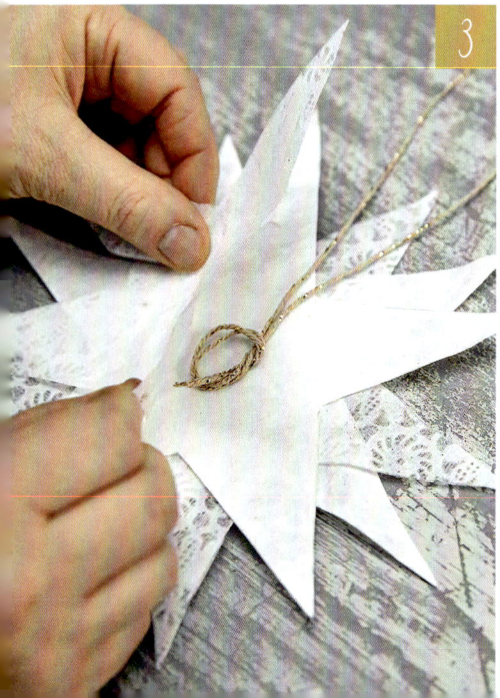

GESCHICHTETE PAPIERSTERNE

DAS WIRD BENÖTIGT:

Hilfsmittel
- Zierdraht
- Schraube
- Farbe
- Papier

Pflanzliches
- Ast
- Holzscheibe
- Orchideen
- Blätter vom Runzelblättrigen Schneeball

Accessoires
- Glaskugeln mit Öffnung
- Klemmkerzenhalter
- Kerzen
- Bänder

SO WIRD'S GEMACHT:

1. Holzscheibe entrinden, dann Ast und Holzscheibe weißen, trocknen lassen und aneinander schrauben. Dann aus verschiedenem Papier Sterne ausschneiden.

2. Diese schichtweise zusammenkleben, indem mittig etwas Kleber aufgetragen wird. Die Sternspitzen sollten leicht versetzt zueinander positioniert werden.

3. Dabei Zierdraht als Aufhängung mit einkleben. Schneeball-Blätter einzeln an Zierdraht befestigen und mit dem Papierstern, Kugeln und Bändern an den Ast hängen. Kugeln mit Wasser füllen und Orchideenblüten ergänzen. Kerzenhalter an den Ast klemmen und Kerzen ergänzen.

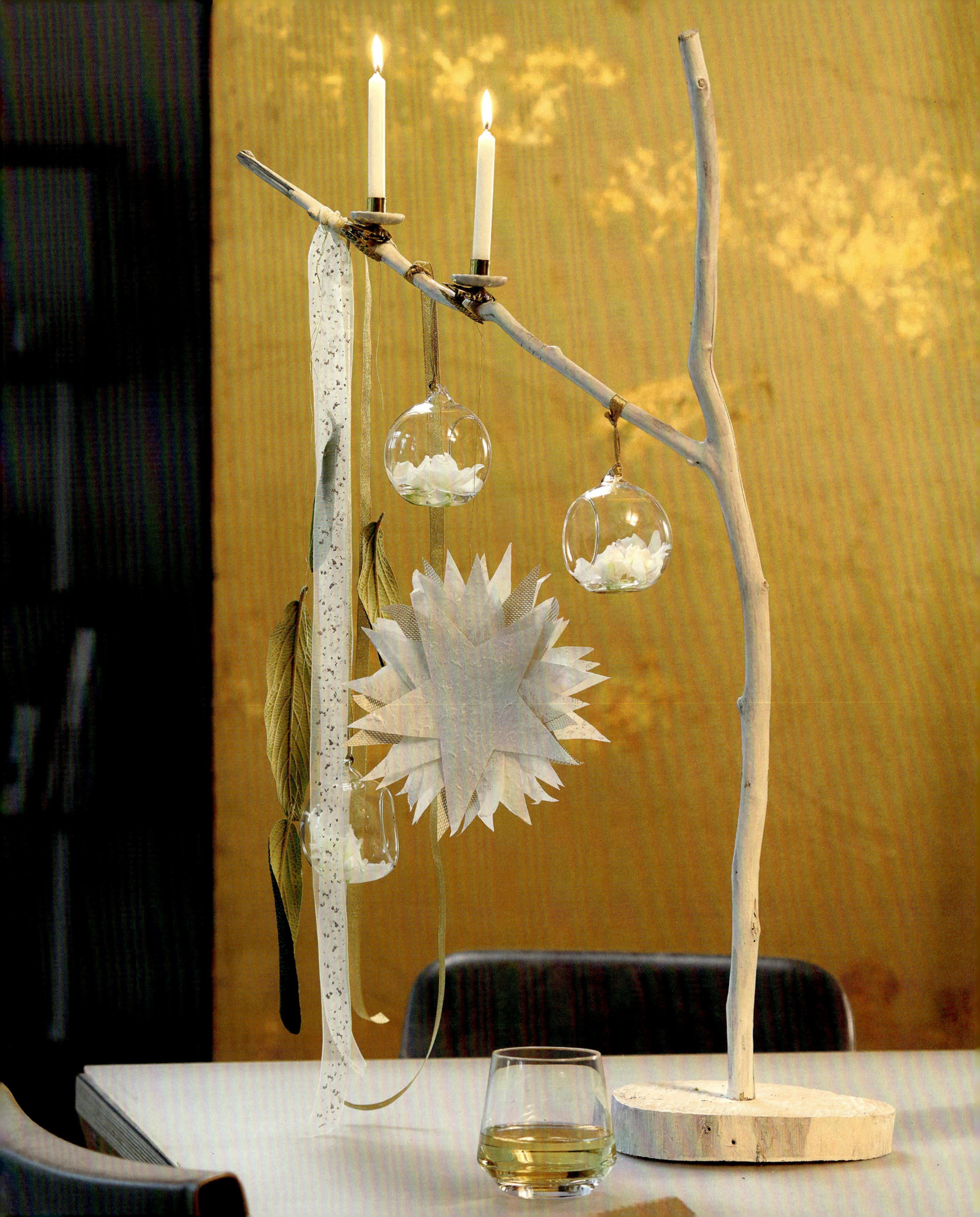

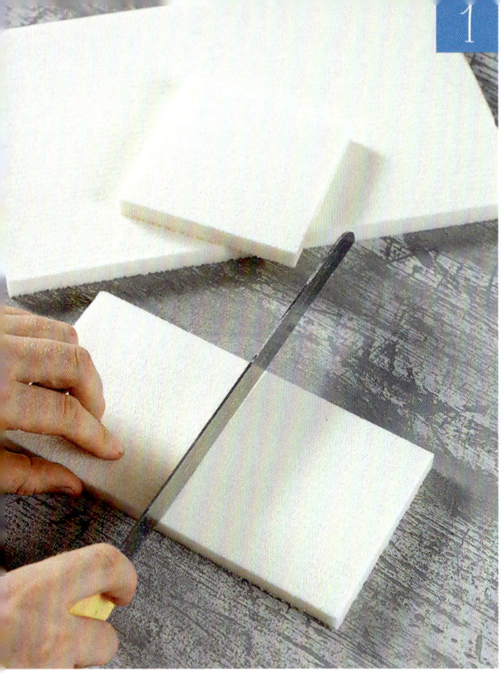

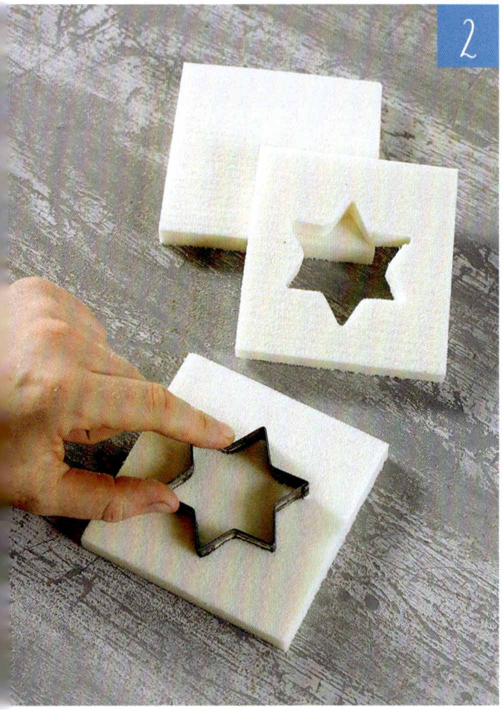

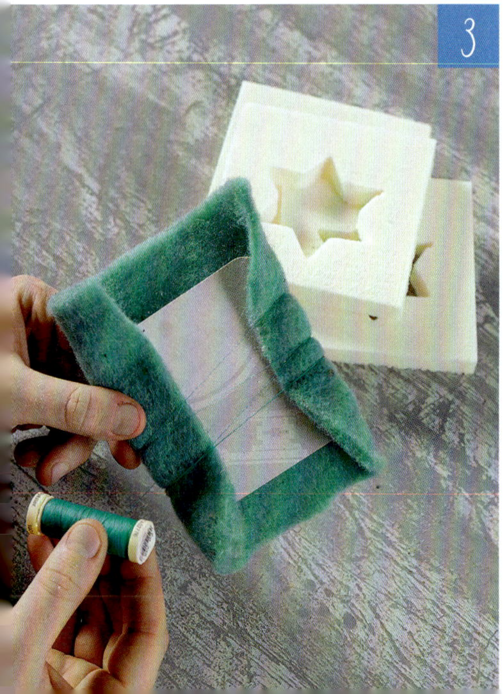

STERNE FÜRS WANDOBJEKT

DAS WIRD BENÖTIGT:

Hilfsmittel
- Holzbrett
- Steckschaum-Platte, weiß und blau
- Plätzchenausstecher, Stern und Tannenbaum
- Bierdeckel aus Papier
- Nähgarn
- Floralkleber
- Filz

Pflanzliches
- Birken- und Kiefern-rinde
- Eukalyptus

Accessoires
- Goldsterne

SO WIRD'S GEMACHT:

1. Die Steckschaum-Platten mit einem Messer in Quadrate schneiden.

2. Einige Quadrate mit Plätzchenförmchen ausstechen und andere mit Sternen bekleben.

3. Ein paar Bierdeckel mithilfe von Nähgarn mit Filz ummanteln und andere jeweils mit Rinde sowie Eukalyptusblättern bekleben. Zum Schluss die einzelnen Quadrate auf das Holzbrett kleben.

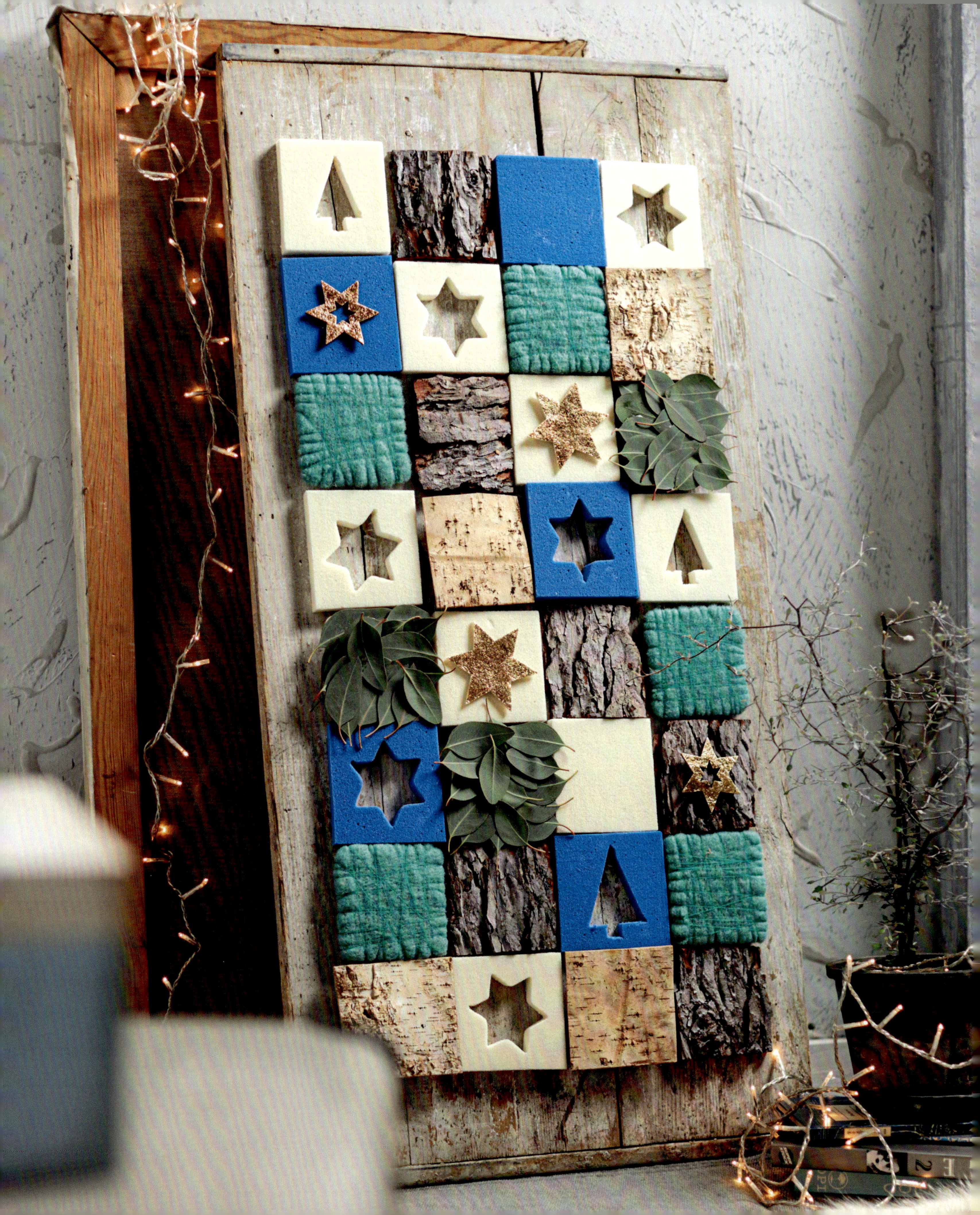

FALTSTERNE AUS SERVIETTEN

DAS WIRD BENÖTIGT:

Hilfsmittel
- ★ Kugeln
- ★ Band
- ★ Kordel
- ★ Muffinförmchen
- ★ Nesselstoff
- ★ Servietten

Pflanzliches
- ★ Tanne
- ★ Eukalyptus, versilbert
- ★ Kiefernzapfen, geweißt

Accessoires
- ★ Kerzen und Kerzenhalter
- ★ Christbaumkugeln

Die gefalteten Sterne aus stabilen Papierservietten sind die Hauptattraktion am Baum. Zunächst wird eine Serviette komplett aufgefaltet, sodass die Ober- und Unterseite zur Mitte hin gefaltet werden können. Anschließend die Serviette um 90 Grad drehen, die Ober- und Unterseite erneut zur Mitte hin falten und wieder aufklappen. Man erkennt drei Knicklinien, die dabei helfen, die Serviette wie einen Fächer zu falten. Dafür die Unterseite bis zur untersten Knicklinie falten. Serviette umdrehen und die Unterseite erneut nach oben falten. Dies wiederholen, bis nur noch ein langer Streifen übrig ist. An einem Ende des Streifens die Spitzen zur Vorderseite umknicken und zu einem Dreieck falten. So mit allen Spitzen auf beiden Seiten weitermachen. Zum Schluss aufklappen und der Faltstern kann im Baum angebracht werden.

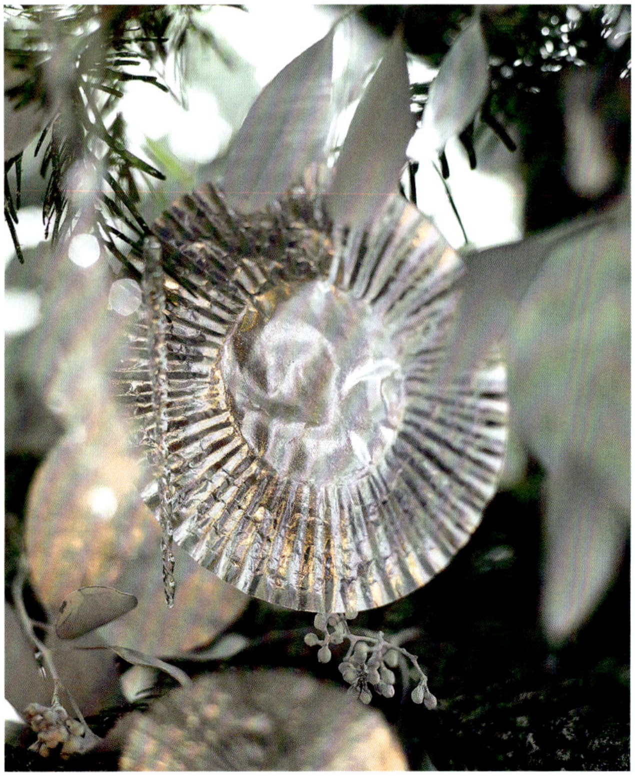

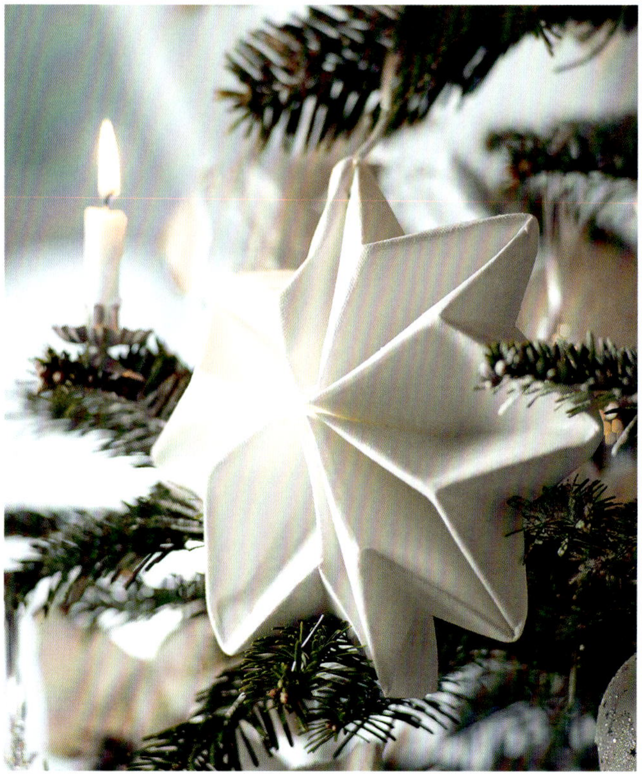

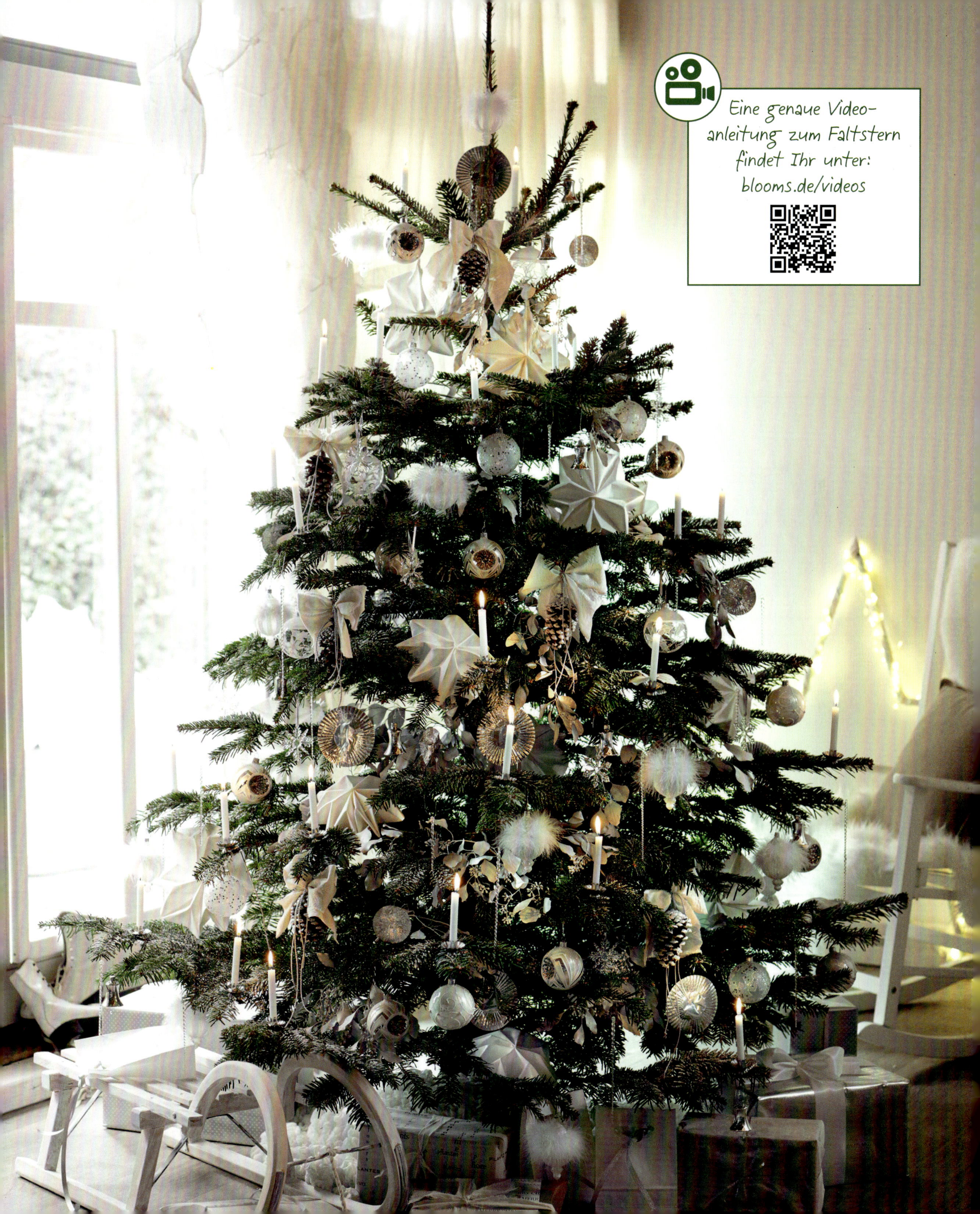

Eine genaue Video-
anleitung zum Faltstern
findet Ihr unter:
blooms.de/videos

STERNE MIT WOLLE

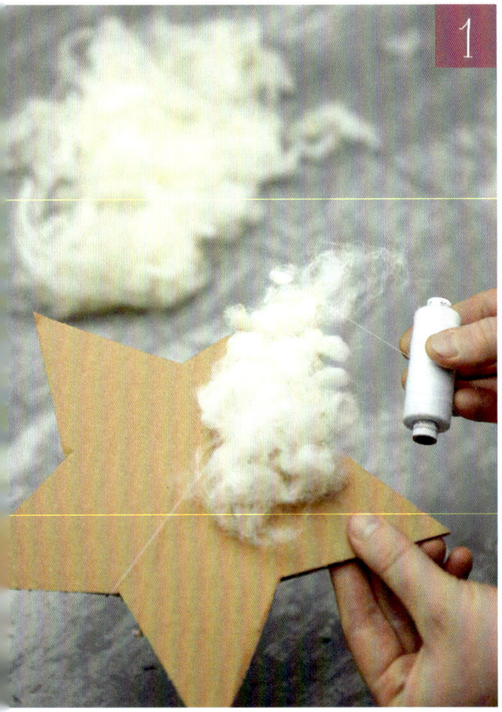

DAS WIRD BENÖTIGT:

Hilfsmittel
- ★ Pappe
- ★ Nähgarn

Pflanzliches
- ★ Chrysanthemen
- ★ Knallerbsen

Accessoires
- ★ Bouillondraht, gold
- ★ Glaskugeln
- ★ Glasvasen
- ★ Glitzerschnur
- ★ Wollflocken

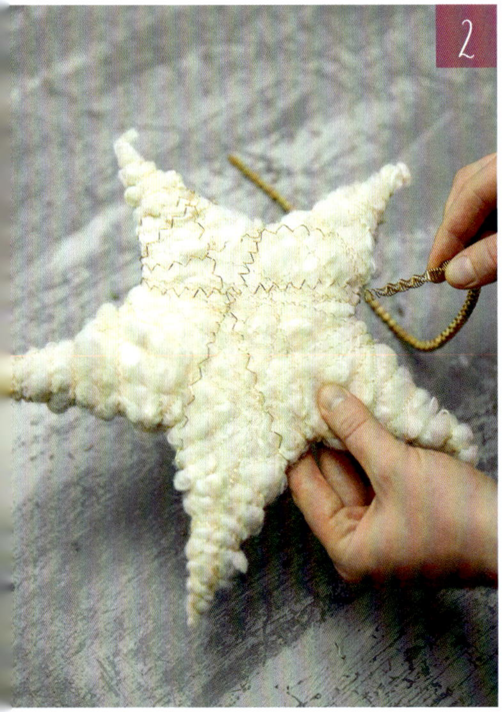

SO WIRD'S GEMACHT:

1. Zwei fünfzackige Sterne auf ein Stück Pappe zeichnen und mit einer Schere ausschneiden. Die Wollflocken auf die Sterne legen und mithilfe von Nähgarn befestigen.

2. Anschließend einen Stern mit Bouillondraht und den anderen mit Glitzergarn umwickeln. Chrysanthemen und Zweige in unterschiedlichen Längen in die wassergefüllten Vasen stellen und die Sterne in die Zwischenräume stecken.

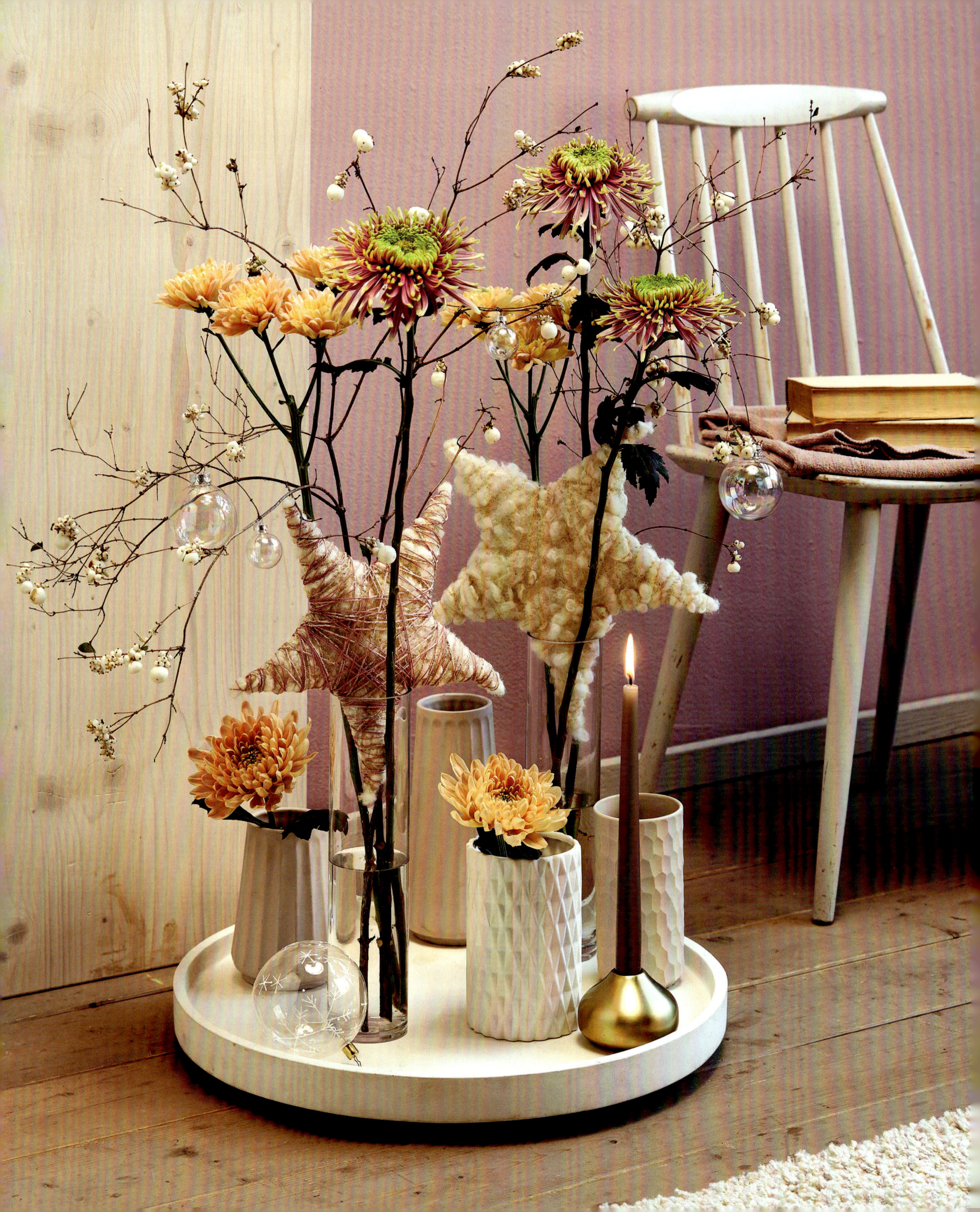

Sterne fürs Tisch-Set

Das wird benötigt:

Hilfsmittel
- Tonkarton, gold
- Stempel
- Papierstreifen
- Buchstaben-Stempel
- Stempelkissen
- Wickeldraht
- Suppenschale

Pflanzliches
- Zypressenzweige (rechts)
- Alpenveilchen (unten)

Accessoires
- Garn, gold
- Geschenkband

Rechts: Ein Sternemenü für Gäste. Die zusammensteckbaren Exemplare aus zurechtgeschnittenem Tonkarton in Gold lassen sich wunderbar mit den einzelnen Gängen beschriften. Daran baumeln kleine Zypressenzweige, die mit etwas Wickeldraht oder goldenem Garn als Aufhängung umwickelt sind.

Unten: Auf jedem Platz ein Stern, so weiß gleich jeder Gast, wo er sitzen darf. Dazu einen Stern aus goldenem Tonkarton schneiden und ein Geschenkband um die Suppenschale sowie den Stern wickeln. In die Schleife ein zuvor gestempeltes oder beschriftetes Namensschild knoten und zum Schluss unter die Schleife ein Alpenveilchen schieben.

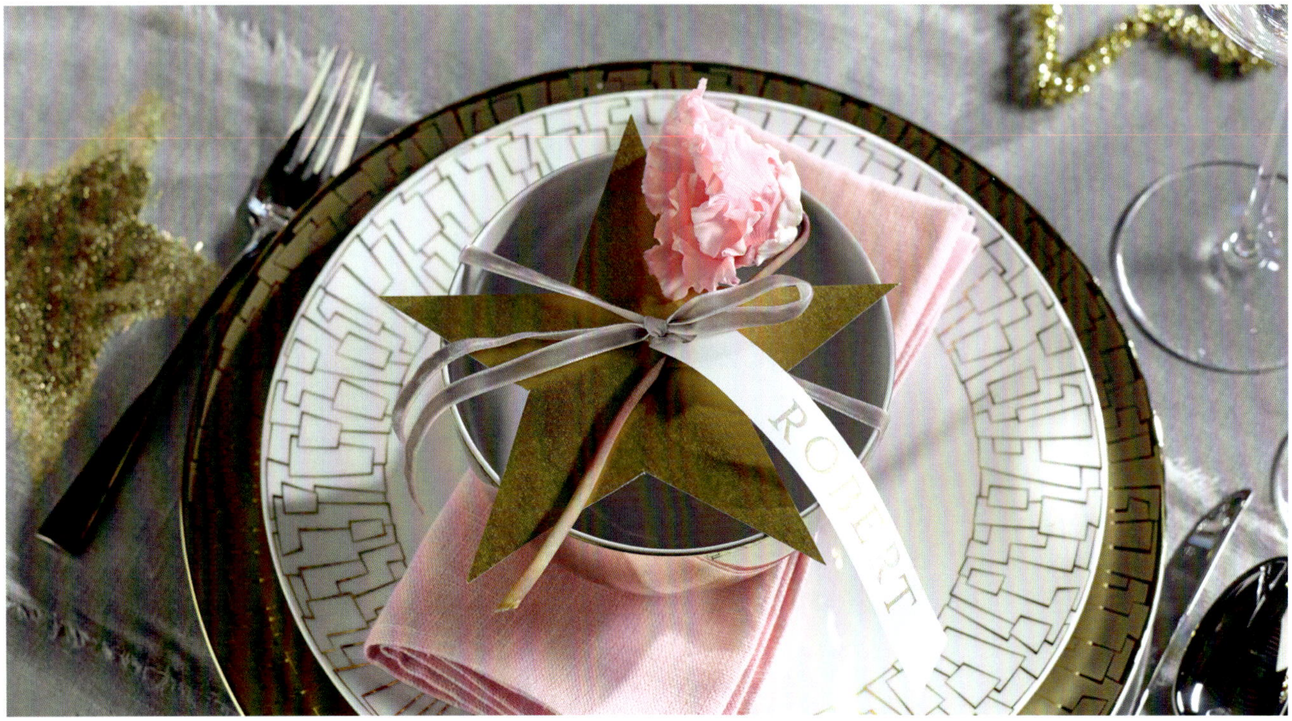

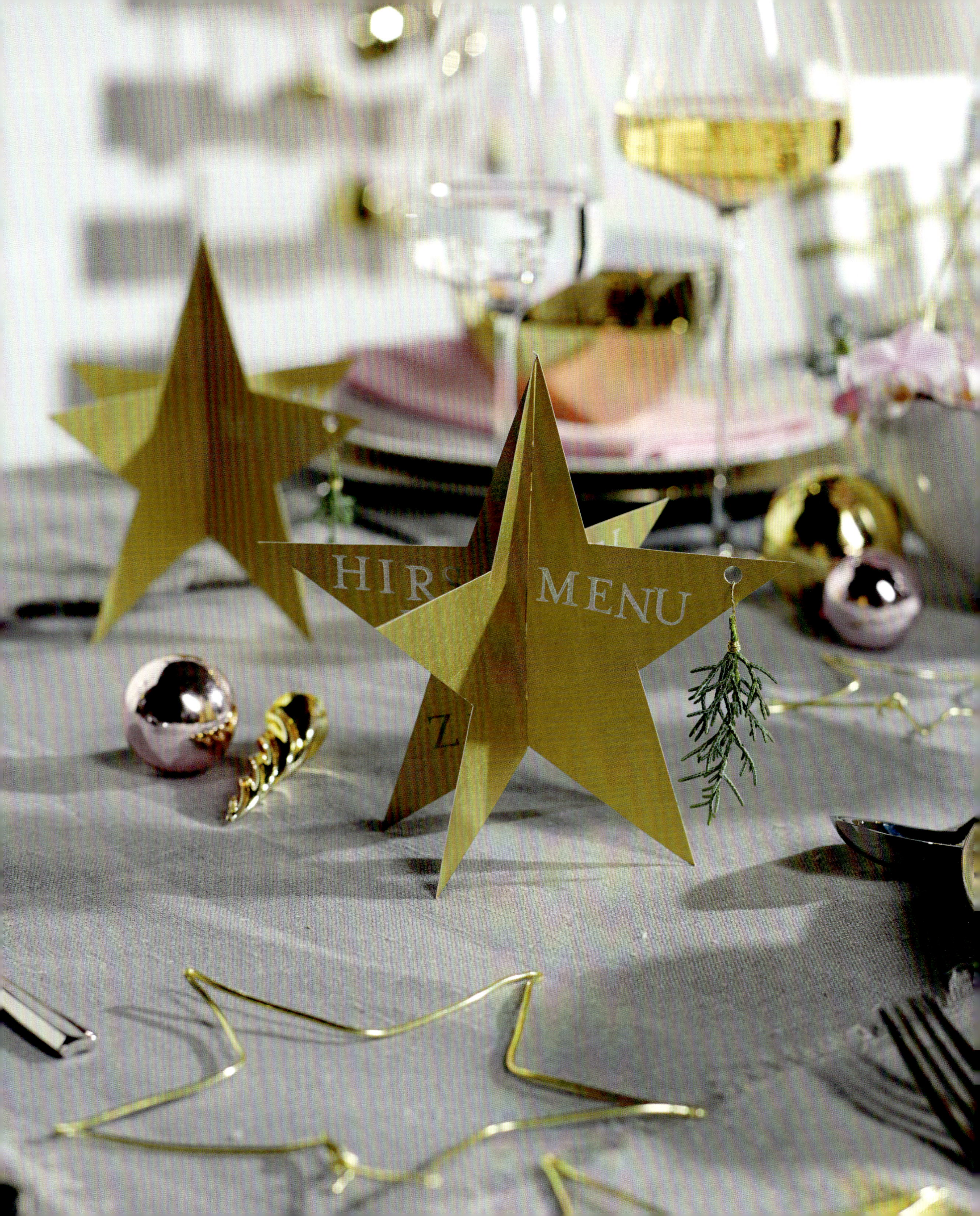
MENU

GOLDSTERNE AUF STOFF

DAS WIRD BENÖTIGT:

Hilfsmittel
- Samtband
- Schlagmetall
- Leinenstoff
- Flaschen
- Sprühkleber
- Stern-Schablone

Pflanzliches
- Amaryllis
- *Brunia*

Mit etwas Leinenstoff, Schlagmetall und Sprühkleber lassen sich im Handumdrehen festliche Servietten erstellen, die die gedeckte Tafel einladend gestalten (unten). Dafür den Stoff in die gewünschte Größe schneiden, glatt streichen und eine Sternschablone auflegen, die Sternform mit Sprühkleber besprühen und das Schlagmetall andrücken. Außerdem eignet sich der verzierte Stoff auch als Vasenummantelung. Mit einem Samtband wird er um schlichte Flaschen geknotet, die u. a. mit rosafarbenen Amaryllis gefüllt sind (rechts).

Setzt den Sprühkleber am besten immer an der frischen Luft, z. B. auf dem Balkon, oder bei geöffnetem Fenster ein.

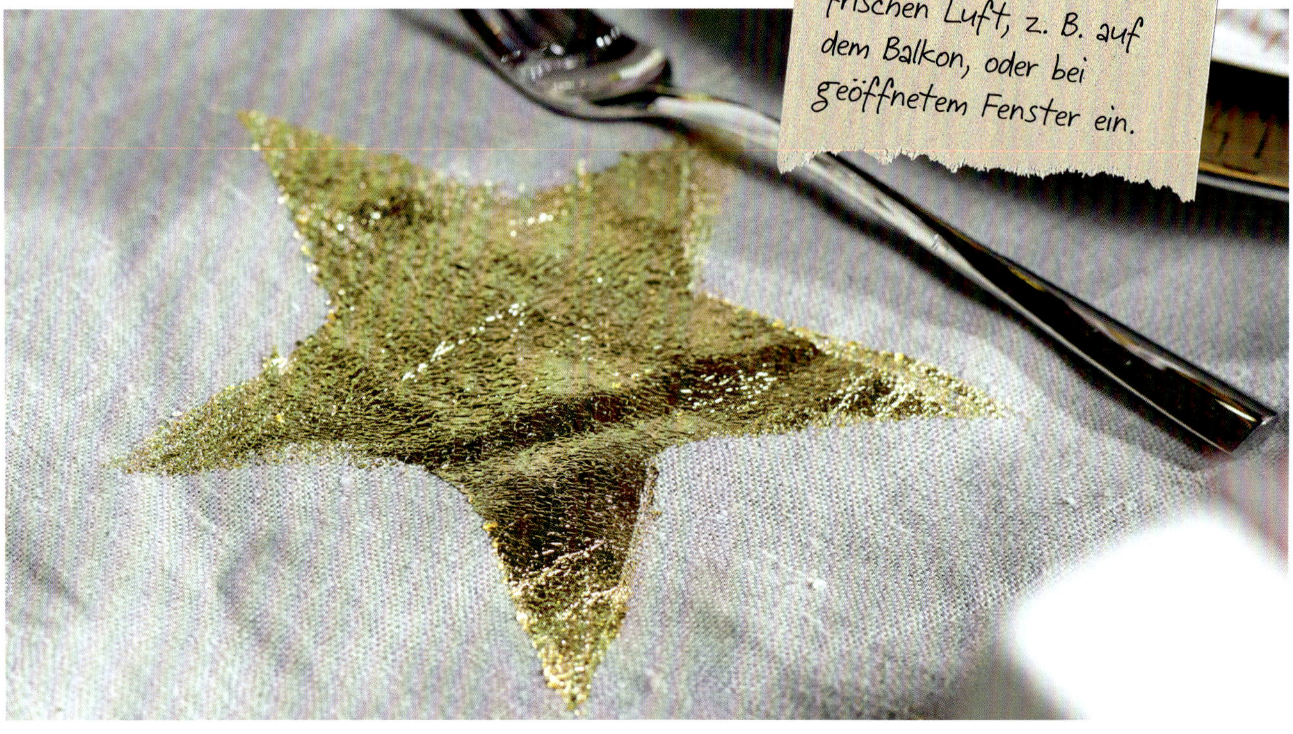

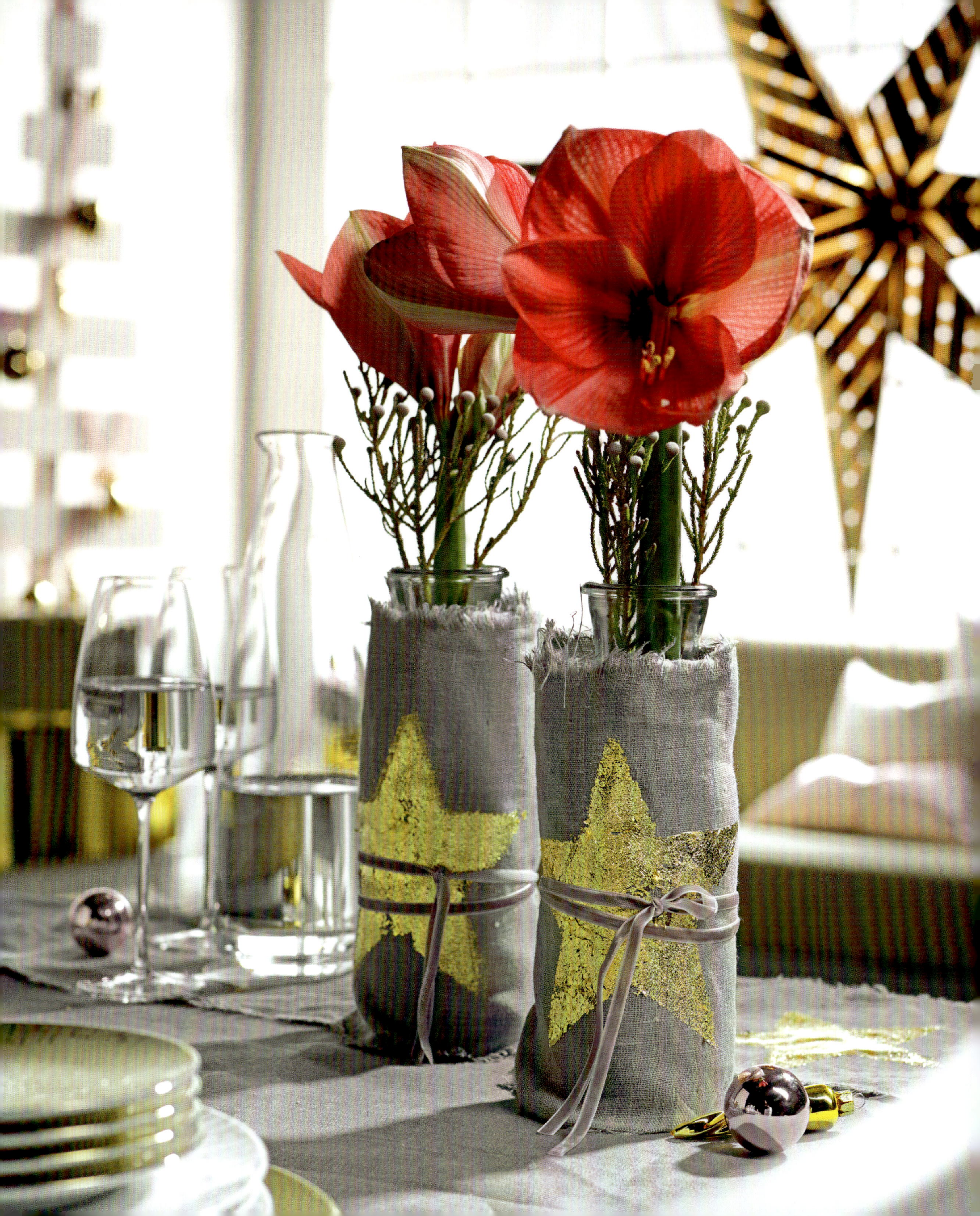

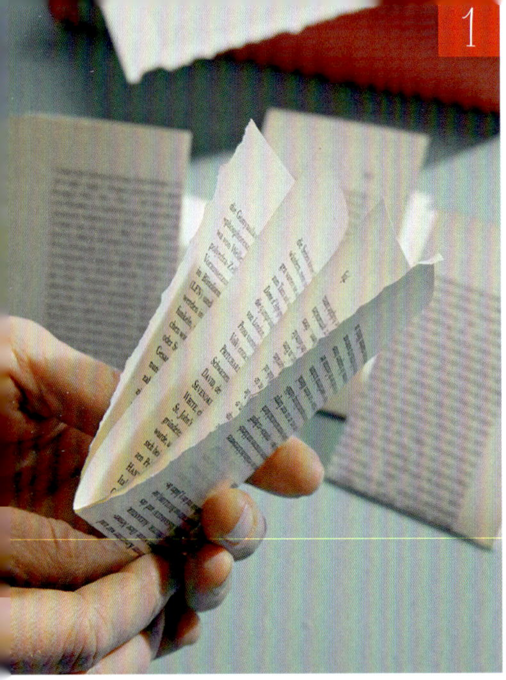

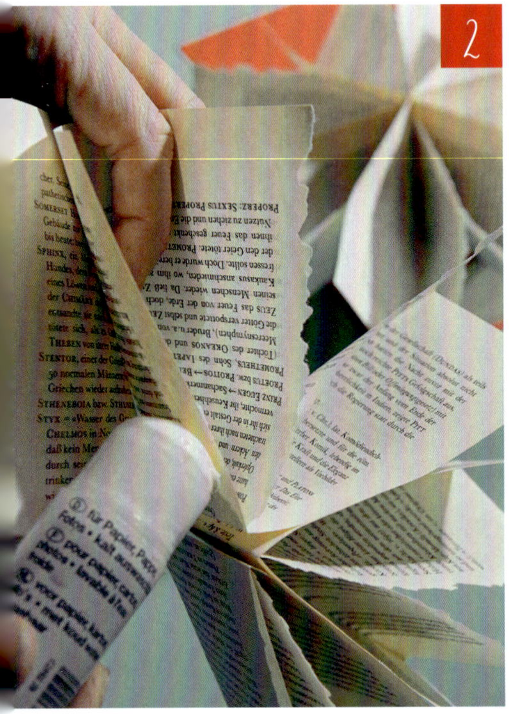

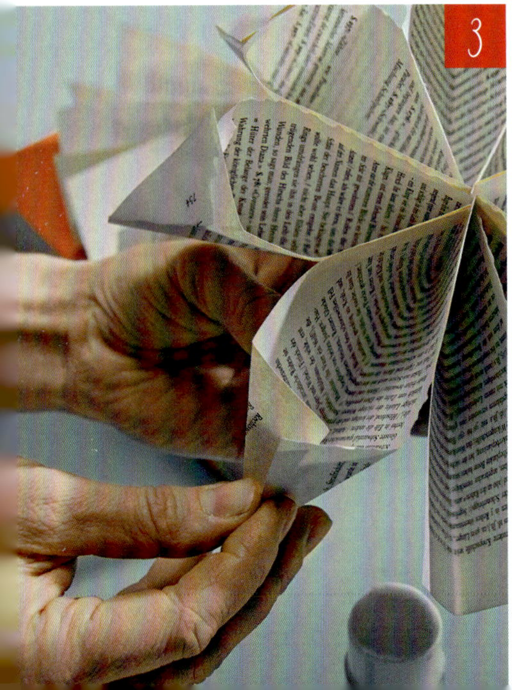

STERNE AUS BUCHSEITEN

DAS WIRD BENÖTIGT:

Hilfsmittel
- Band
- Buchseiten

Pflanzliches
- Fichtenzweig
- Hagebuttenzweige

Accessoires
- Dekovogel mit Klipp
- Buchstaben aus Draht
- Christbaumkugeln

SO WIRD'S GEMACHT:

1. Aus einem alten Buch fünf bis sieben Seiten vorsichtig heraustrennen und jeweils in der Mitte längs und anschließend noch mal quer falten.

2. Die gefalteten Seiten aneinanderkleben, indem an der offenen Seite die Kanten jeweils etwa bis zur Hälfte mit Klebestift bestrichen werden. Bevor die letzten beiden Seiten zur geschlossenen Rosette aneinanderklebt werden, müssen die aufeinanderliegenden Innenkanten ebenfalls dick mit Kleber bestreichen sein.

3. Ausgehend von der Spitze die Ecken jedes Zackens nach innen umknicken und aneinanderkleben, sodass von der Vorderseite betrachtet eine Spitze entsteht. Zum Schluss eine Hagebutte mittig auf der Vorderseite des Sterns platzieren, indem der Stiel zwischen die Buchseiten geschoben wird. Zusätzlich die Beere mit Kleber fixieren.

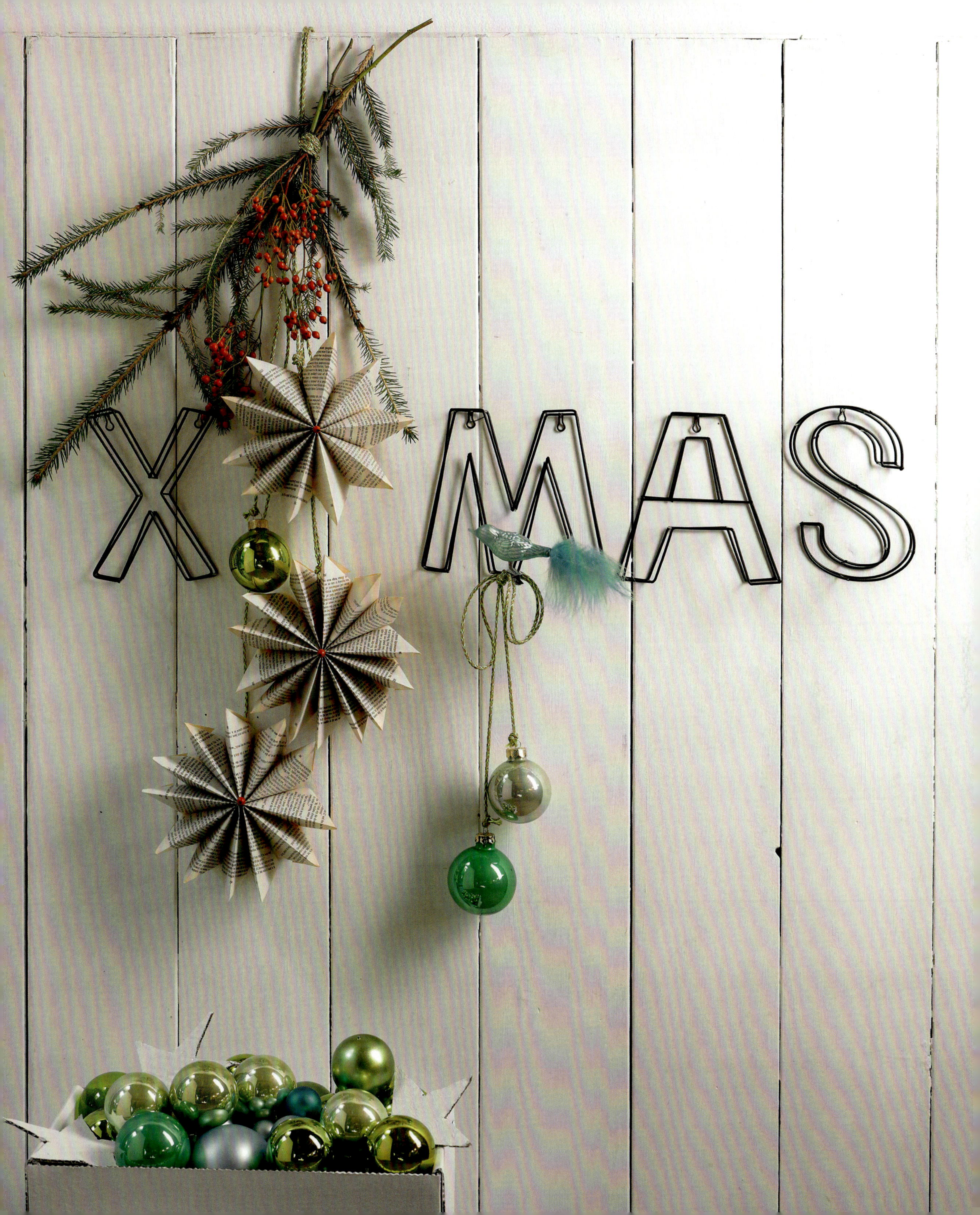
XMAS

Schaumstoffsterne

Das wird benötigt:

Hilfsmittel
- Schaumstoffplatte, weiß
- Rebenbindedraht
- Zierdraht
- Metallstange

Pflanzliches
- Holzstamm
- Schwarzkiefernzapfen und -zweige
- Holunderzweige

Accessoires
- Christbaumkugeln, weiß
- LED-Lichterkette

Die künstlerische Konstruktion besteht aus einem Holzstamm, in dessen Mitte eine Metallstange in einem vorgebohrten Loch steckt. Die Stange wird mit Rebenbindedraht umwickelt und mit Holunderzweigen geschmückt, sodass ein Gerüst entsteht. In dieses werden Kiefernzweige und eine Lichterkette eingearbeitet. Kiefernzapfen sowie Christbaumkugeln andrahten und ebenfalls im Gerüst verteilen. Auf eine Schaumstoffplatte unterschiedlich große Sterne aufzeichnen, ausschneiden und mit Draht im Gerüst verteilen.

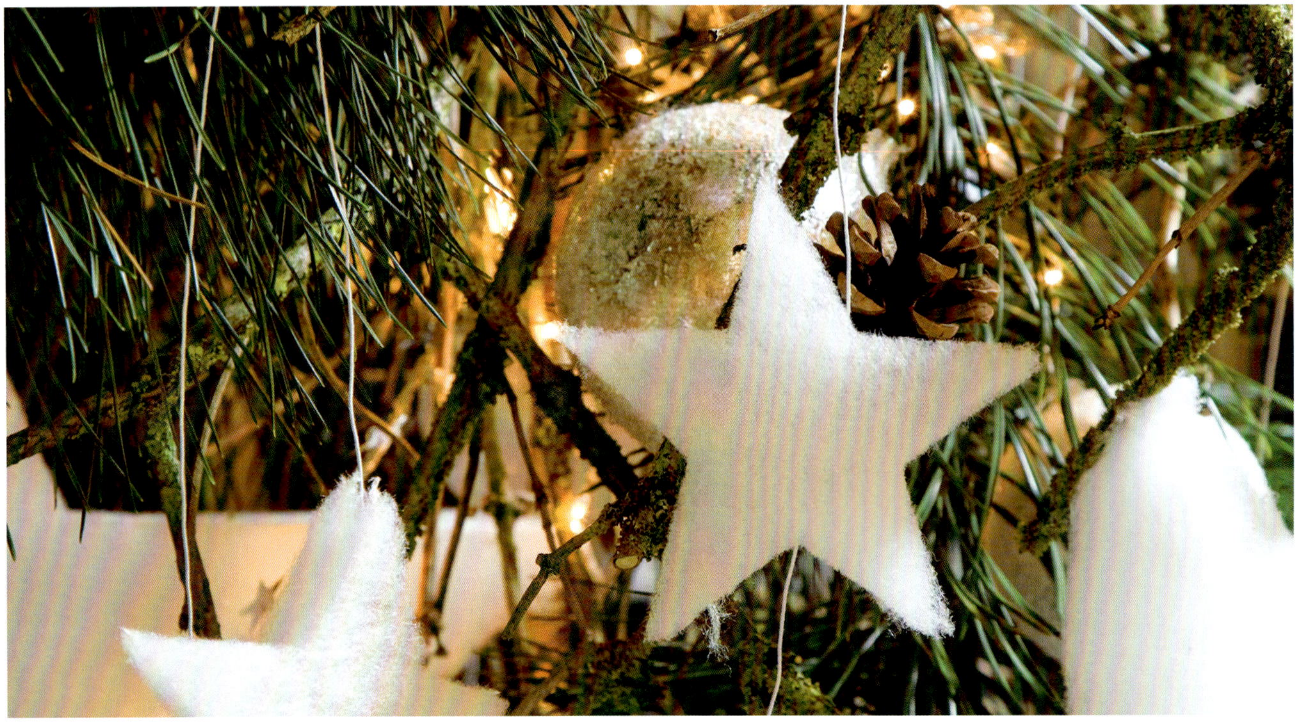

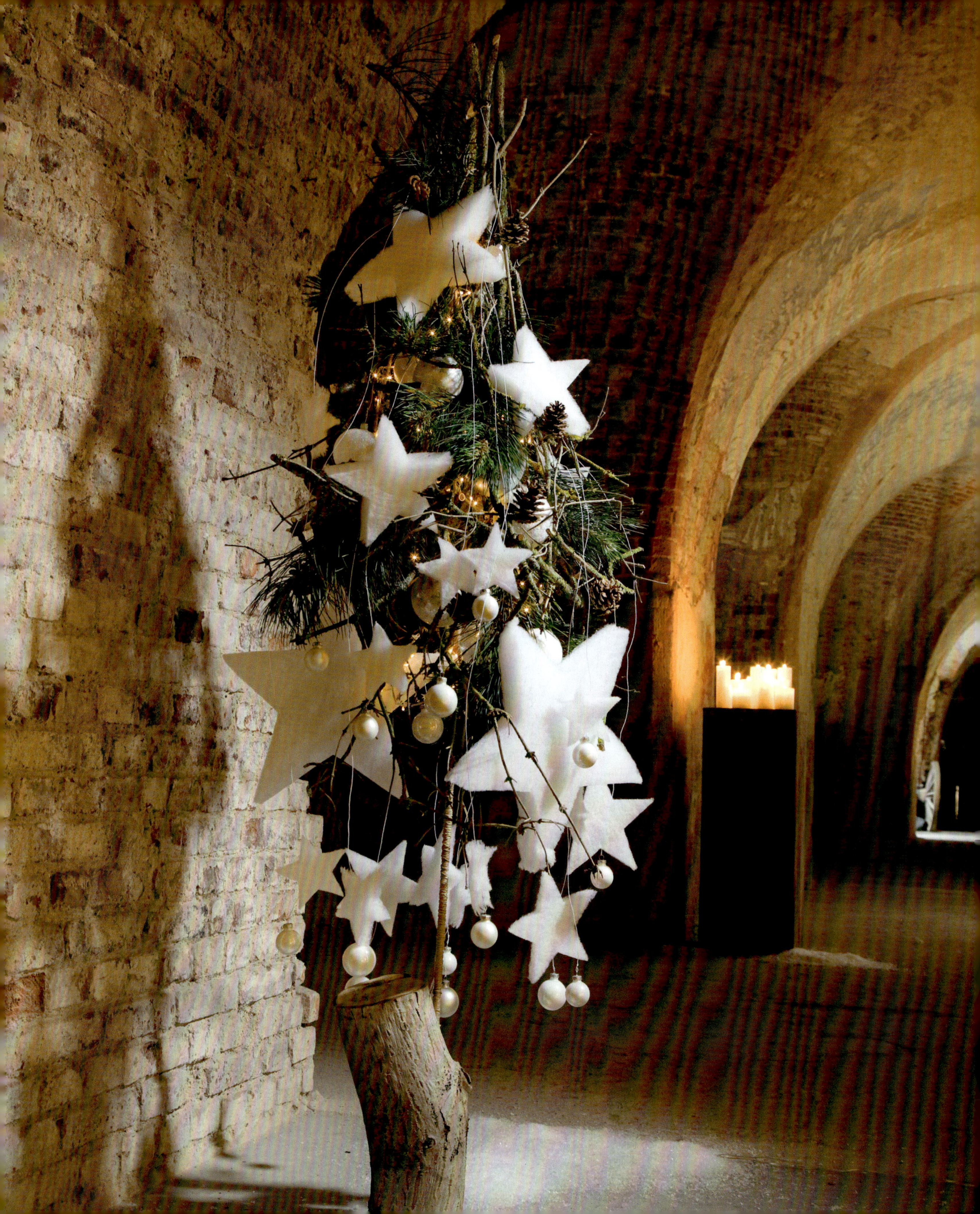

KETTE AUS PAPIERSTERNEN

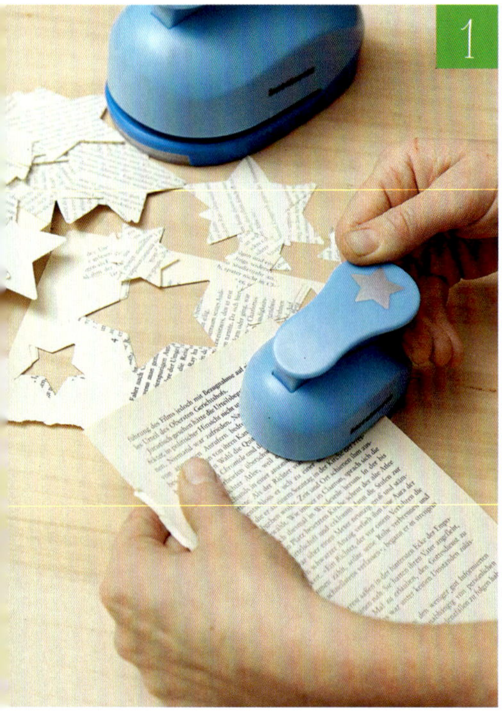

DAS WIRD BENÖTIGT:

Hilfsmittel
- Kordel
- Schere
- Holzkugeln
- Papier, gemustert
- Buchseiten
- Ausstanzer „Stern“, zwei Größen

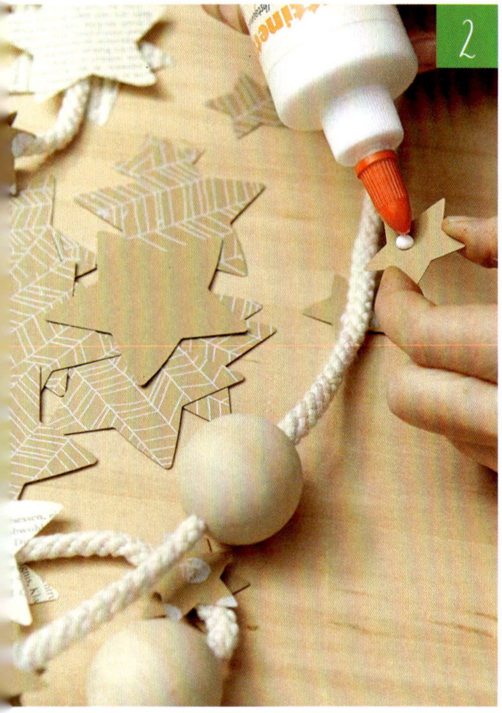

SO WIRD'S GEMACHT:

1. Die Kordel in der gewünschten Länge abschneiden und die Holzkugeln mit etwas Abstand auffädeln. Unterschiedlich große Sterne aus dem gemusterten Papier und den Buchseiten ausstanzen.

2. Die ausgestanzten Sterne paarweise festkleben, sodass sich die Kordel in der Mitte befindet. Dabei kann die Reihenfolge beliebig gewählt werden. Hier klebt nach und vor einer Kugel immer erst ein kleiner, dann ein großer und dann wieder ein kleiner Stern am Seil.

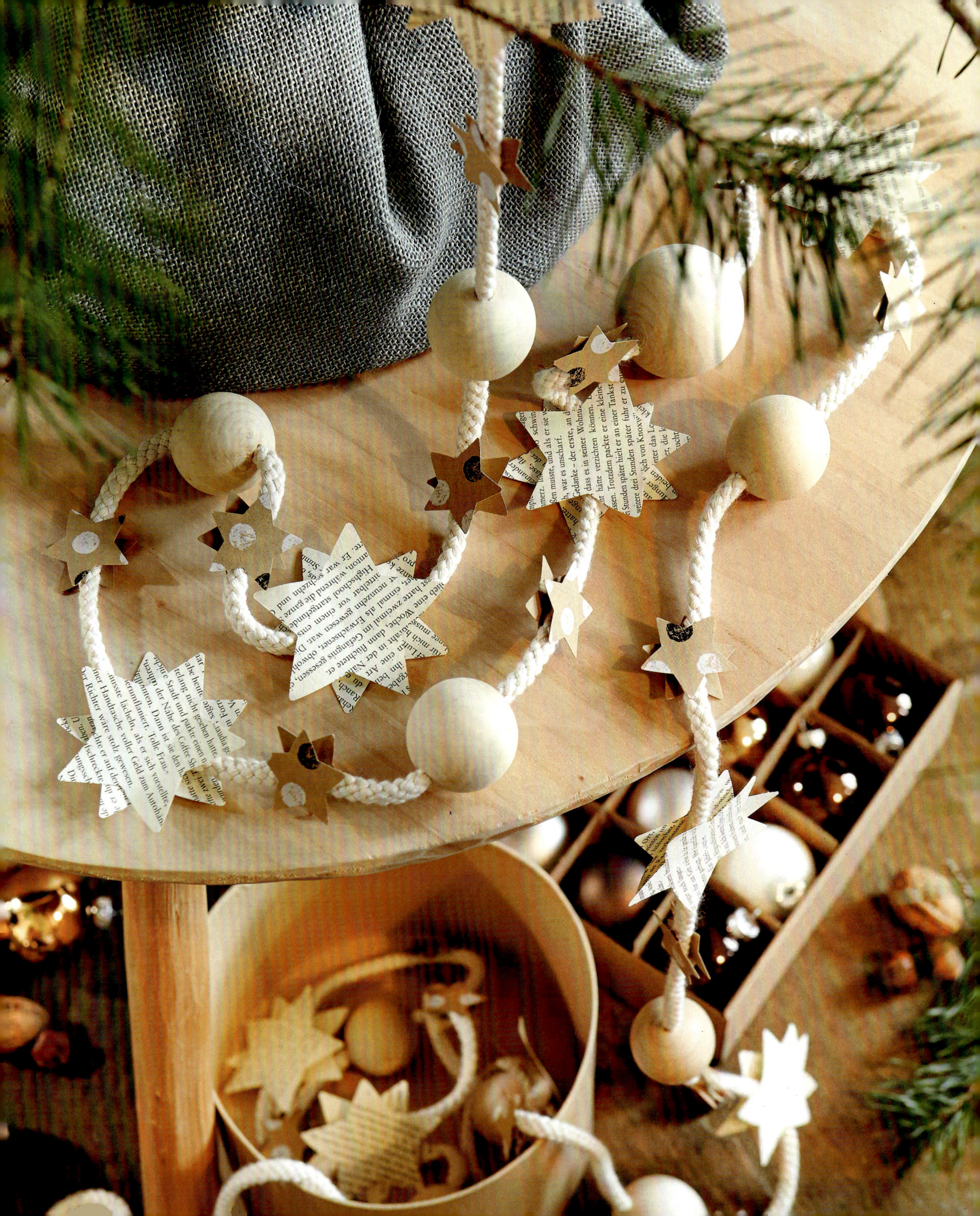

STERN MIT KNÖPFCHEN

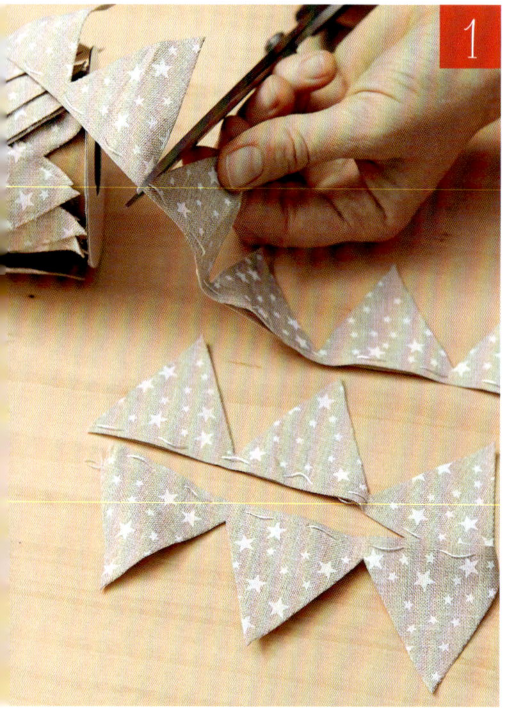

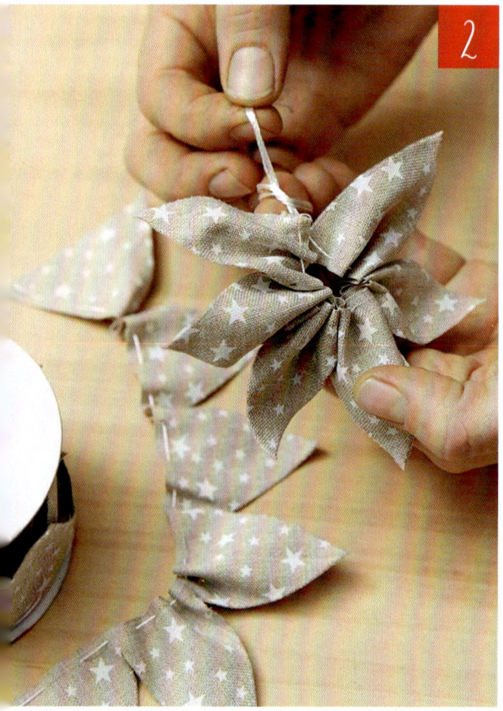

DAS WIRD BENÖTIGT:

Hilfsmittel
- ★ Zacken-Stoffband mit Sternmuster
- ★ Nadel und Garn
- ★ Holzknöpfe
- ★ Schnur

SO WIRD'S GEMACHT:

1. Pro Stern sechs Dreiecke des Zacken-Stoffbands abzählen und abschneiden.

2. Dann das eingenähte Band an beiden Seiten herausziehen, sodass durch die Raffung der Stern entsteht und an den Endzacken zusammennähen. Auf die Mitte einen Holzknopf legen, den Gegenknopf auf die Rückseite und beide festnähen. Eine Schnur als Aufhängung anbringen.

Stoffbänder mit eingenähtem Band heißen auch Ziehband. Solche findet Ihr im Bastelbedarf-Shop oder im Internet.

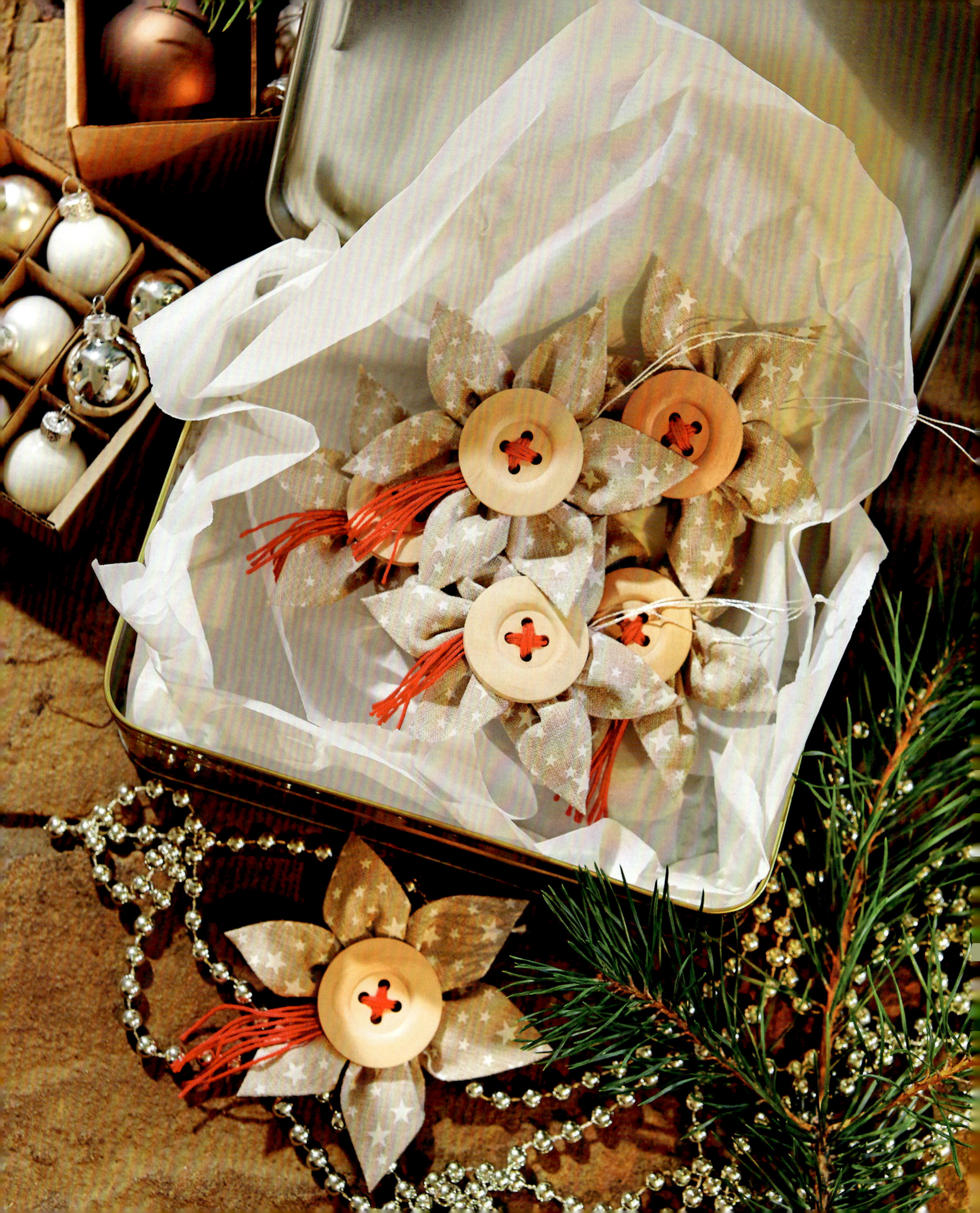

Tischläufer mit 3D-Sternkunst

Das wird benötigt:

Hilfsmittel
- Architektenpapier
- Stern-Schablone

Ruckzuck wird aus transparentem Architektenpapier von der Rolle ein Tischläufer für die Advents- und Weihnachtszeit. Dazu einen Stern ggf. mittels einer Schablone auf das Material zeichnen und diesen bis kurz vor den Spitzen ausschneiden. Für den 3D-Effekt die Zacken mithilfe eines Lineals einknicken, damit die Faltkanten sauber und gerade werden.

Wenn Ihr den Stern noch etwas mehr hervorheben möchtet, könnt Ihr ihn mit Farbe oder Glitzerspray verzieren.

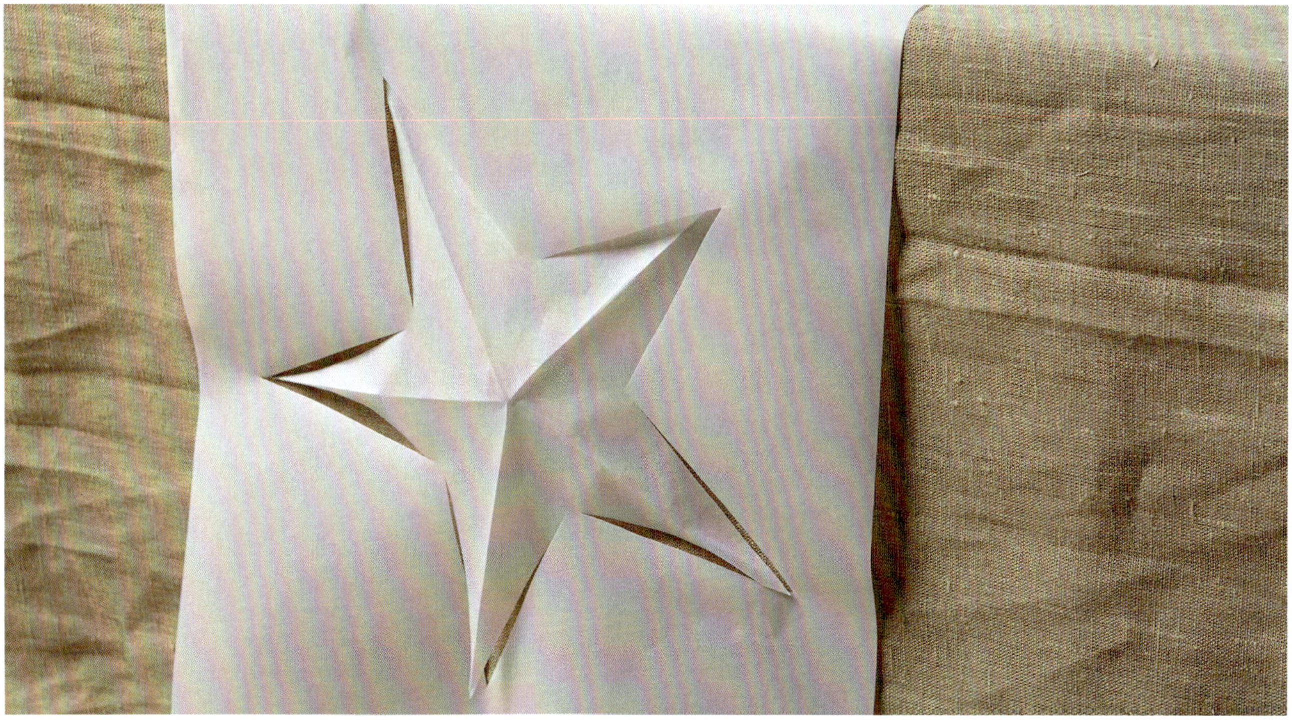

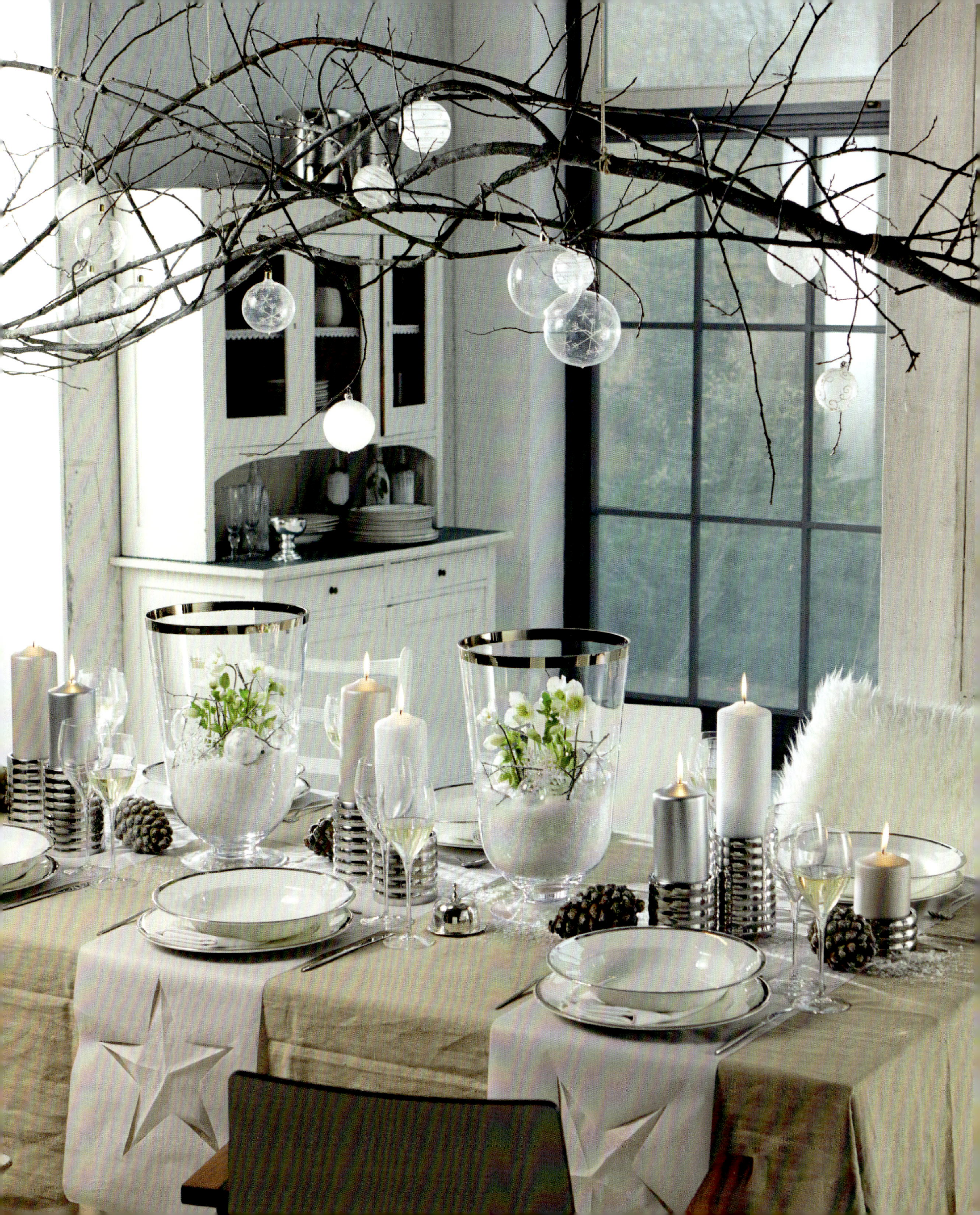

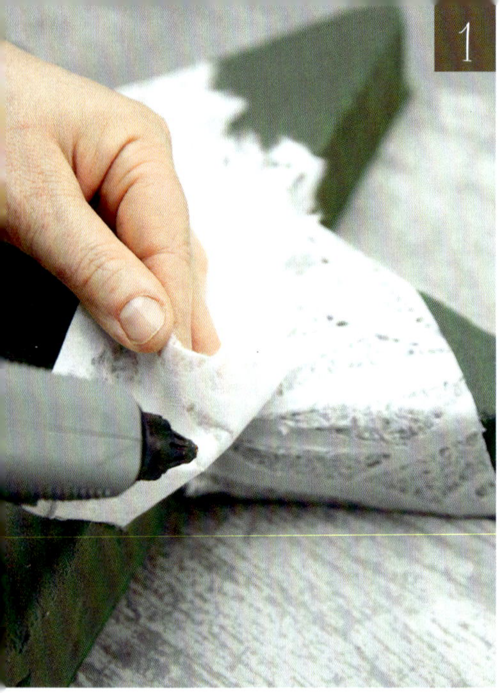

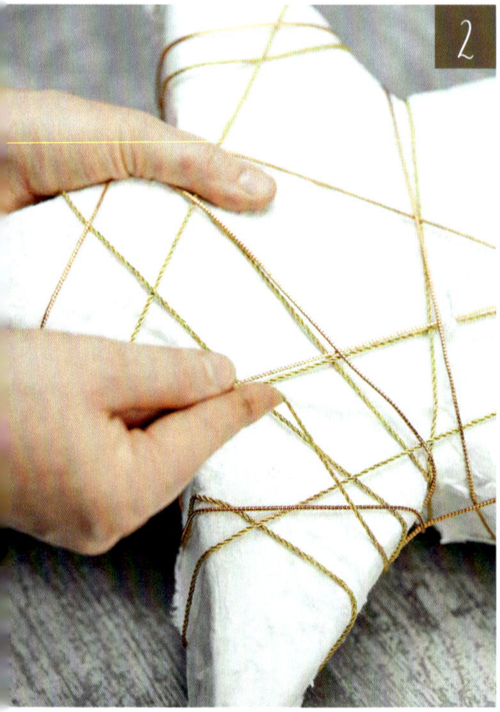

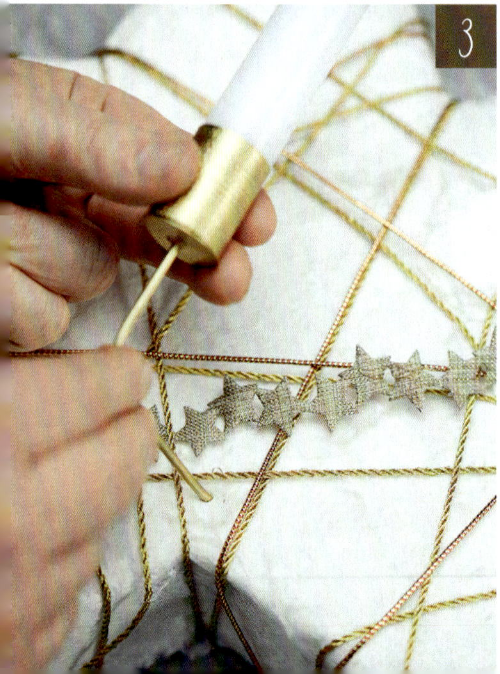

STERNDUETT MIT KERZE

DAS WIRD BENÖTIGT:

Hilfsmittel
- Holzstern
- Trockenblumensteck-schaum-Stern
- faserreiches Struktur-papier, z. B. Raufaser-tapete

Pflanzliches
- Eukalyptus
- Silberblatt

Accessoires
- Glaskugeln
- Kerzenhalter
- Kerze
- Bänder

SO WIRD'S GEMACHT:

1. Zunächst durch eine Spitze des Steckschaum-Sterns ein Loch bohren, sodass ein Band als Aufhängung durchgefädelt werden kann. Anschließend vollständig mit Papier bekleben.

2. Dann mit unterschiedlichen Bändern kreuz und quer bewickeln.

3. Einen Kerzenhalter in den Stern stecken. Ggf. mit Heißkleber fixieren, damit er mit einer brennenden Kerze an Ort und Stelle bleibt.

Außerdem: Den Holzstern mit diversen Bändern umwickeln. Beide Sterne so an-einander knoten, dass sie untereinander schweben. Weitere Bänder anhängen und Kugeln ergänzen. Zum Schluss Floralien ergänzen.

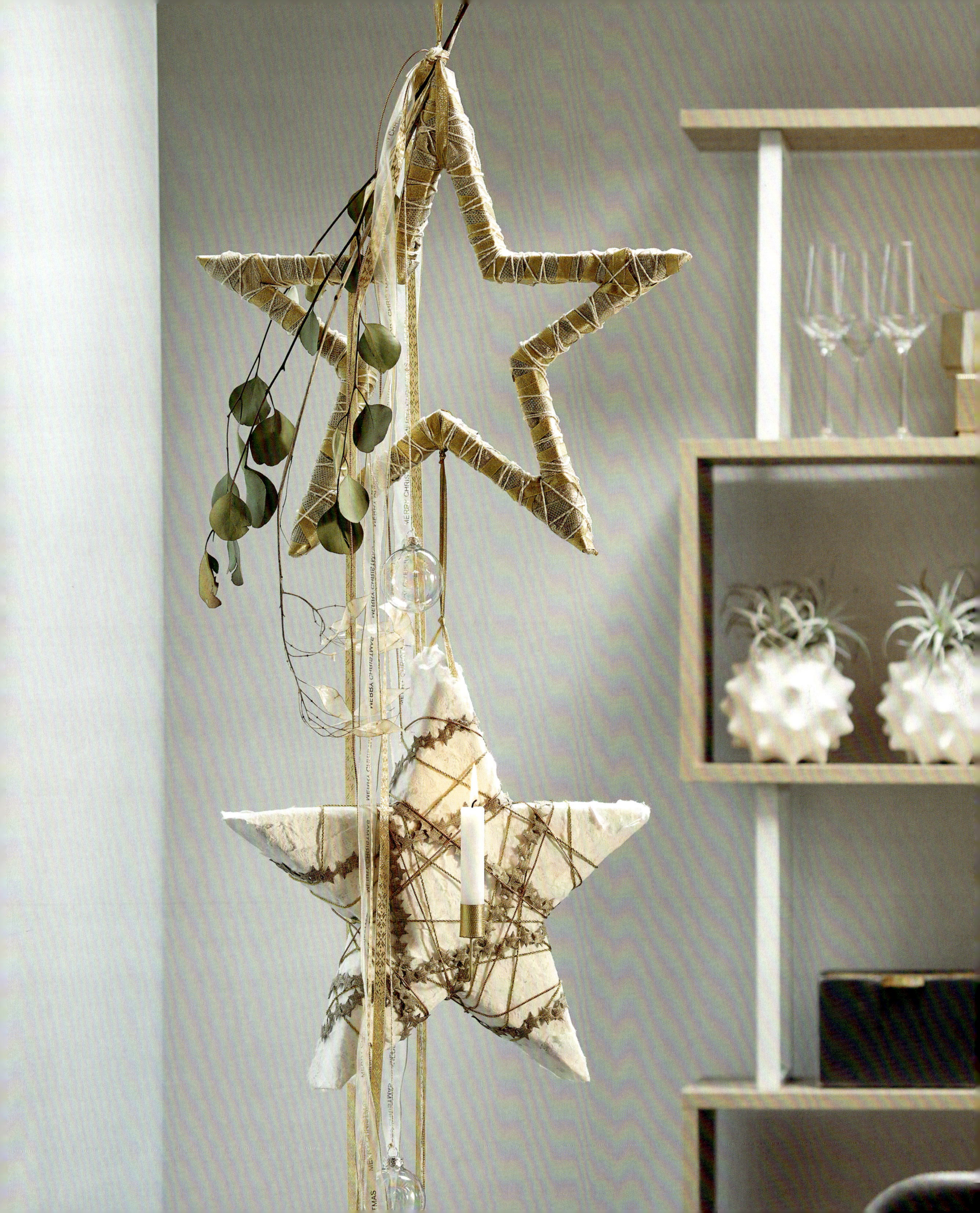

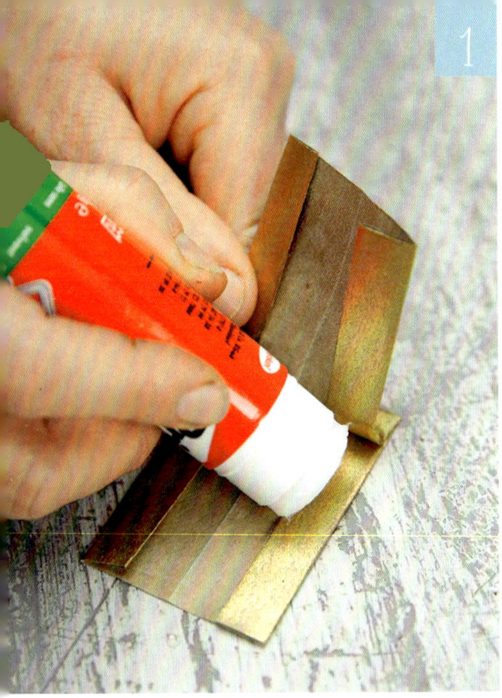

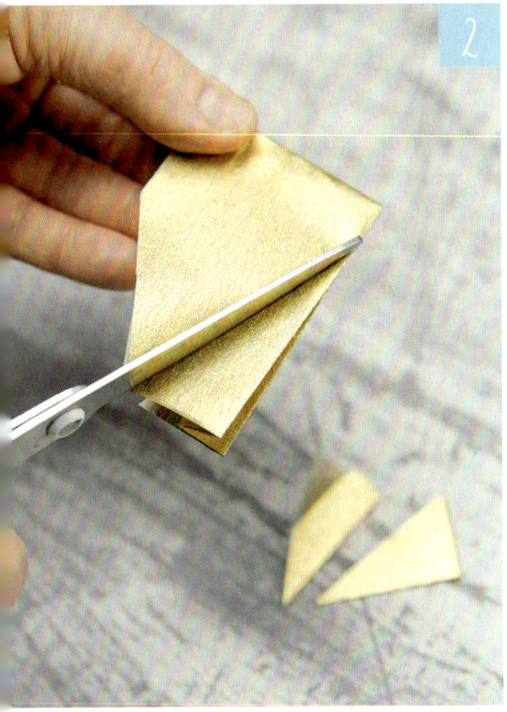

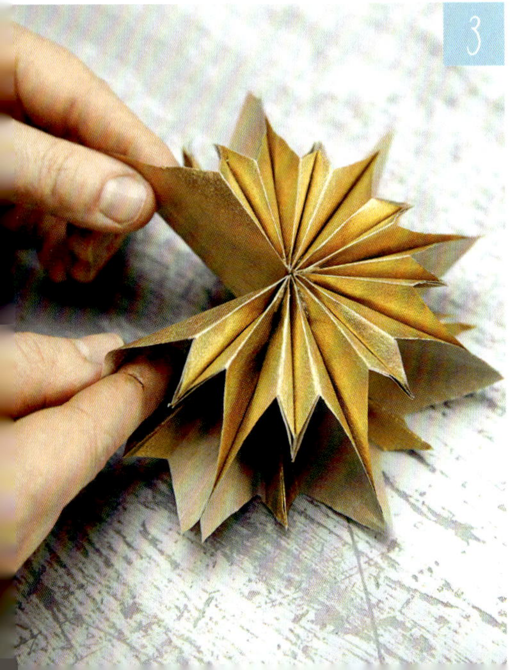

TANZENDES STERNEN-ENSEMBLE

DAS WIRD BENÖTIGT:

Hilfsmittel
- Papier
- Sternrahmen
- Sprühkleber
- Abtönfarbe, weiß

Pflanzliches
- Ast

Accessoires
- Bänder
- Hängeornamente
- Kerzen und Kerzenhalterung
- Metallsterne

SO WIRD'S GEMACHT:

1. Für die Sterne als erstes Papier rechteckig zuschneiden. Die beiden langen Seiten nach innen einschlagen, dann über die Längsseite mittig falten und an der Knickfalte ankleben.

2. Von der oberen Seite her die Ecken so abschneiden, dass eine Spitze entsteht. Dabei aus jedem Papier unterschiedlich lange Spitzen schneiden. Pro Stern benötigt man sechs Einzelelemente, die schichtweise aufeinandergelegt und zusammengeklebt werden.

3. Den Stern an den Spitzen vorsichtig auffächern und zusammenkleben. In diese Spitze ein Loch lochen und ein Band zur Aufhängung durchfädeln.

Außerdem: Einen großen Ast zunächst weißen, dann Löcher für die Kerzenhalterungen bohren und mit Bändern aufhängen. Metallsterne mit Bändern bespannen und wie die Faltsterne sowie Einzelornamente an den Ast knoten. Zum Schluss Kerzenhalter mit Kerzen in die vorgebohrten Löcher setzen.

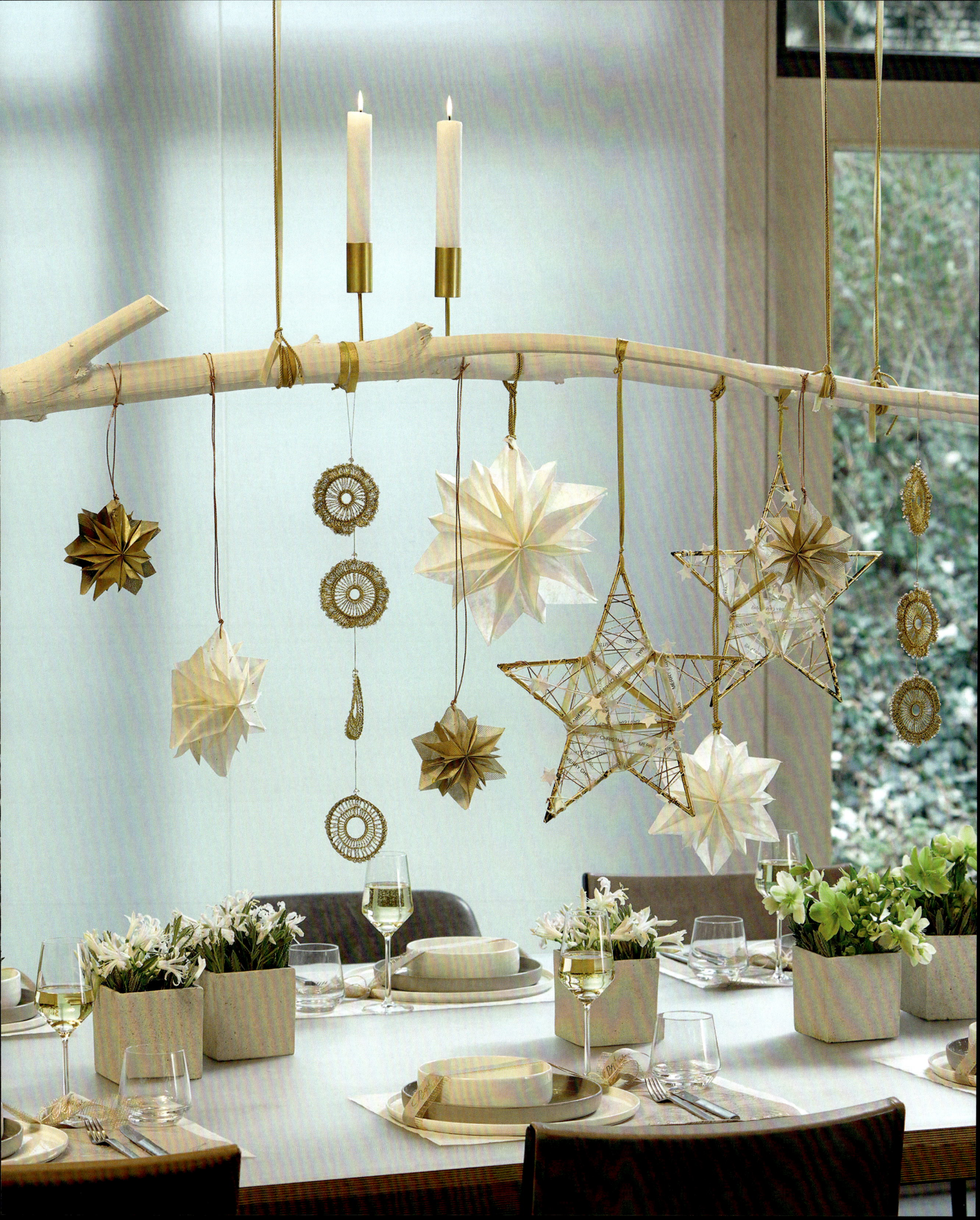

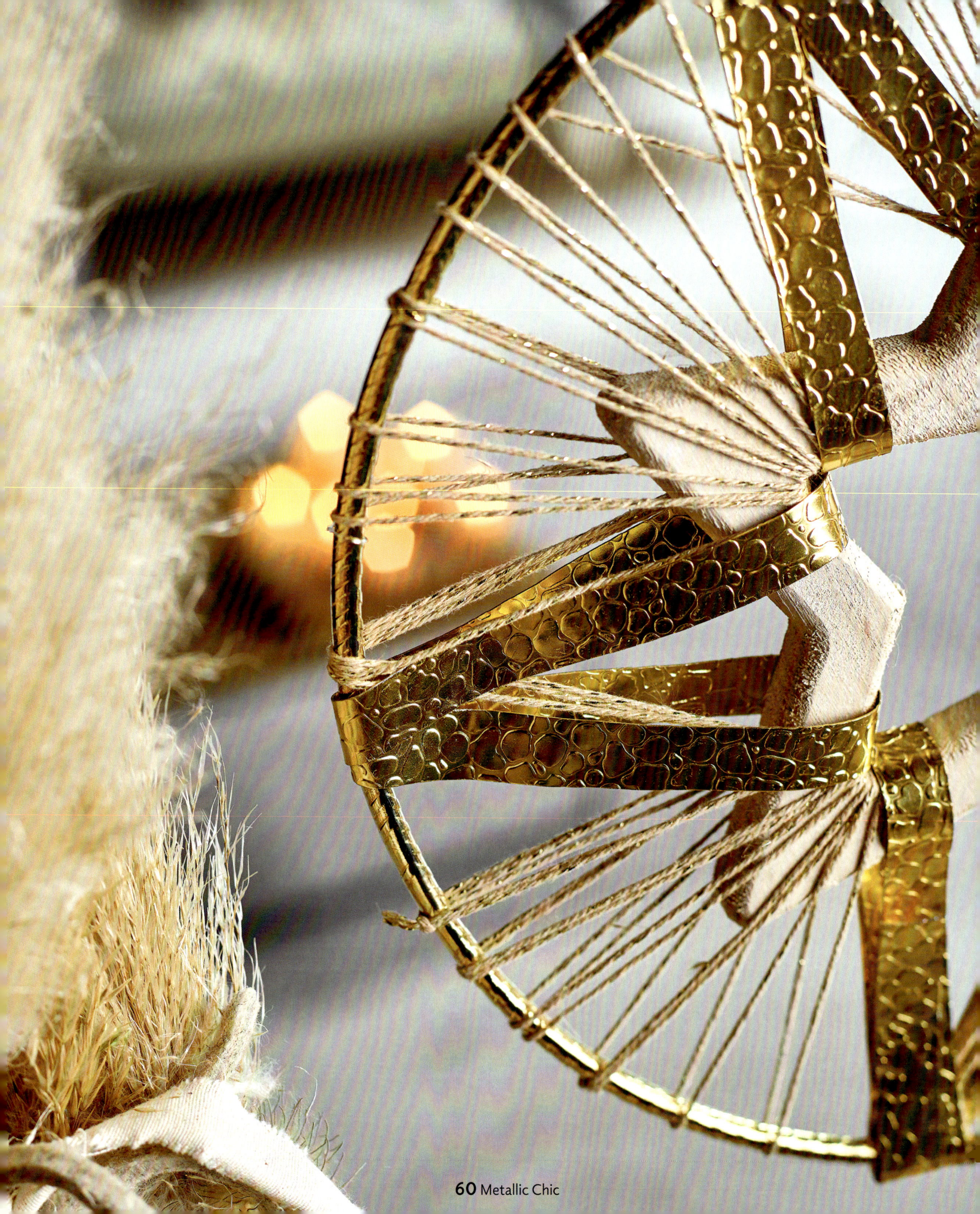

METALLIC CHIC

Glänzend, glitzernd und glamourös wird es mit Draht in all seinen Ausführungen. Dabei kann er das Grundgerüst der Sternform bilden, aber auch markante Bindestellen hervorheben, die den Charme einer Dekoration ausmachen. Dank seiner Flexibilität einerseits und seiner Stabilität andererseits ist Draht ein wandelbares Material, das in diesem Kapitel die Hauptrolle spielt.

STERN MIT AKZENTEN

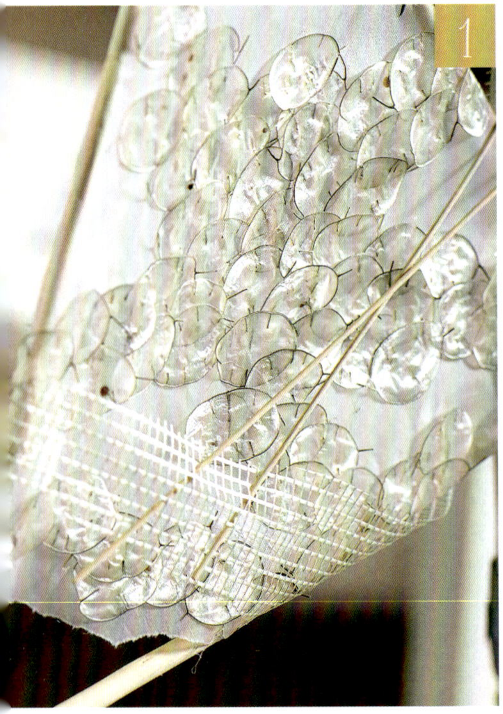

DAS WIRD BENÖTIGT:

Hilfsmittel
- Flachdraht
- Zierdraht
- Wickeldraht
- Schlagmetall
- Rindengranulat

Pflanzliches
- Stöcke, gebleicht
- Riedstäbe
- Cannastäbe
- Kiefernnadeln
- Silbertaler
- Hortensien, getrocknet

Accessoires
- Vase
- Seidenpapier
- Gitterband

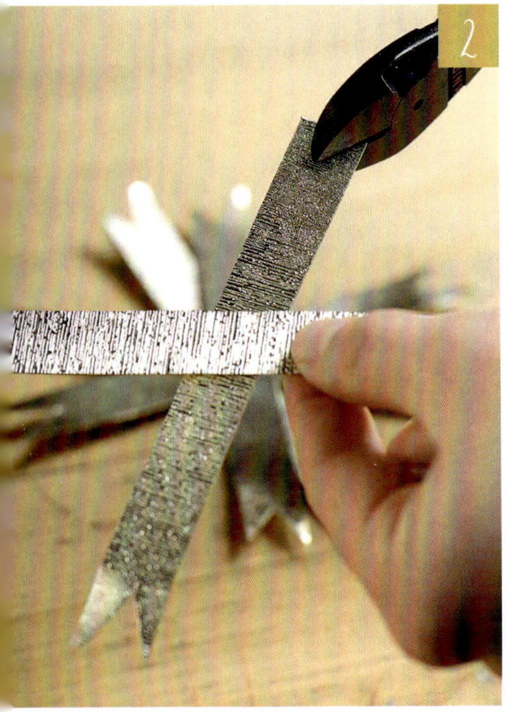

SO WIRD'S GEMACHT:

1. Aus Cannastäben zwei Dreiecke formen, mit Wickeldraht fixieren und miteinander verbinden, sodass eine Sternenform entsteht. Diese mit Seidenpapier beziehen und mittels Heißkleber befestigen. Das Gitterband darüber ziehen und die Sternecken nach Belieben mit Schlagmetall oder Seidenpapier überzogenen Silbertalern bekleben.

2. Für die kleinen Silbersterne Flachdraht in etwa sieben gleichlange Streifen schneiden. Diese nach und nach zu einem Stern übereinanderlegen und mit Heißkleber zusammenkleben. Die Enden mit dem Seitenschneider spitz zuschneiden. Mit Zierdraht in die Mitte des großen Sterns hängen und zusätzlich trockene Hortensien sowie Kiefernnadeln einkleben und hinter Riedstäben einklemmen.

Außerdem: An den fertigen Stern ein paar Stöcke andrahten und in eine Vase stellen. Für eine bessere Standfestigkeit kann diese mit Rindengranulat aufgefüllt werden.

Statt Rindengranulat könnt Ihr auch Sand oder Kies in die Vase füllen.

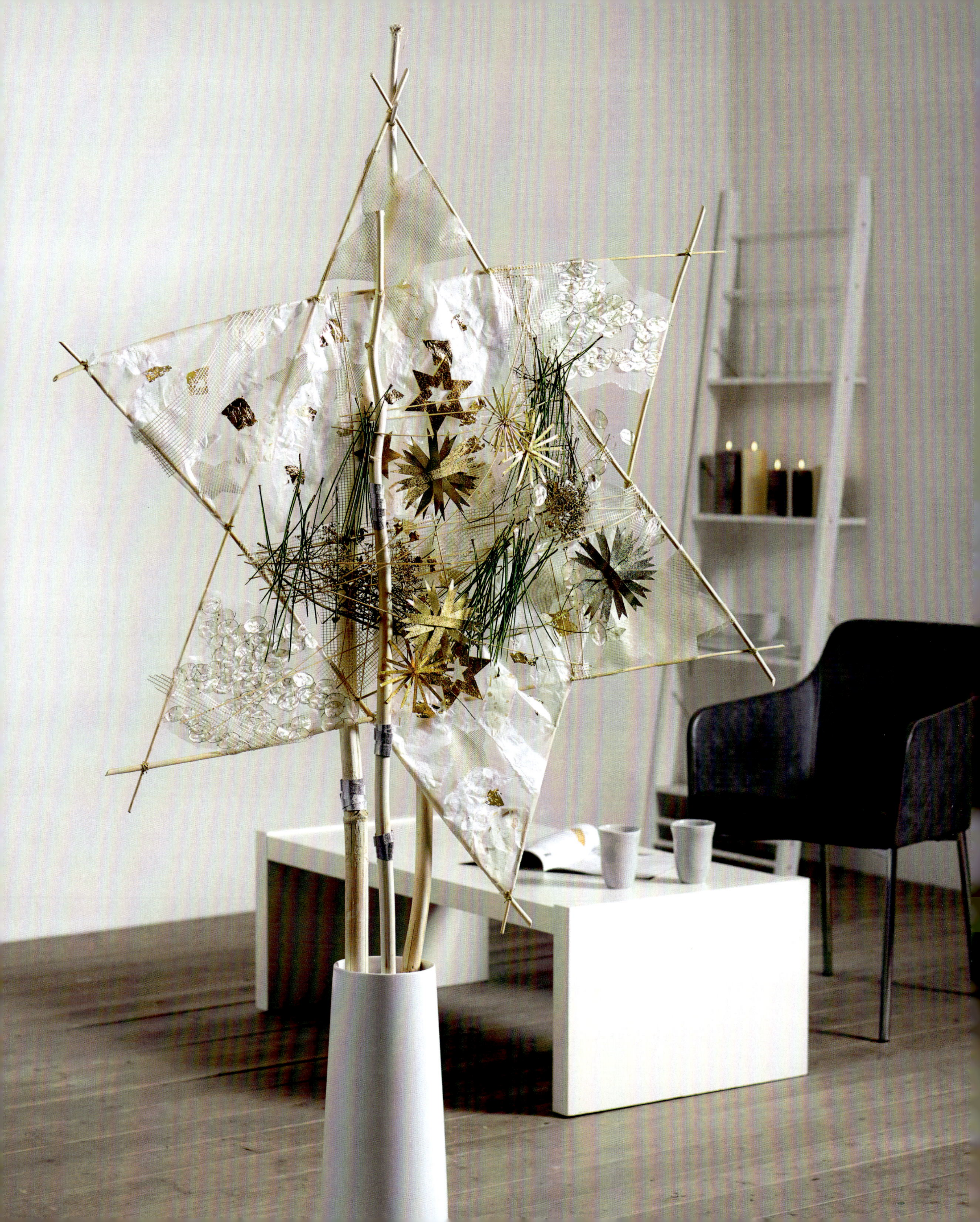

GLÄNZENDE BAUMSTERNE

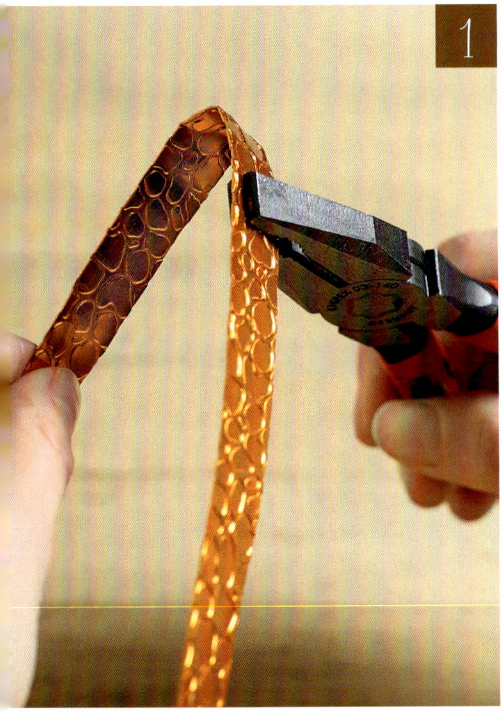

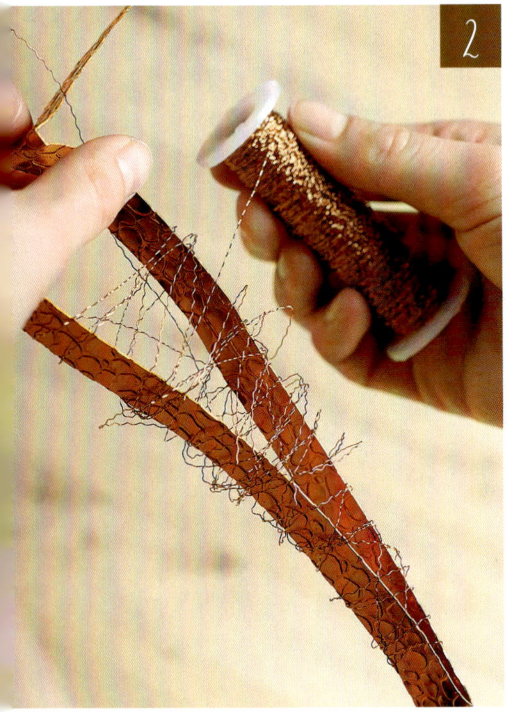

DAS WIRD BENÖTIGT:

Hilfsmittel
- Zierdraht
- Flachdraht, geprägt
- Aluminiumdraht
- Schlagmetall
- Stoff
- Holzstäbe

Pflanzliches
- Baumstumpf
- Kiefernnadeln
- Lärchenzapfen
- Stechwinden
- Anis

Accessoires
- Papp- und Holzsterne
- Christbaumkugeln

SO WIRD'S GEMACHT:

1. Ein langes Stück Flachdraht abschneiden und mithilfe einer Zange in Form biegen, sodass sich nach und nach die Zacken des Sterns bilden.

2. Das Gerüst mit Zierdraht umspannen und dabei verschiedene Materialien dazwischen stecken. Nach und nach den Stern komplett füllen. Anschließend an einer Sternspitze einen Holzstab befestigen. Löcher in den Baumstumpf bohren und den Holzstab dort einstecken. Mit etwas Schlagmetall die Schnittstelle des Stumpfes veredeln.

Außerdem: Die kleinen Holzsterne mit Stoff beziehen und mit Heißkleber fixieren. Diese und die Pappsterne an Holzstäben befestigen und ebenfalls in die Löcher im Baumstamm stecken.

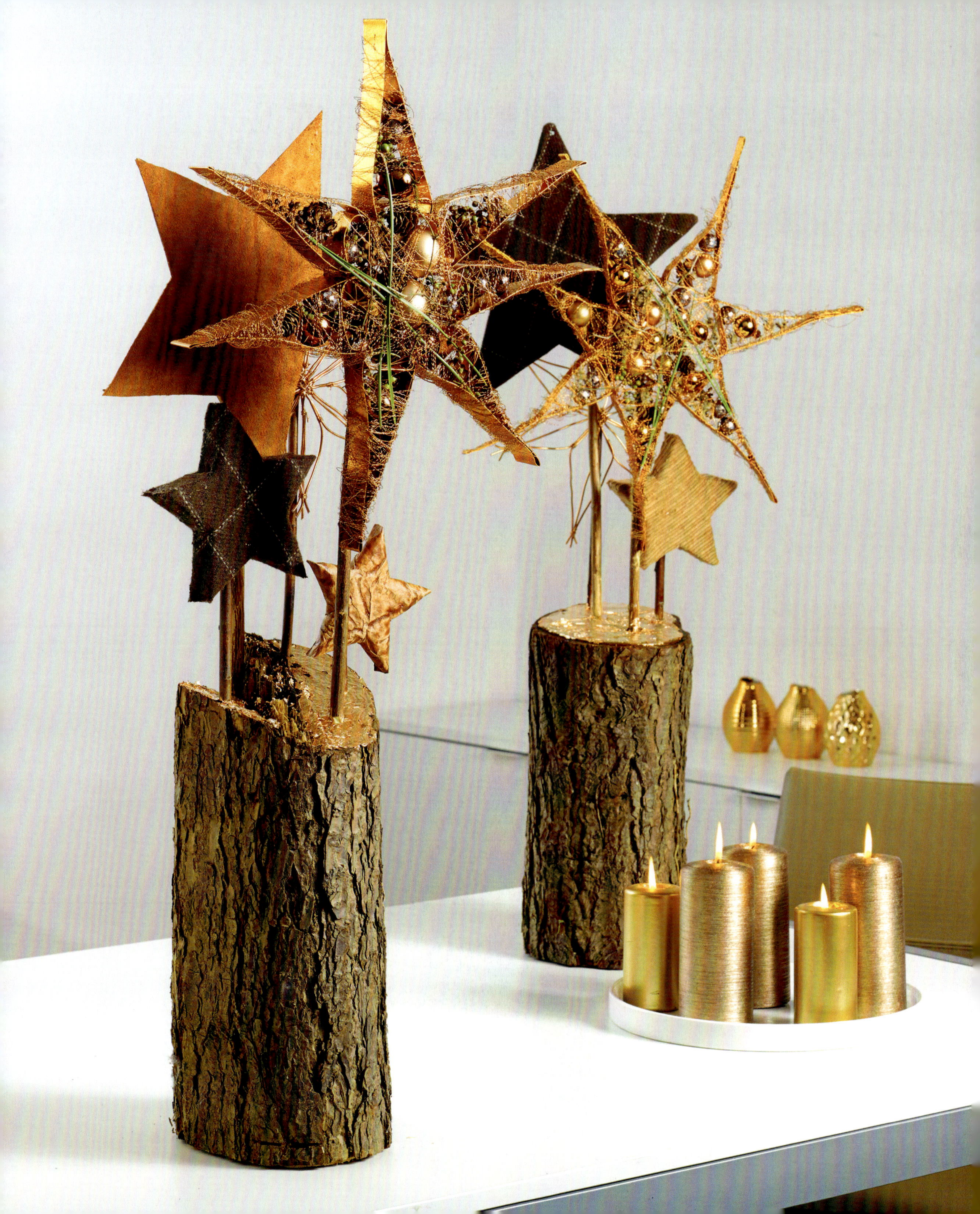

VERWOBENER STERN

DAS WIRD BENÖTIGT:

Hilfsmittel
- ★ Aluminiumdraht
- ★ Zierdraht

Pflanzliches
- ★ Zypressen
- ★ Weidenzweige

Accessoires
- ★ Wolle

Der aus Ästen gelegte Stern wird an den Spitzen mit Zierdraht befestigt. Einige Flächen des Sterns sind mit Wollschnur und Aluminiumdraht umwickelt, während an den Flächen der Sternspitzen links und rechts Drahtschlaufen in kleinen Abständen angeklebt sind. Die Mitte des Sterns fügt sich farblich passend in die Töpfe mit Fadenzypressen ein.

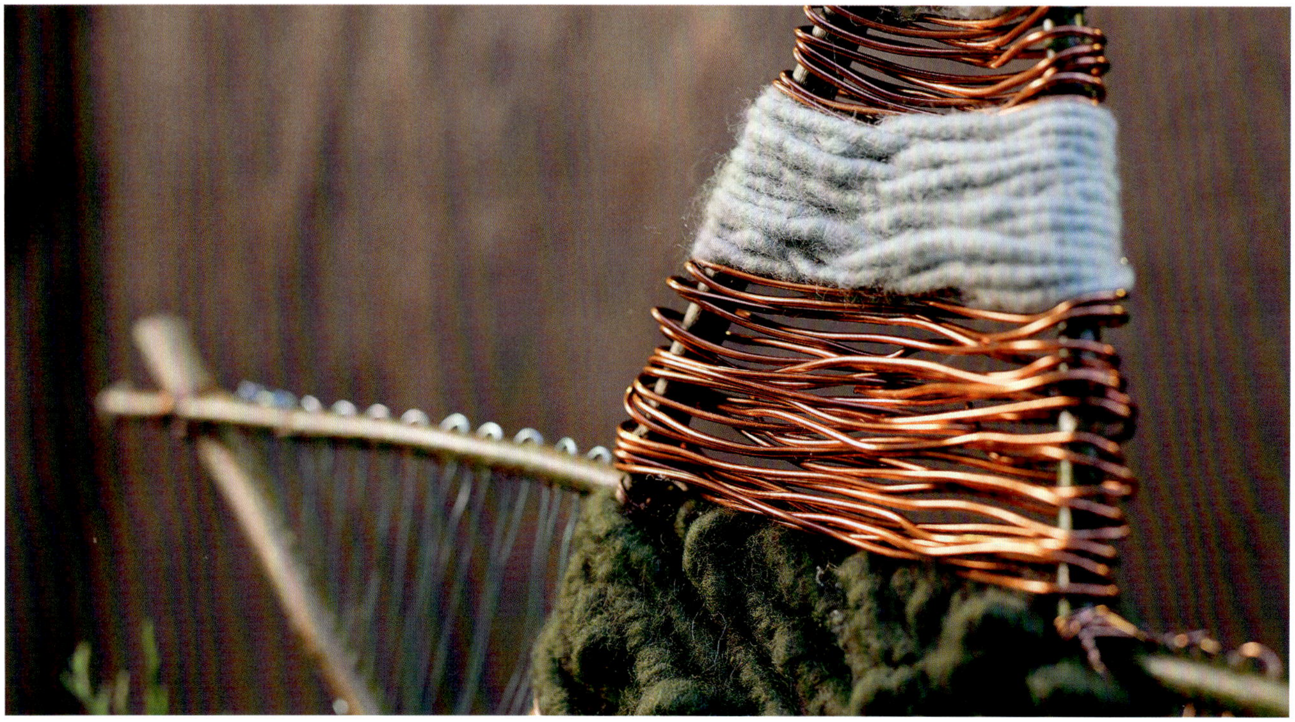

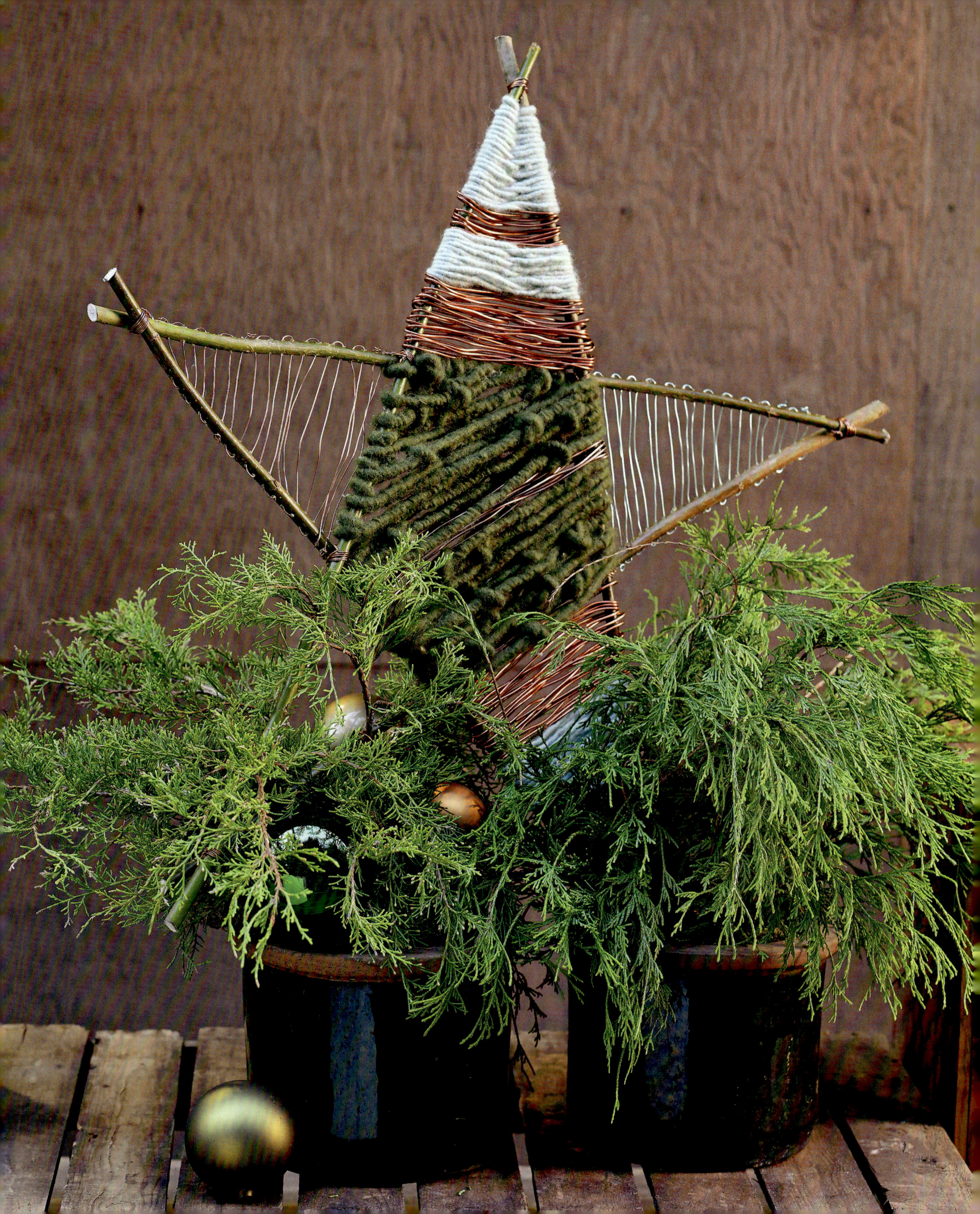

GOLDENER SPIRALSTERN

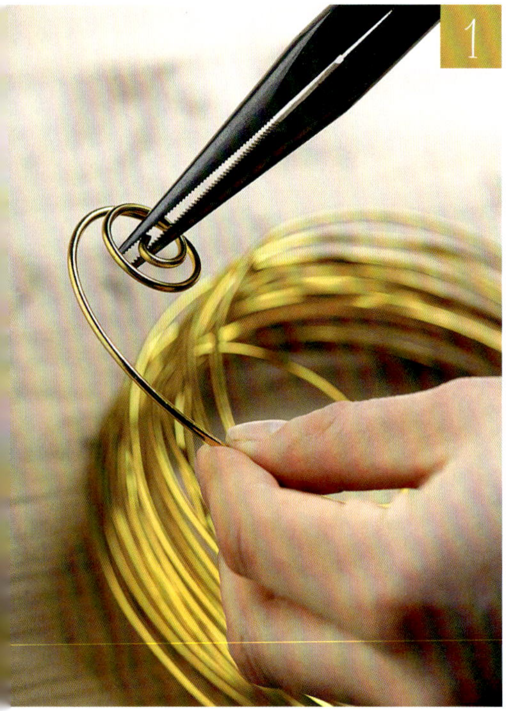

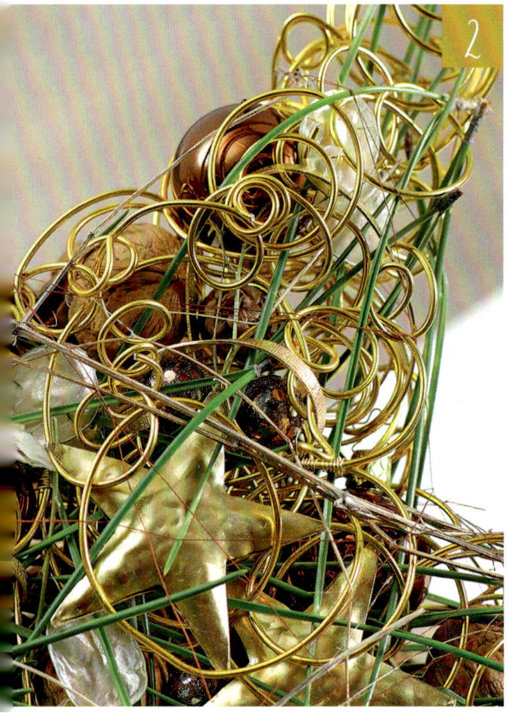

DAS WIRD BENÖTIGT:

Hilfsmittel
- ★ Flachdraht
- ★ Aluminiumdraht
- ★ Zierdraht
- ★ Garn

Pflanzliches
- ★ Silbertaler
- ★ Lärchenzapfen
- ★ Kiefernnadeln
- ★ Walnüsse
- ★ Klette, getrocknet

Accessoires
- ★ Schale
- ★ Christbaumkugeln
- ★ Dekosterne

SO WIRD'S GEMACHT:

1. Der Aluminiumdraht wird mithilfe einer Zange so aufgewickelt, dass Schlaufen entstehen.

2. Diese werden ineinander verhakt, nach und nach zu einem Stern geformt und mit Zierdraht fixiert. Teilweise schmalen Flachdraht mit einarbeiten. Kugeln und Sterne in die Mitte klemmen, mit trockener Klette belegen und mit Garn fixieren. Zum Schluss Kiefernnadeln einstecken und den Stern auf eine Schale legen, die mit Zapfen und Kugeln gefüllt ist.

Achtet darauf, dass der Draht mit fließenden Bewegungen gebogen wird, damit keine Knicke entstehen.

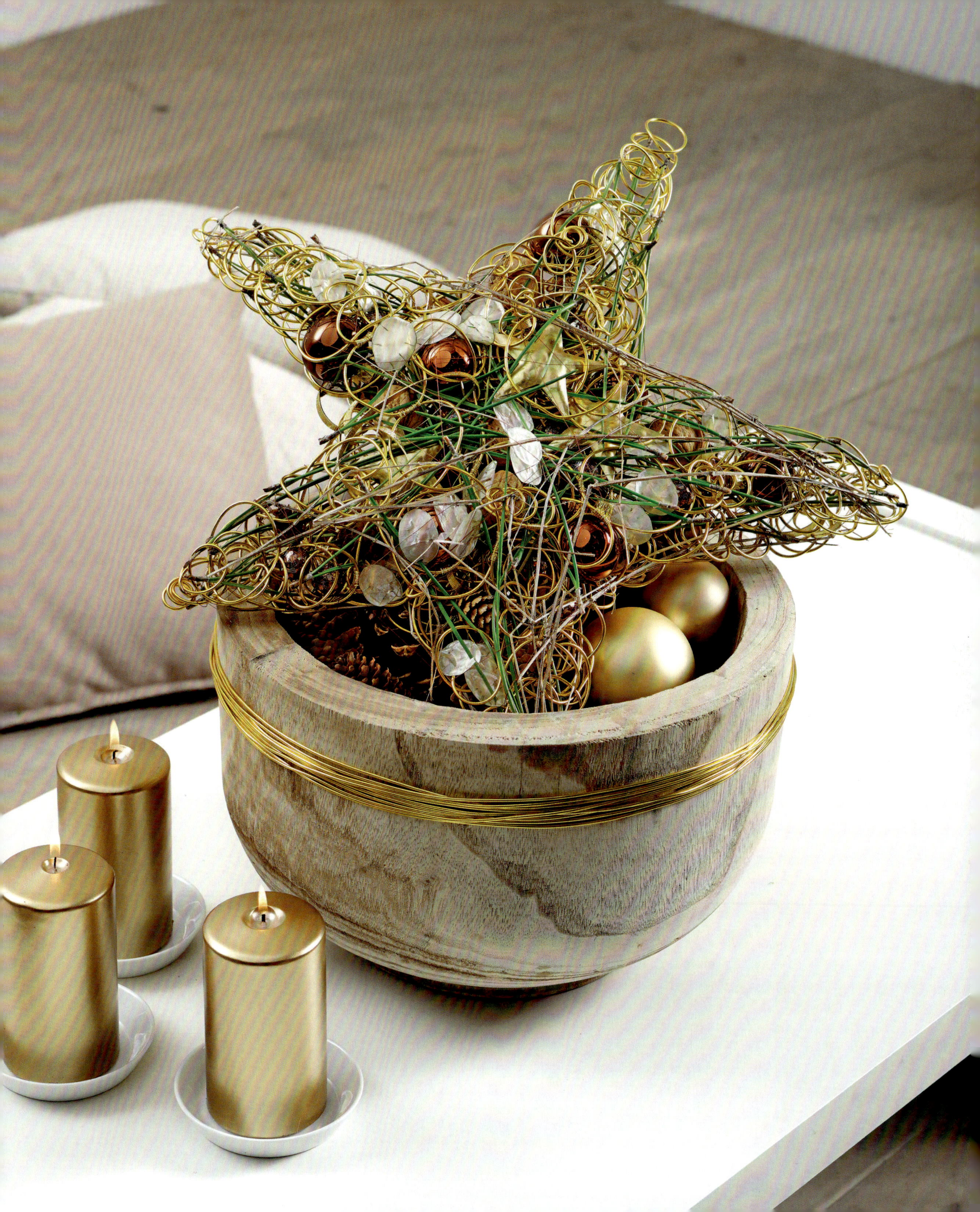

STERN IM DOPPELKREIS

DAS WIRD BENÖTIGT:

Hilfsmittel
- Dekoringe, verschiedene Größen, gold
- Flachdraht
- Wickeldraht
- Kordel

Pflanzliches
- Pampasgras
- Chinaschilf
- Lärchenzweige

Accessoires
- Leinenstoff
- Holzstern

Ein Holzstern wird mittels Flachdraht und glitzernder Kordel in die Mitte des kleinen Dekorings eingespannt. Er ist der strahlende Mittelpunkt, der von einem größeren Ring umkreist wird und trotz der recht üppigen Umwicklung mit trockenen Floralien wie Pampasgras, Chinaschilf und Lärchenzweigen nicht in den Hintergrund gerät. Der angeknotete Leinenstoff gibt der wirkungsvollen Raumgestaltung etwas Natürlichkeit.

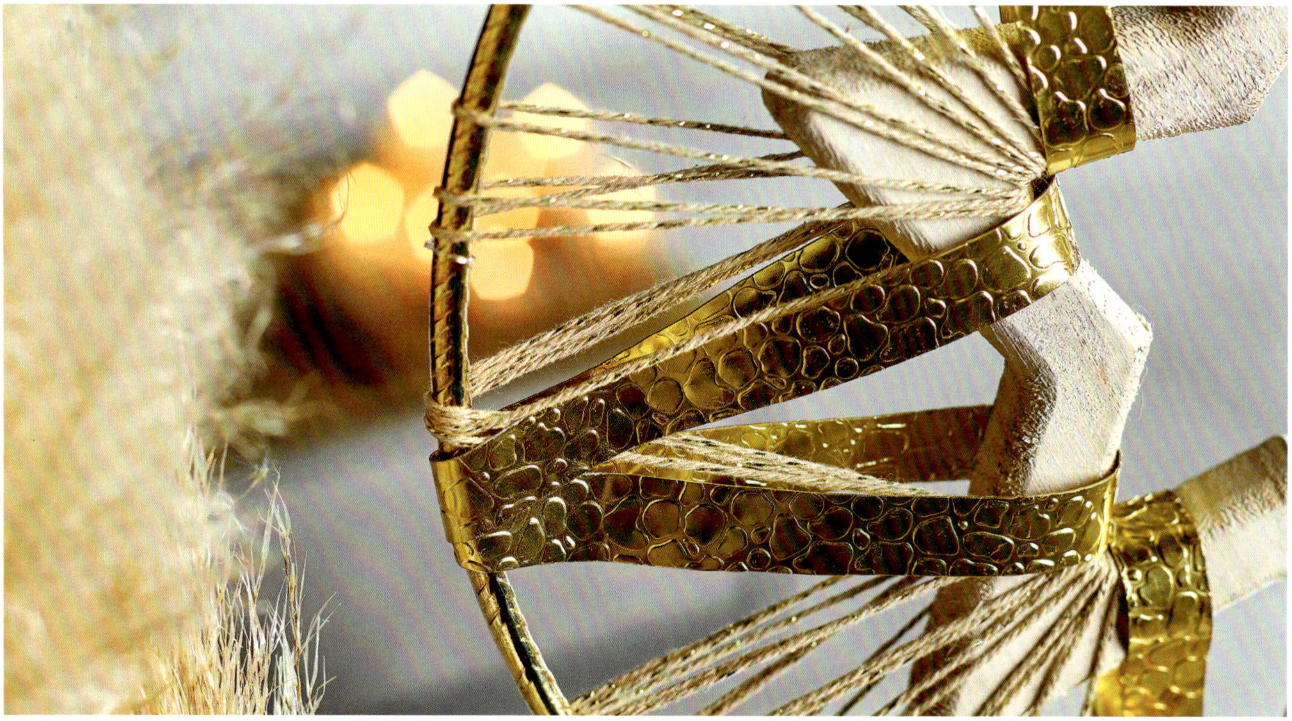

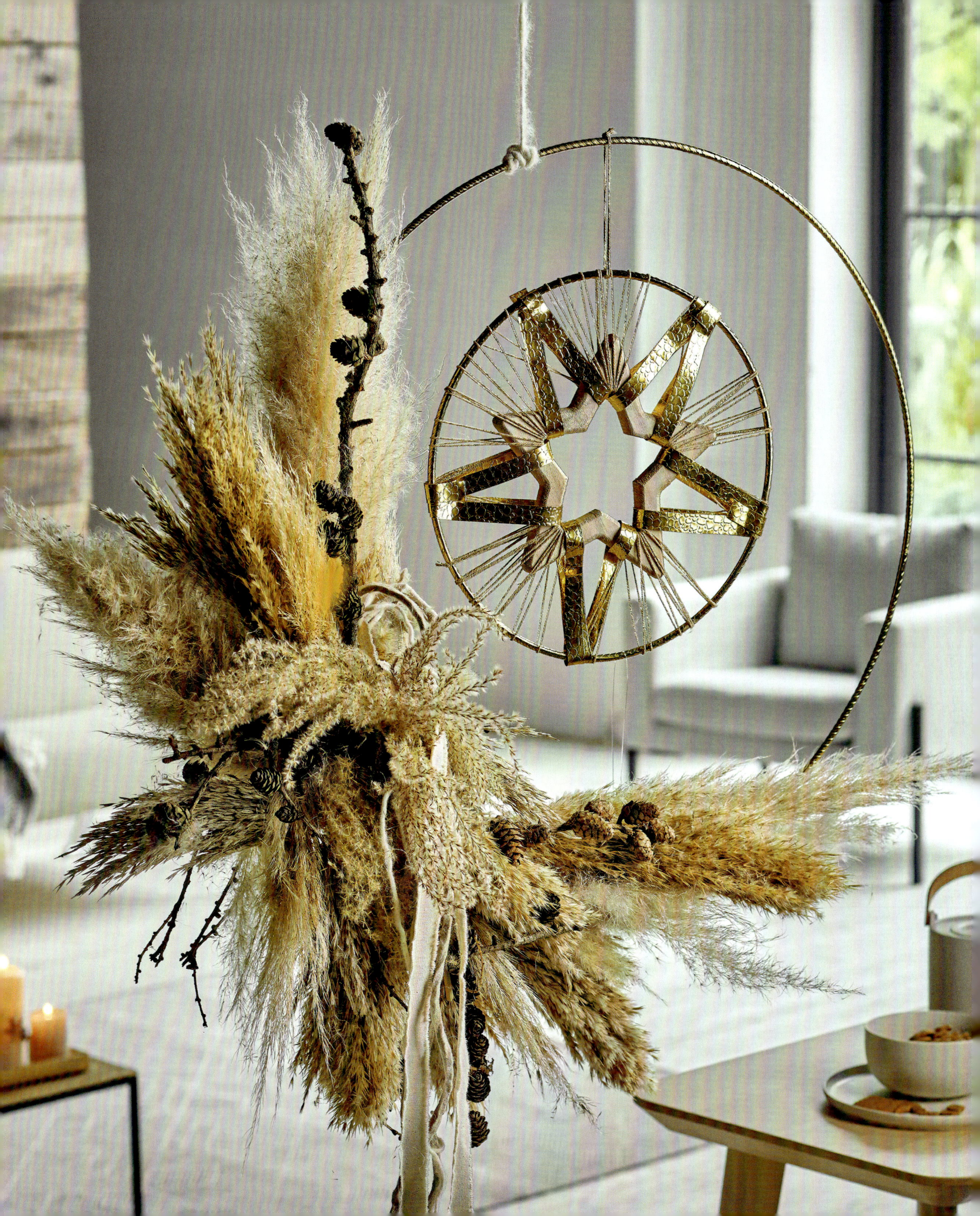

BUNTER PERLENSTERN

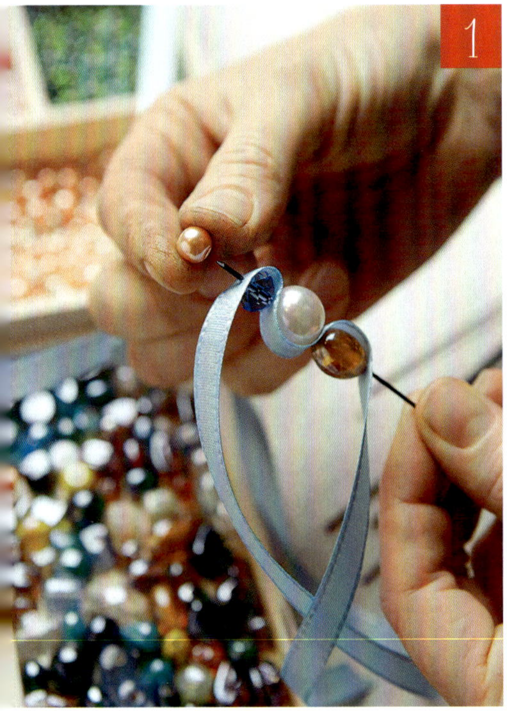

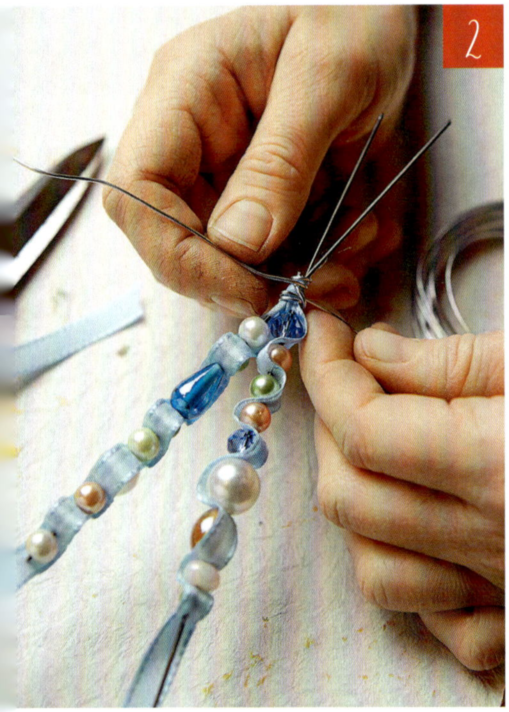

DAS WIRD BENÖTIGT:

Hilfsmittel
- ★ Zierdraht
- ★ Steckdraht

Accessoires
- ★ Kunststoff- und Glasperlen
- ★ Dekoband

SO WIRD'S GEMACHT:

1. Die Perlen und das Band abwechselnd auf ein Stück Steckdraht fädeln. Dabei sollte das Band eine Art Wellenbewegung machen, sodass es erst über und danach unter einer Perle herführt. Das Ganze mit neun weiteren Steckdrähten wiederholen, damit am Ende zehn Perlendrähte bereitliegen.

2. Danach die einzelnen fertigen Drähte jeweils an den Enden mittels Zierdraht so verbinden, dass ein Stern entsteht. Zum Schluss die Drahtspitzen mithilfe einer Kombizange zu kleinen „Schnecken" formen.

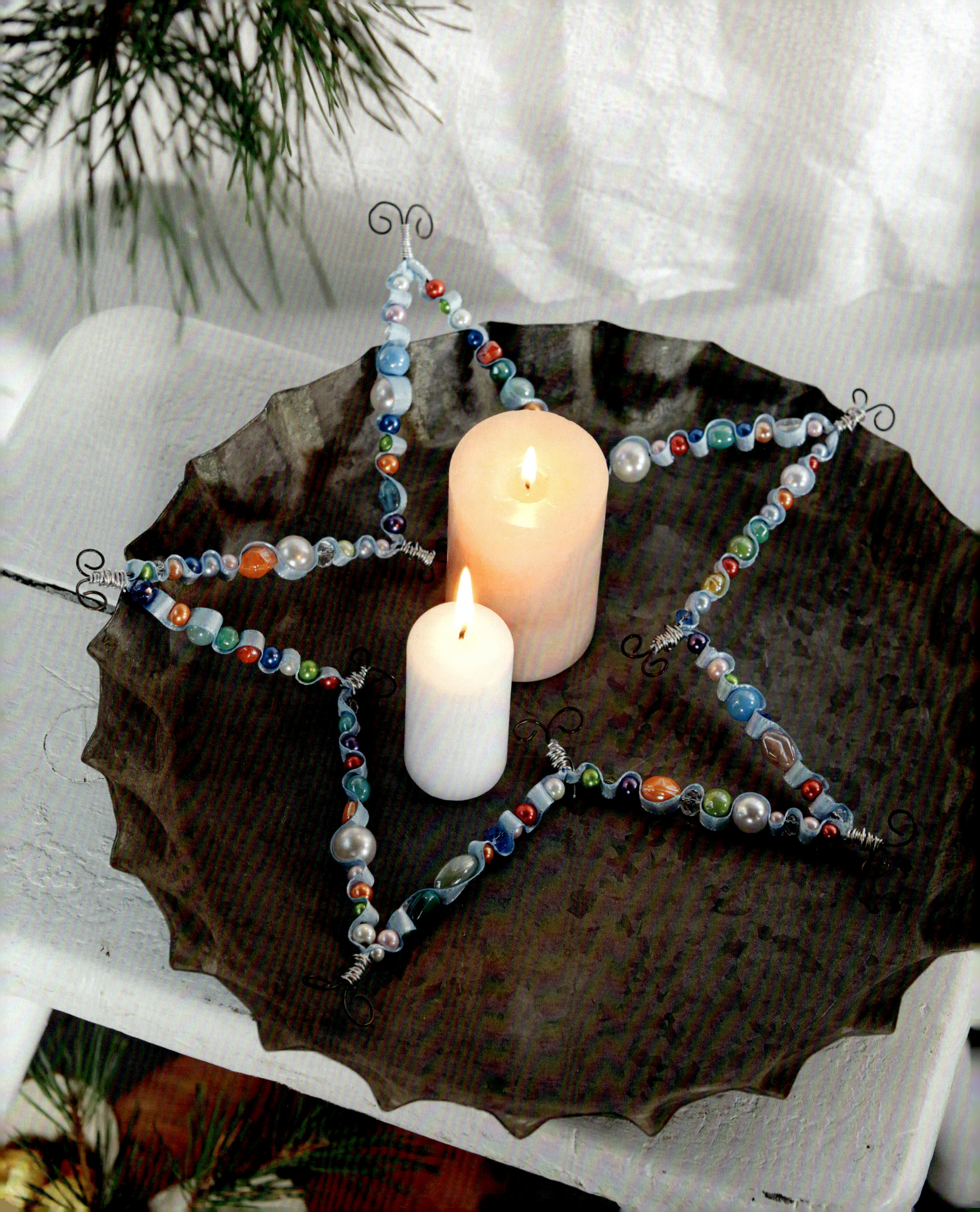

Abstrakte Sternform

Das wird benötigt:

Hilfsmittel
- ★ Architektenpapier
- ★ Sprühfarbe, weiß
- ★ Dekoring
- ★ Rebenbindedraht
- ★ Aluminiumdraht

Pflanzliches
- ★ Maulbeerbaumrinde
- ★ Stachel-Spargel
- ★ Schleierblatt

Accessoires
- ★ Sterne
- ★ Federn
- ★ Dekosteine
- ★ Holzperlen
- ★ LED-Lichterkette

Das Besondere an dieser Erscheinung ist die abstrakte, sternförmige Mitte. Diese entsteht durch Aluminiumdrahtstücke, die um den mit Rebenbindedraht umwickelten Dekoring befestigt und zur Mitte hin gebogen werden. Anschließend werden geweißter Stachel-Spargel, Architektenpapierstücke und Maulbeerbaumrinde in den Rahmen eingearbeitet und zusätzlich mit kleinen Sternen, Federn und Dekosteinen beklebt. An einige Aludrahtenden können Holzperlen eingefädelt werden. Für den Wow-Effekt sorgt eine LED-Lichterkette.

Auf die gleiche Weise könnt Ihr den Dekoring statt nach innen auch nach außen gestalten, wodurch er noch mehr Raum einnimmt.

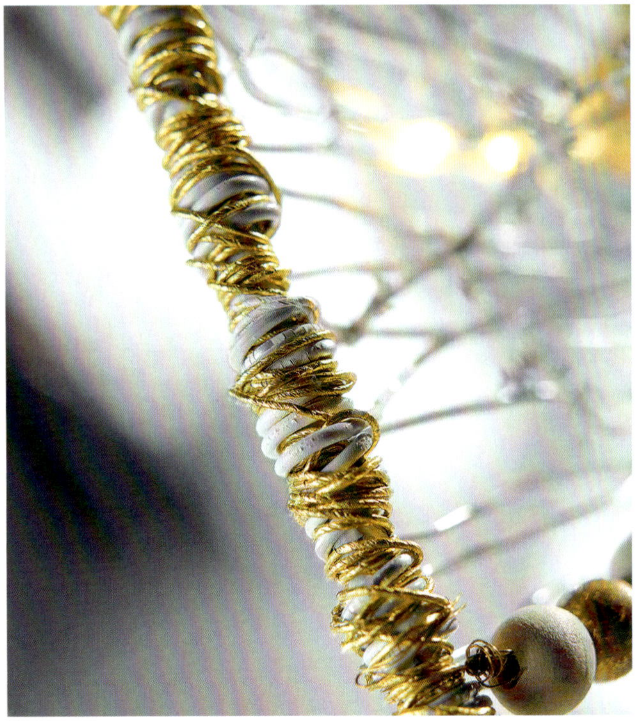

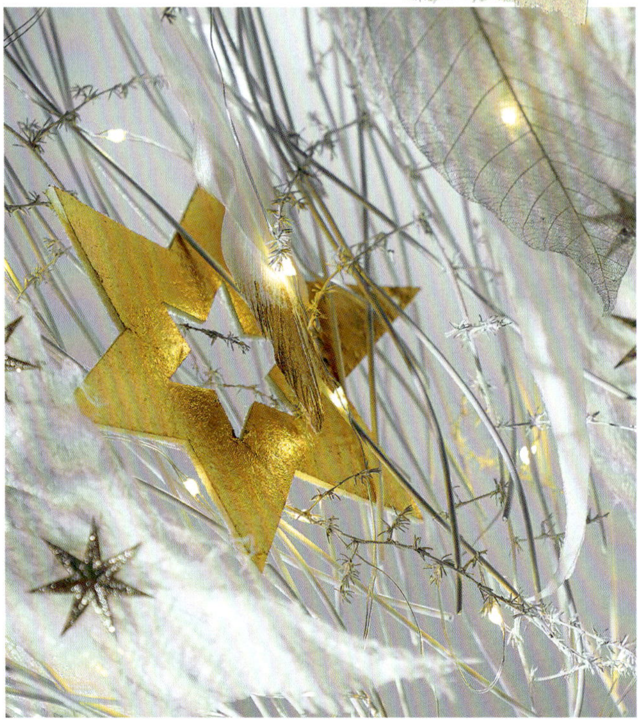

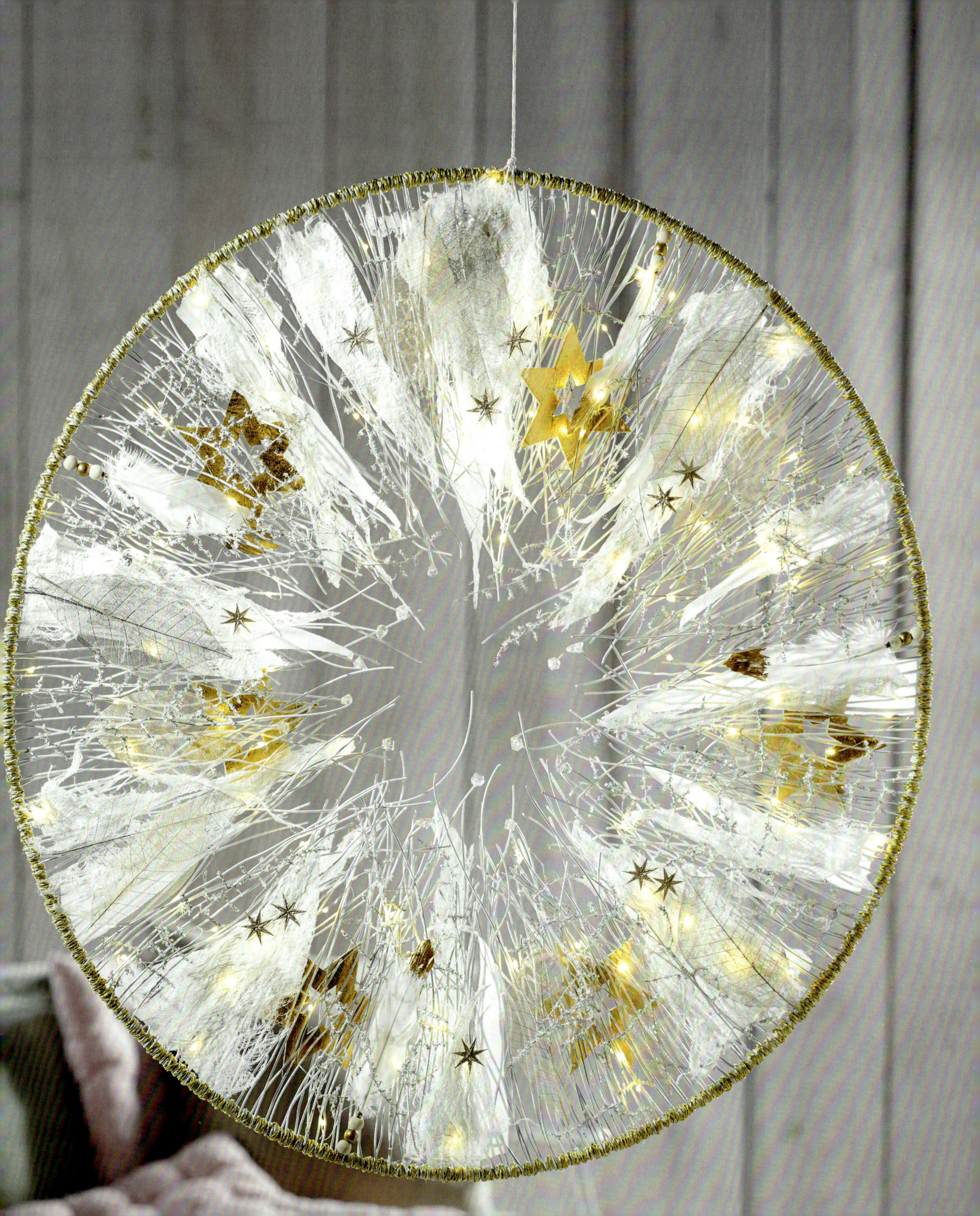

SILBERNE DRAHTSTERNE

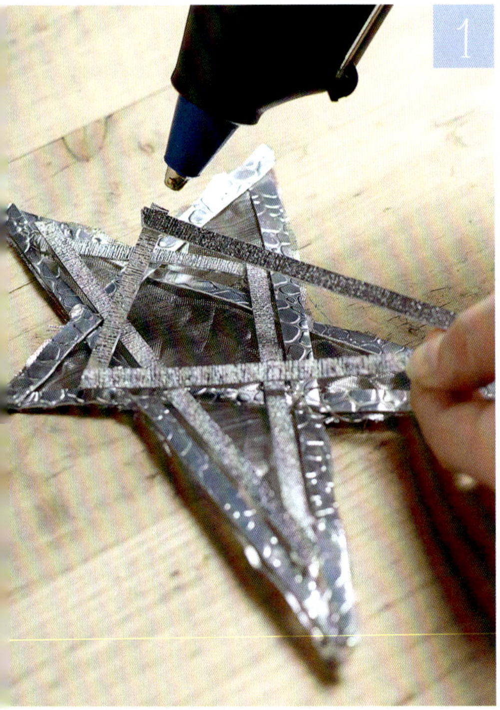

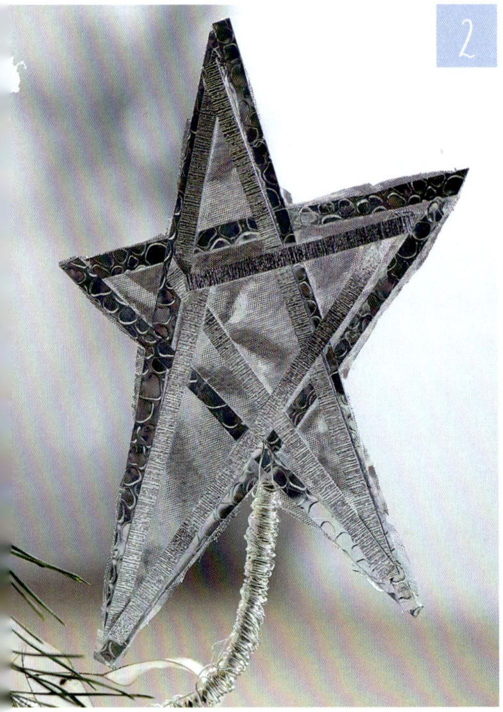

DAS WIRD BENÖTIGT:

Hilfsmittel
- Flachdraht
- Aluminiumdraht
- Zierdraht
- Frischblumensteckschaum

Pflanzliches
- Sand
- Kiefernzweige und -zapfen
- Silberblätter
- Hortensien, getrocknet

Accessoires
- Holzgefäße
- Kugel-Kerzen

SO WIRD'S GEMACHT:

1. Zunächst lange Aluminiumdrähte großzügig mit Zierdraht umwickeln, sodass sie stabiler werden und gleichzeitig eine grobe Struktur entsteht. Für die Sterne Dreiecke aus Flachdraht formen und so übereinander legen, dass eine Sternform entsteht. Diese mit Heißkleber fixieren.

2. Fertige Sterne auf die zu Anfang umwickelten Drähte kleben. Ein Holzgefäß mit Steckschaum füllen und mit Sand abdecken. Die Drahtstäbe zusammen mit den Kiefernzweigen einstecken und Silberblätter ankleben. Die Basis mit trockenen Hortensien und Zapfen füllen. Zum Schluss Flachdraht um das Gefäß legen und mit Heißkleber fixieren.

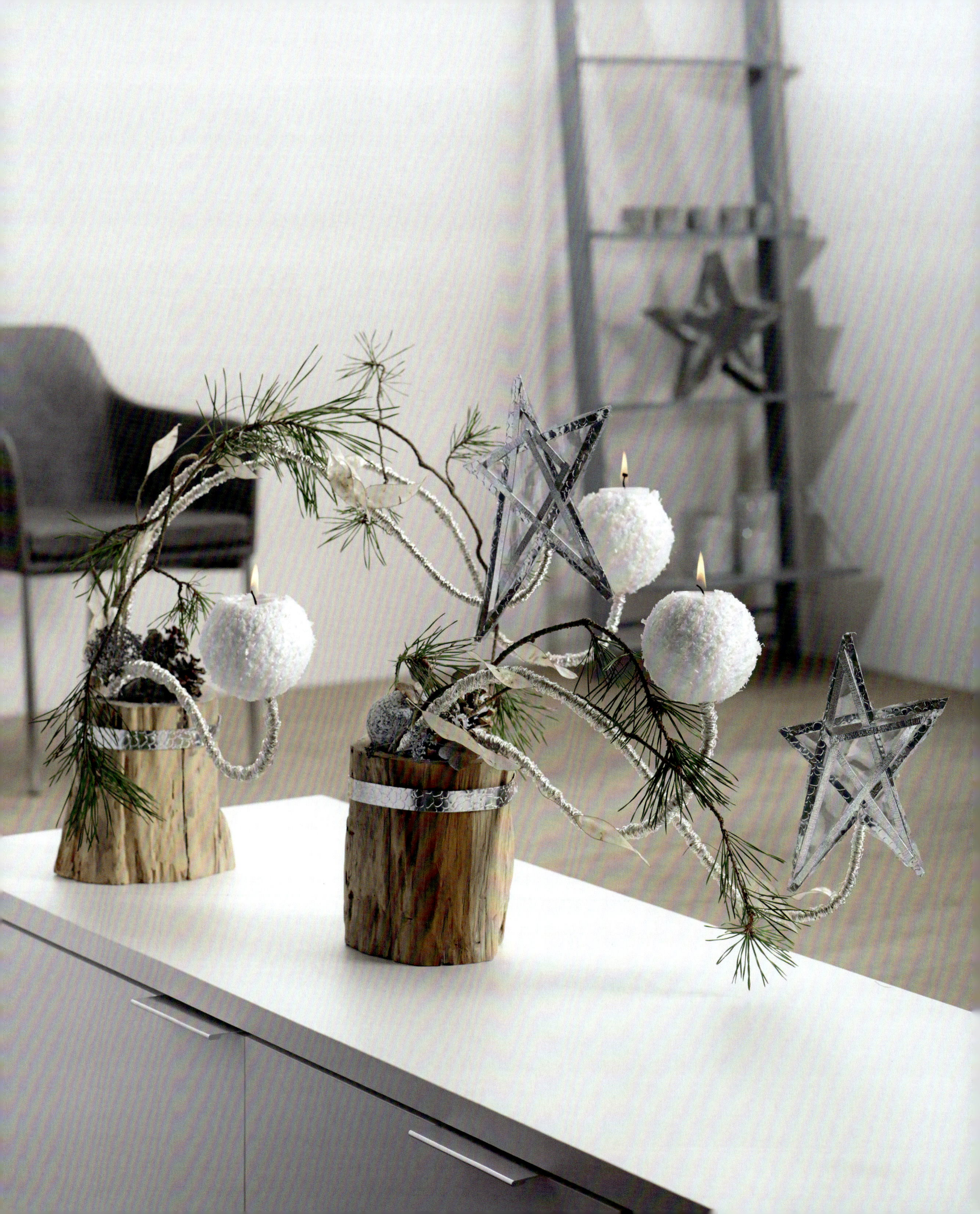

MINIMALISTISCHE STERNANHÄNGER

DAS WIRD BENÖTIGT:

Hilfsmittel
- Flachdraht
- Frischblumensteckschaum
- Gläser

Pflanzliches
- Zwerg-Kiefernäste
- Äste, bemoost

Accessoires
- Vasen
- Christbaumkugeln

Mit Flachdraht lassen sich schnell und einfach individuelle silbrige Schmucksterne erstellen. Die gleichmäßig langen Flachdrahtstücke werden mittig gebogen und aneinandergelegt. So entsteht ein mehrstrahliger Stern, der in der Mitte mit goldenem Wickeldraht grob verbunden wird. Mit Zierdraht lässt er sich dann an Ästen aufhängen.

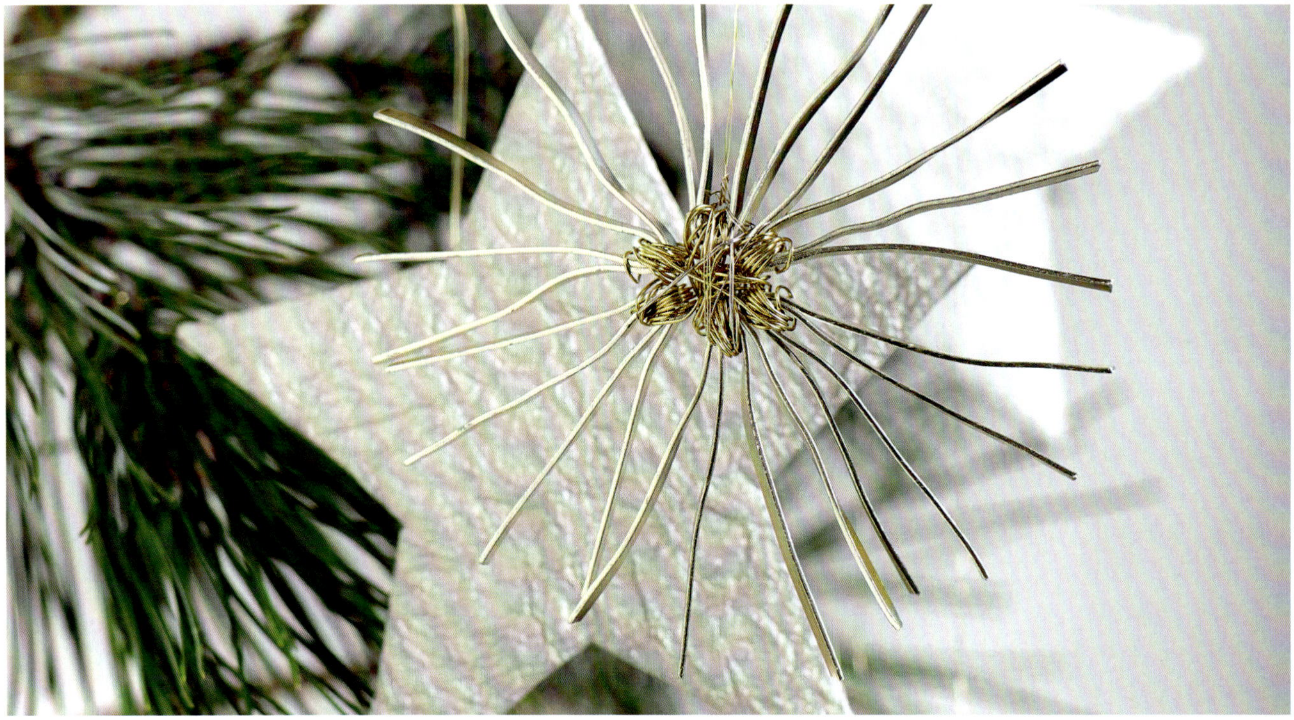

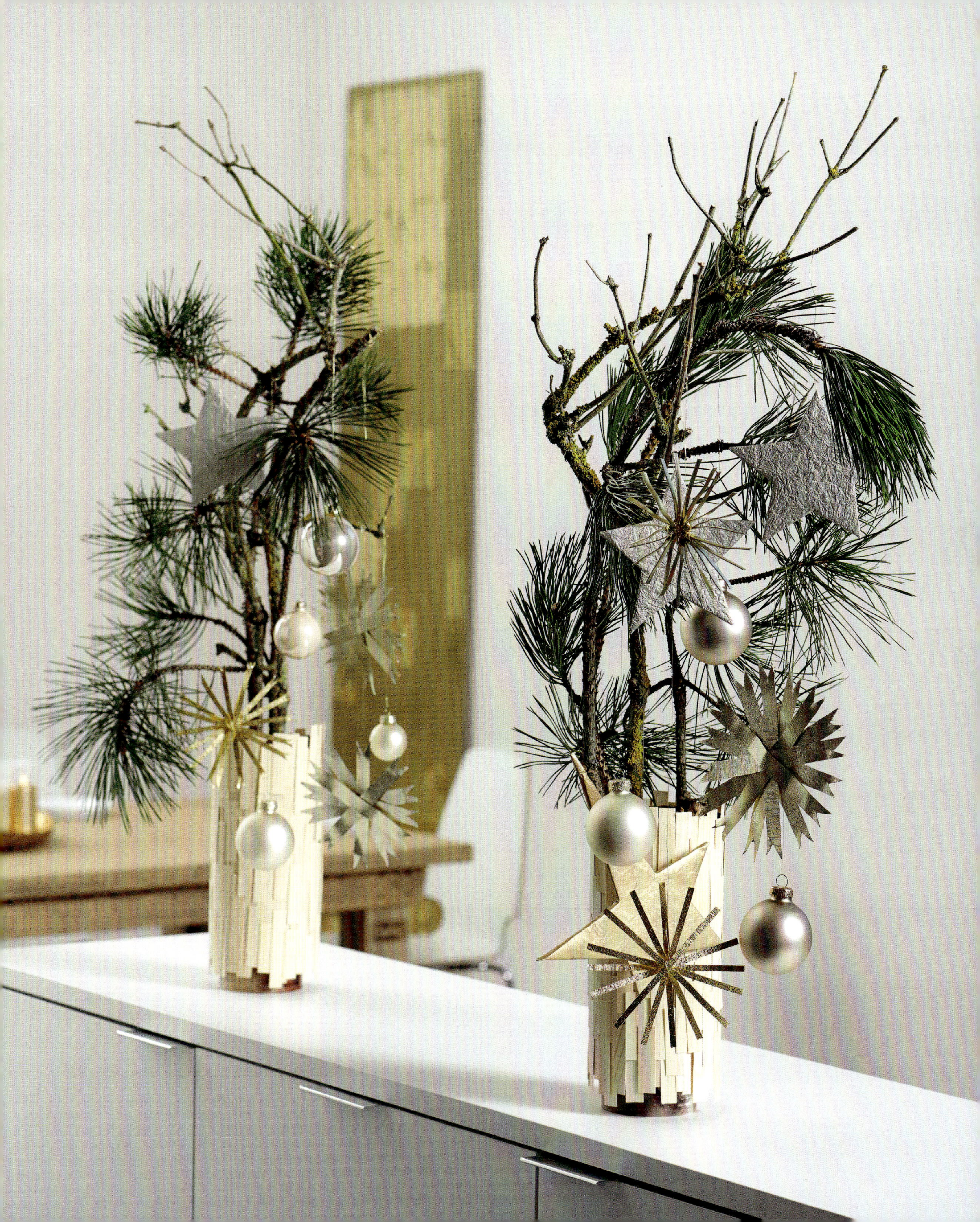

ZARTER STERNSCHMUCK

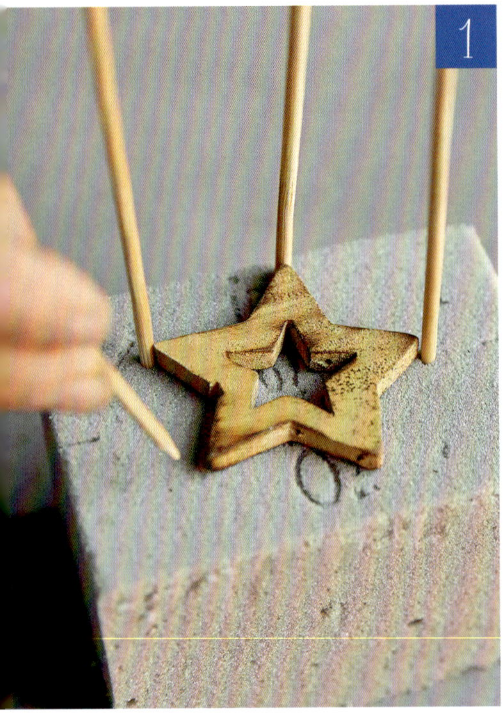

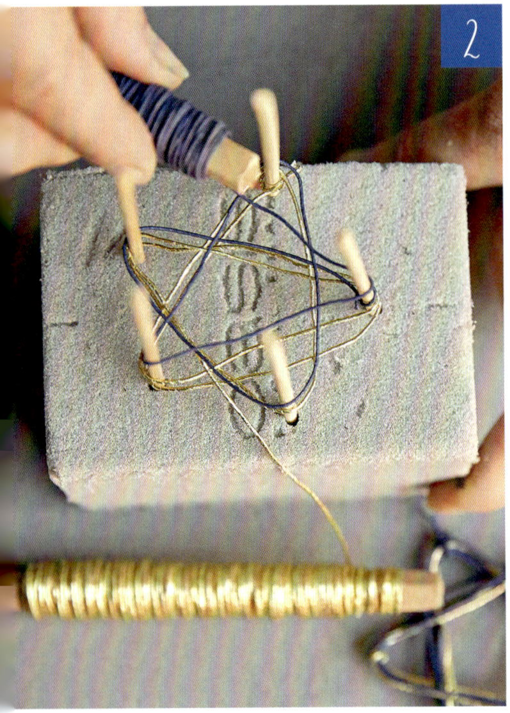

DAS WIRD BENÖTIGT:

Hilfsmittel
- Zierdraht
- Holzstäbe
- Stern
- Trockenblumensteckschaum

Pflanzliches
- Fichte
- Lärchenzweige
- Kasuarina-Zapfen

Accessoires
- Kerze mit Klipp-Kerzenhalter
- Gefäß
- Bänder

SO WIRD'S GEMACHT:

1. Einen Stern als Muster auf den Steckschaum legen. Mit den Holzstäben die Sternenecken im Steckschaum markieren und einstecken.

2. Den Stern herunternehmen und die Holzstäbe so mit Zierdraht bewickeln, dass kleine Drahtsterne entstehen. Zweige mit Band an der Fichte und auch untereinander befestigen. Ebenso die Kerzenhalter anbringen, Kerzen einstellen und die fertigen Sterne mit Bändern einhängen.

Außerdem: Fichte aus dem Kulturtopf in ein geeignetes Gefäß umtopfen und die Erde mit Kasuarina-Zapfen bedecken.

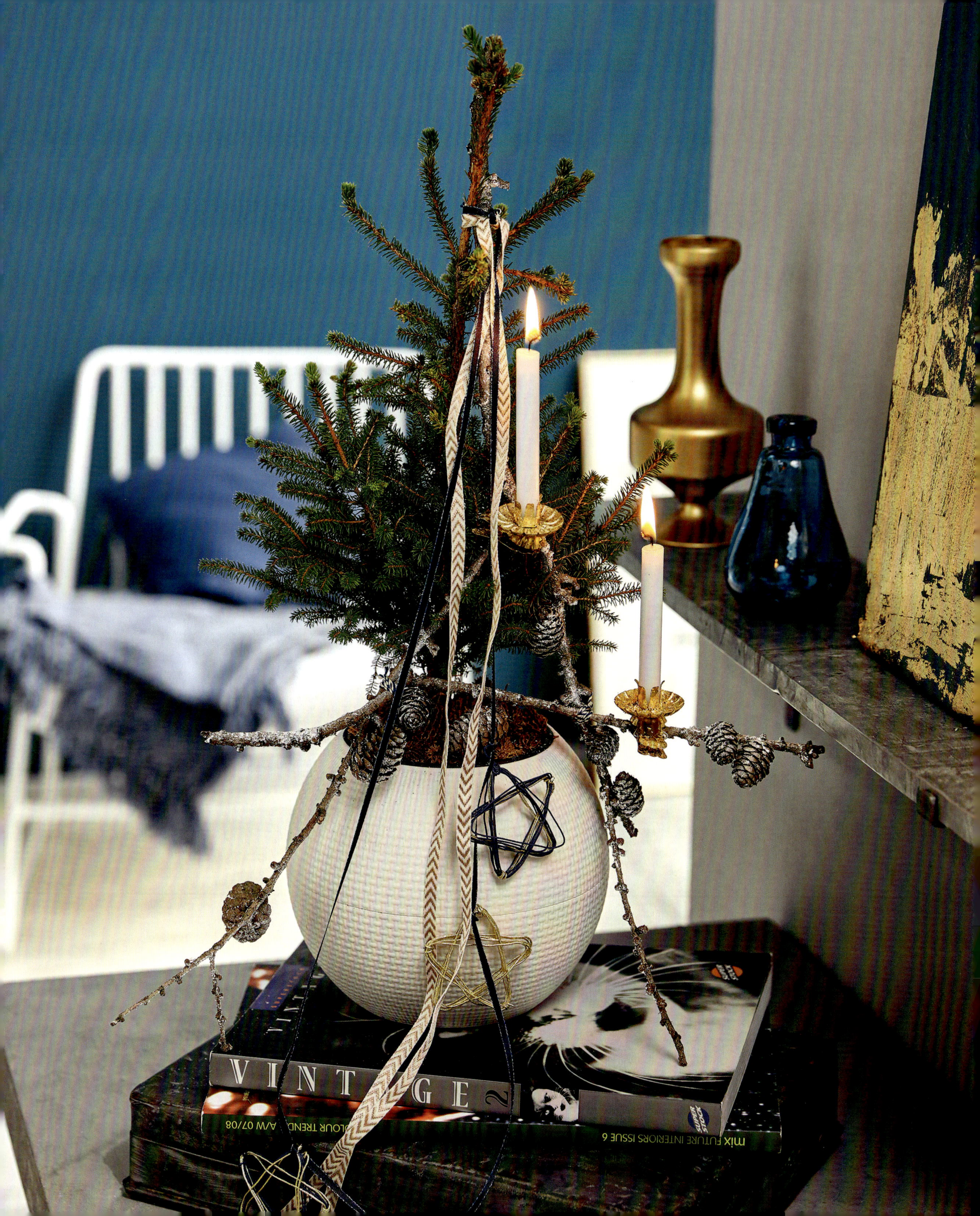
mix FUTURE INTERIORS ISSUE 6
A/W 07/08

STERNE MIT STACHELDRAHTPFLANZEN

DAS WIRD BENÖTIGT:

Hilfsmittel
- ★ Metallsterne
- ★ Myrtendraht, farbig

Pflanzliches
- ★ Birkenzweige
- ★ Drahtpflanze
- ★ Silbertaler
- ★ Silberbaum-Zapfen

Accessoires
- ★ Rindensterne
- ★ Christbaumkugeln
- ★ Bänder
- ★ Wolle

Stacheldrahtpflanzen eignen sich bei diesen freischwebenden Sternen gut als deckende Füllung. Farblicher Myrtendraht hält alles an Ort und Stelle, sodass auch bunte Christbaumkugeln und Zapfen eingearbeitet werden können. Eine Wollschnur als Aufhängung anknoten und an den Birkenzweigen befestigen.

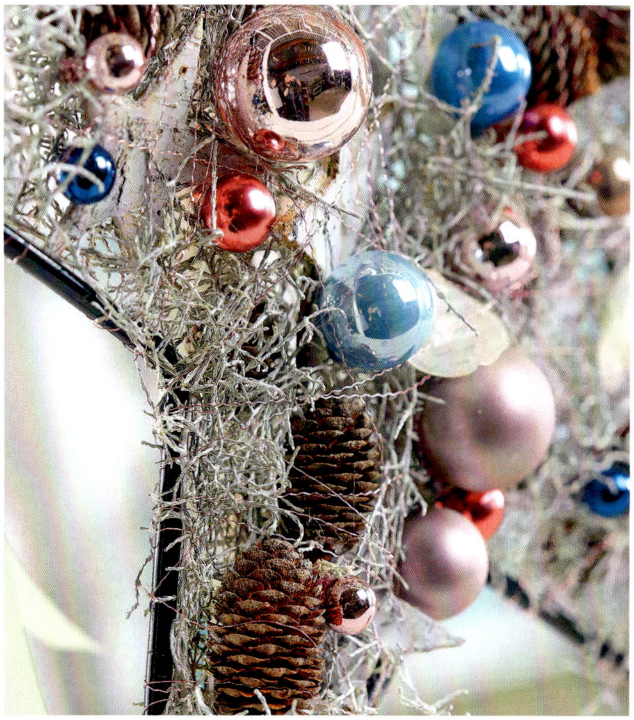

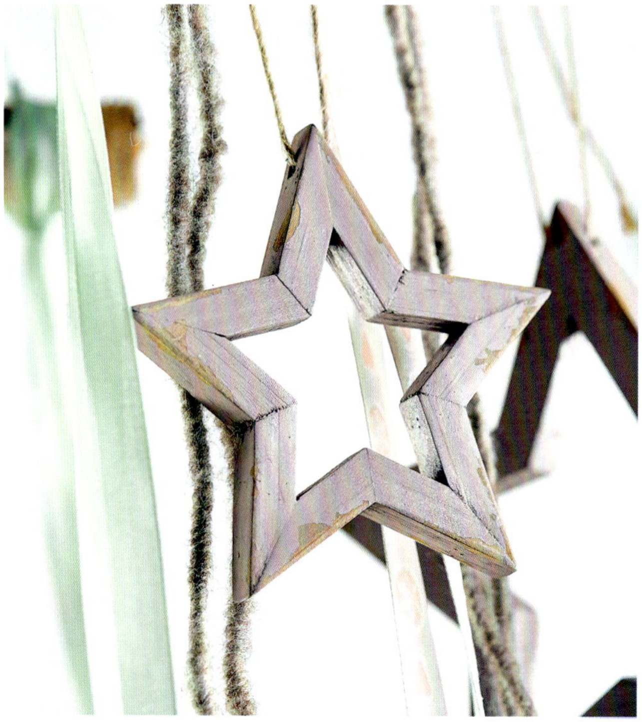

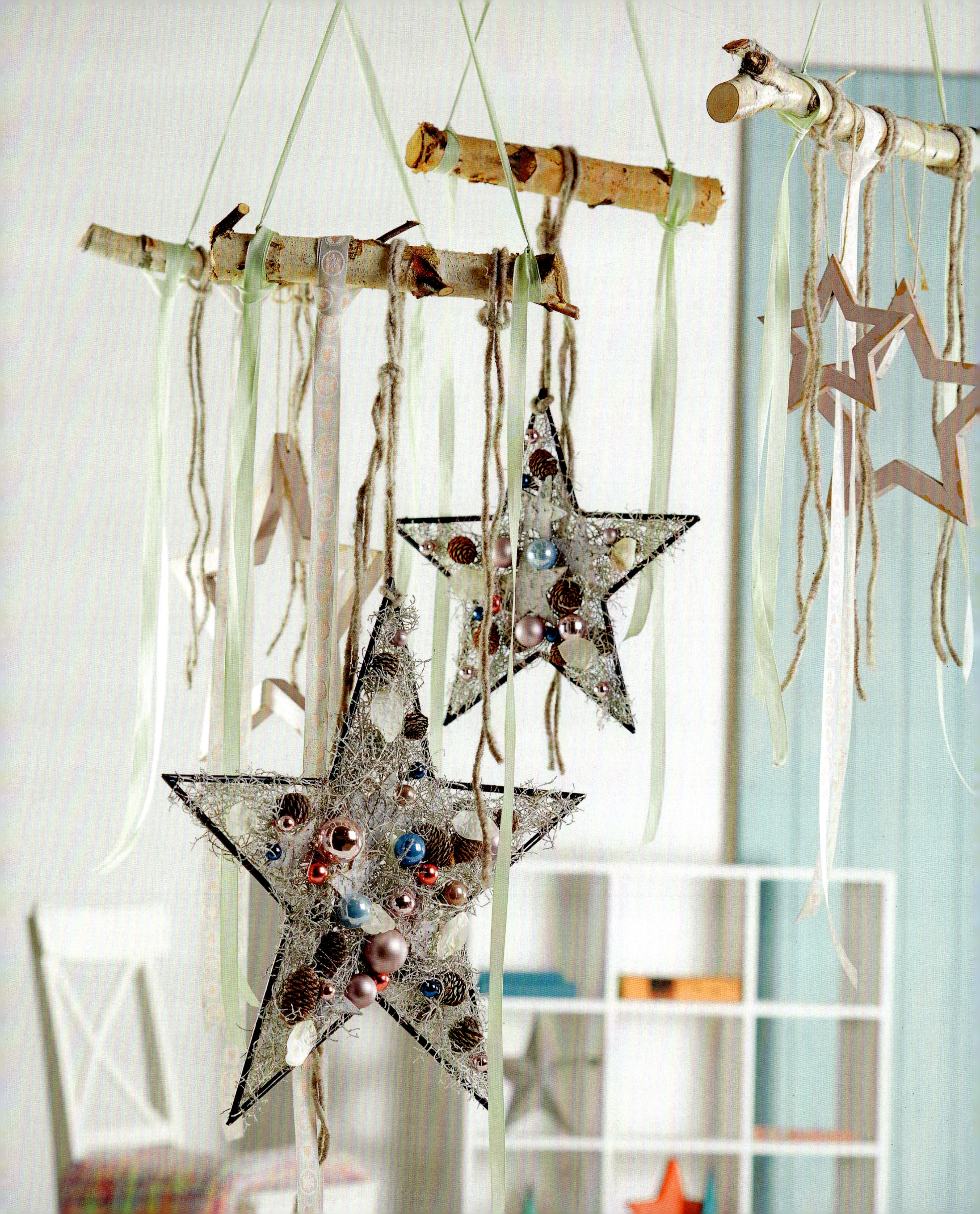

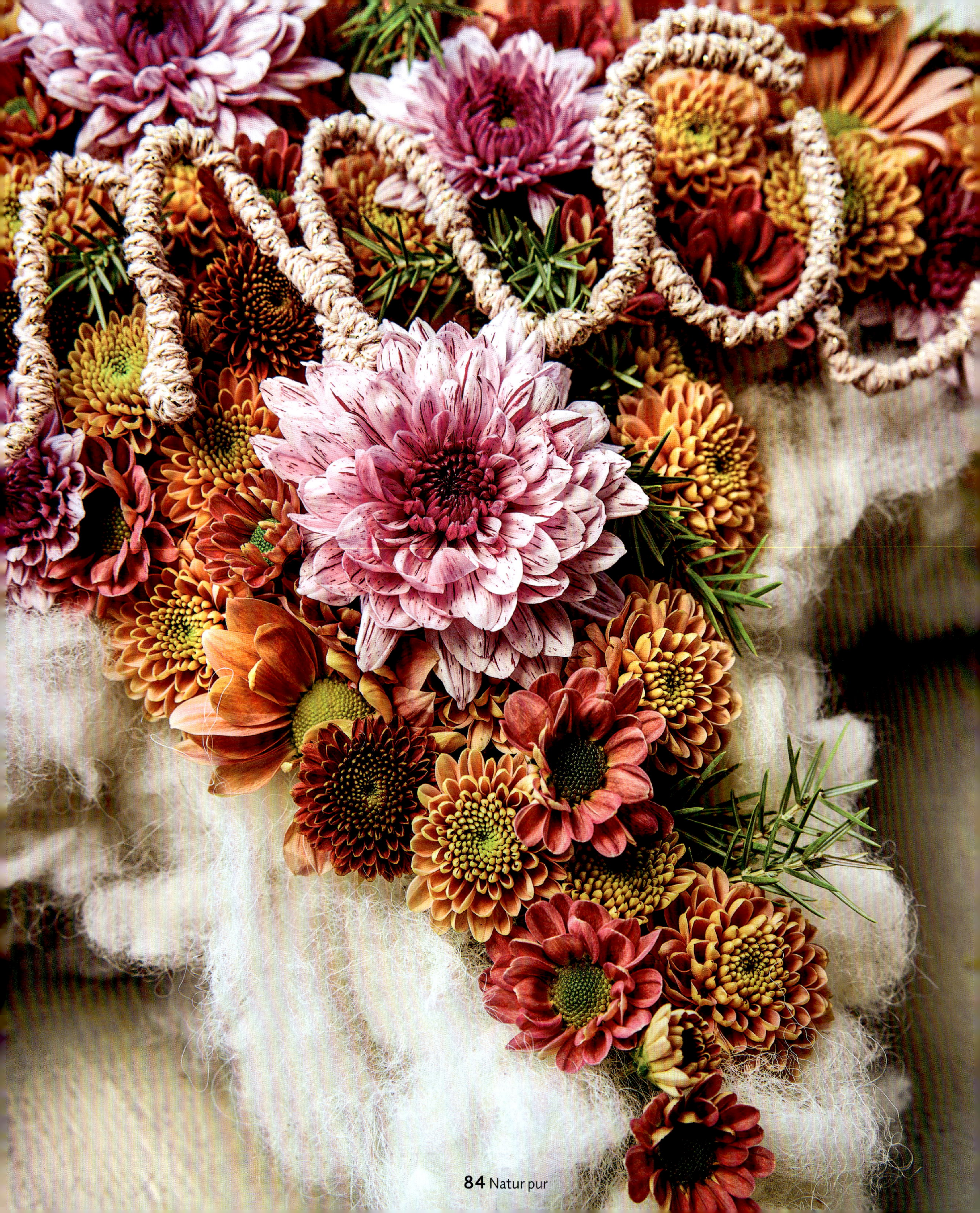

NATUR PUR

Die Natur hat viele wunderbare Schätze zu bieten, aus denen individuelle Sterne gestaltet werden können. Allein im Wald finden sich in der kalten Jahreszeit jede Menge Zapfen, Eicheln, Nüsse, Beeren, Moos und vieles mehr. Doch auch bunte Blüher – frisch und getrocknet – kommen in diesem Kapitel zum Einsatz und sorgen für den farblichen Blickfang.

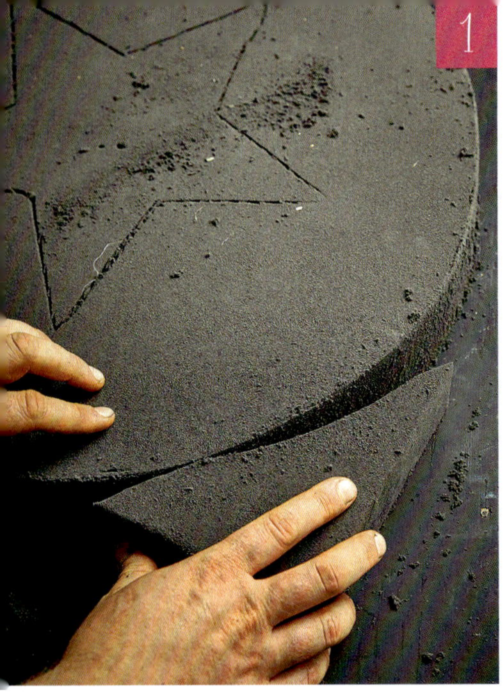

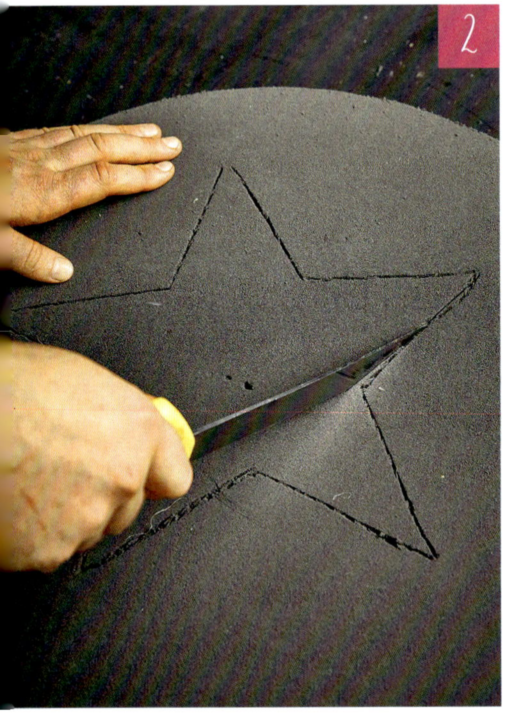

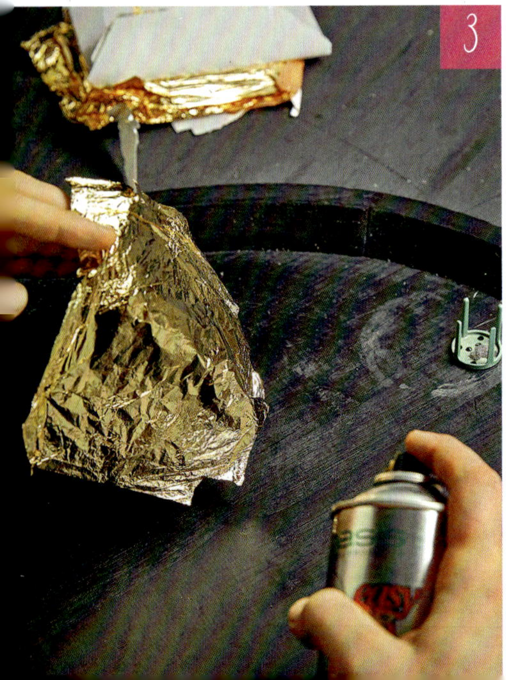

STERN ALS GOLDENE MITTE

DAS WIRD BENÖTIGT:

Hilfsmittel
- Trockenblumensteck-schaum-Platte
- Sprühkleber
- Pinholder
- Steckdraht
- Klebehaken für Bilder
- Holztablett

Pflanzliches
- Strohblumen
- Mohnkapseln
- Eukalyptus
- Jungfer im Grünen
- Steppenschleier
- Hortensien
- Datteln
- Hagebutten
- Lärchen-, Schwarz-kiefern- und Berg-kiefernzapfen
- Erika
- Gras, gefärbt

Accessoires
- Schlagmetall
- goldene Sterne
- Band

SO WIRD'S GEMACHT:

1. Einen Kreis aus der Steckschaum-Platte ausschneiden und die Kanten mit Steckschaum glätten. Mithilfe eines Messer einen Stern in die Mitte des runden Steckschaums einritzen. Dabei kann eine Sternschablone behilflich sein.

2. Dann den Stern mit einem Messer vorsichtig herausschneiden.

3. Das Tablett zur Hand nehmen und die Mitte mittels Sprühkleber und Schlagmetall vergolden. Dann Pinholder befestigen und den Steckschaum aufstecken. Die goldenen Sterne, getrocknete Floralien und das gefärbte Gras einstecken bzw. einkleben. Zuletzt ein farblich passendes Band um den Rand wickeln und festkleben.

Am besten ist es, Ihr zeichnet den Stern mithilfe eines Lineals auf.

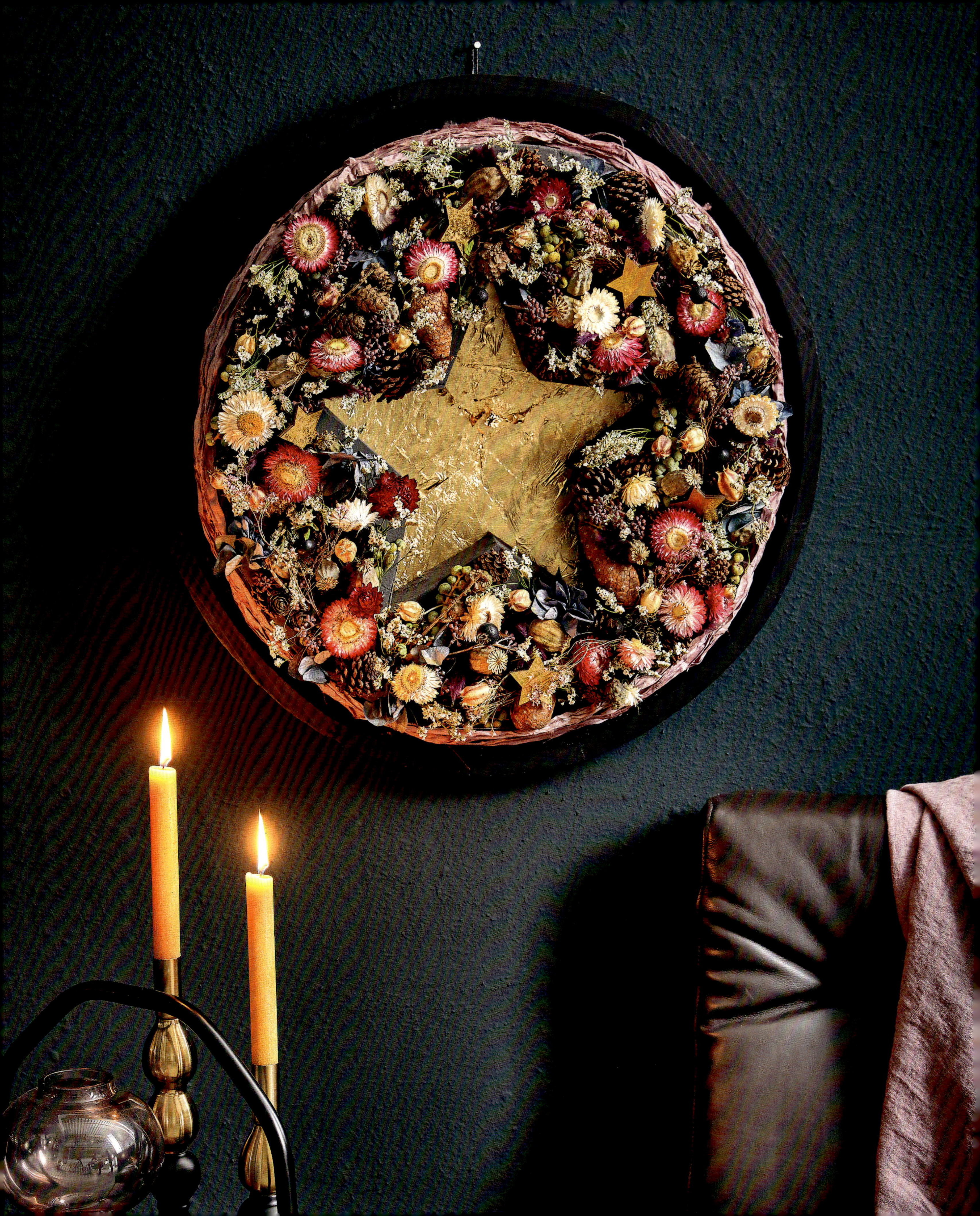

STERNE AUS MOOS

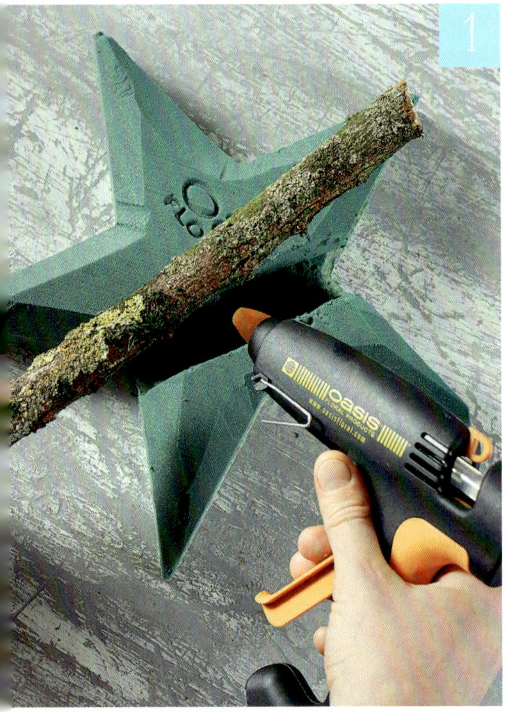

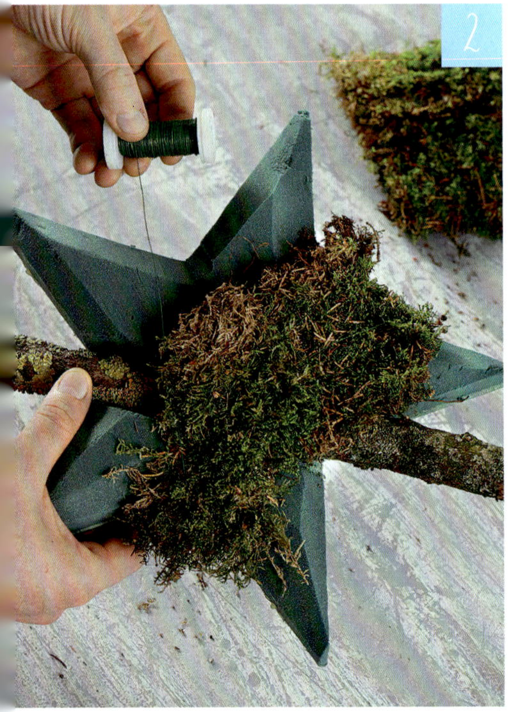

DAS WIRD BENÖTIGT:

Hilfsmittel
- ★ Frischblumensteckschaum-Stern
- ★ Myrtendraht, grün
- ★ Trockenblumensteckschaum-Ziegel

Pflanzliches
- ★ Kiefernzapfen
- ★ Moos
- ★ Ast
- ★ Silbermoos

Accessoires
- ★ LED-Lichterkette
- ★ Gefäß
- ★ Band
- ★ Bouillondraht

SO WIRD'S GEMACHT:

1. Das Gefäß mit passend zurecht geschnittenem Steckschaum füllen. In den Steckschaum-Stern eine Mulde für den Ast aushöhlen und den Ast mithilfe von Heißkleber darin fixieren.

2. Den Stern mittels Myrtendraht mit Moos bewickeln, dann zusätzlich mit Bouillondraht sowie mit einer Lichterkette versehen. Anschließend den Stern mit dem Ast in das mit Steckschaum gefüllte Gefäß einsetzen und mit Silbermoos bedecken. Zapfen aufkleben und Band dekorativ an den Ast knoten.

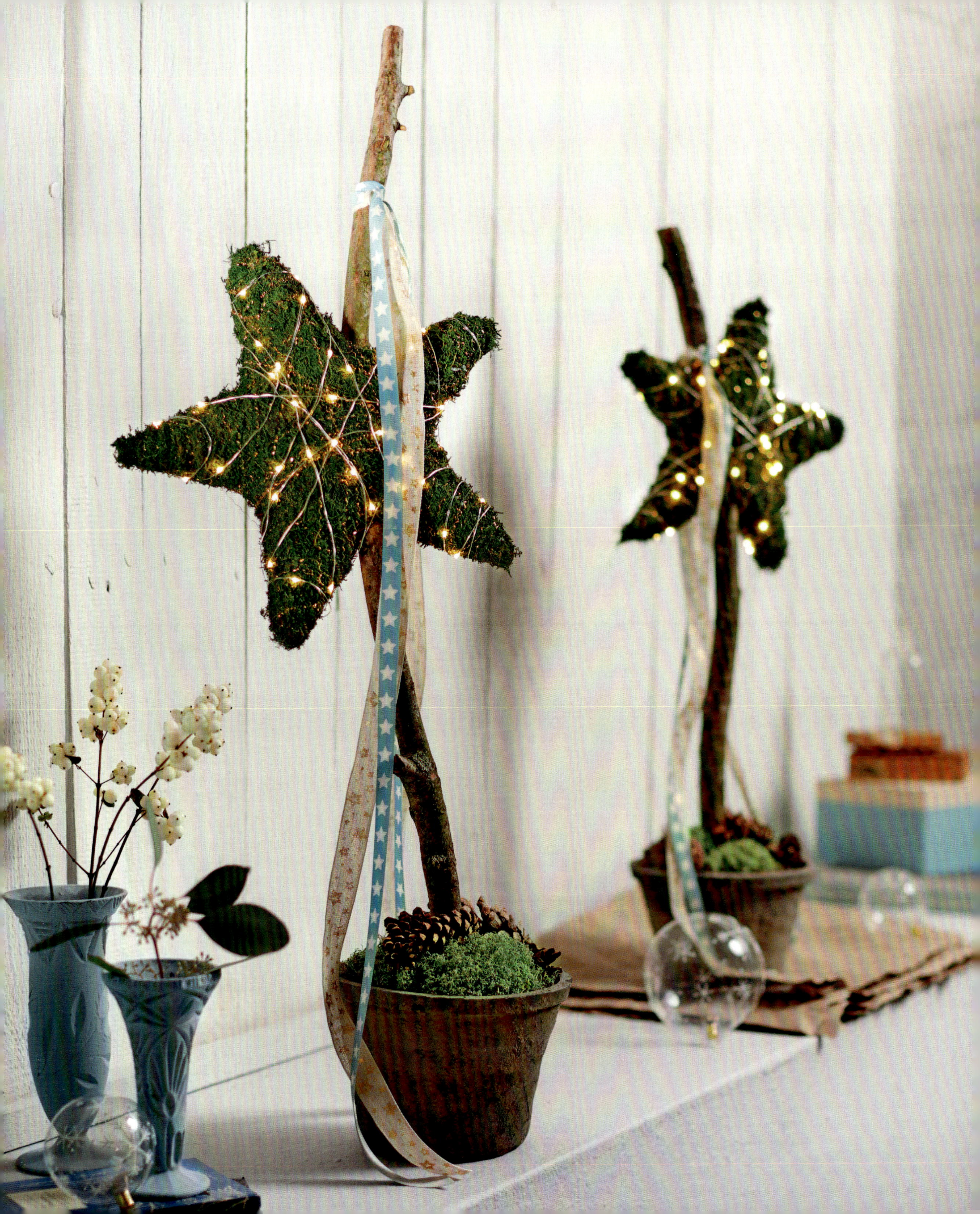

AUFGETISCHT MIT STERNENGLANZ

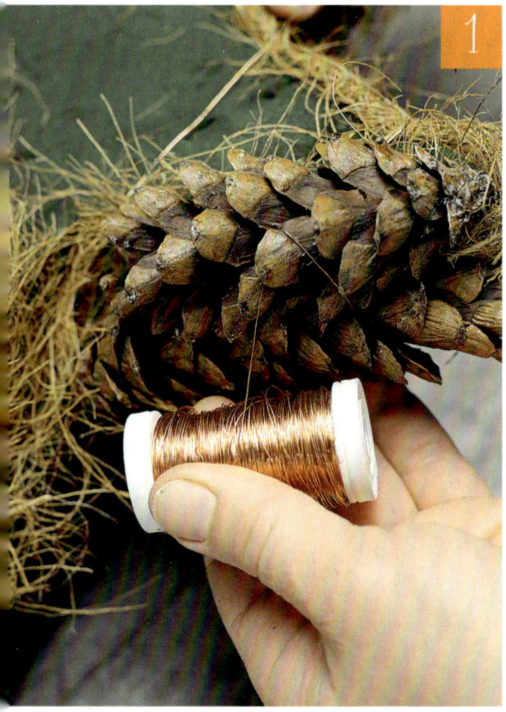

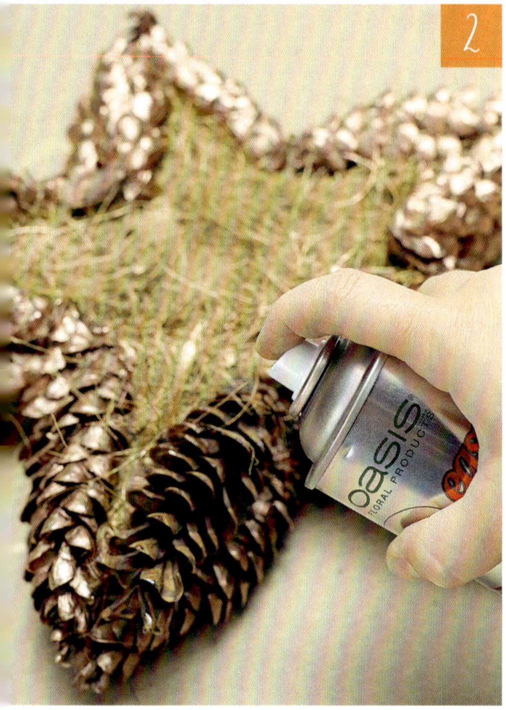

DAS WIRD BENÖTIGT:

Hilfsmittel
- ★ Frischblumensteck-schaum-Stern mit Holzunterlage
- ★ Sprühfarbe, bronze
- ★ Holzspieße
- ★ Zierdraht

Pflanzliches
- ★ Nelken
- ★ Wacholderzweige
- ★ Zieräpfel
- ★ Zapfen
- ★ Sisal

Accessoires
- ★ Kugeln
- ★ Kerze
- ★ Dekosterne

SO WIRD'S GEMACHT:

1. Den Rand des Frischblumensteckschaum-Sterns mit Sisalfaser verdecken und mit angedrahteten Kiefernzapfen gestalten. Dabei die Zapfen gleichmäßig mit Zierdraht fixieren.

2. Dann den Zapfenrand mit Sprühbronze färben und gut trocknen lassen. Eine Stumpenkerze einfügen, die Oberfläche des Sterns mit den Floralien gestalten und die Zieräpfel teilweise auf Holzspieße stecken und einfügen. Zum Schluss auch die Dekosterne als Akzente aufkleben.

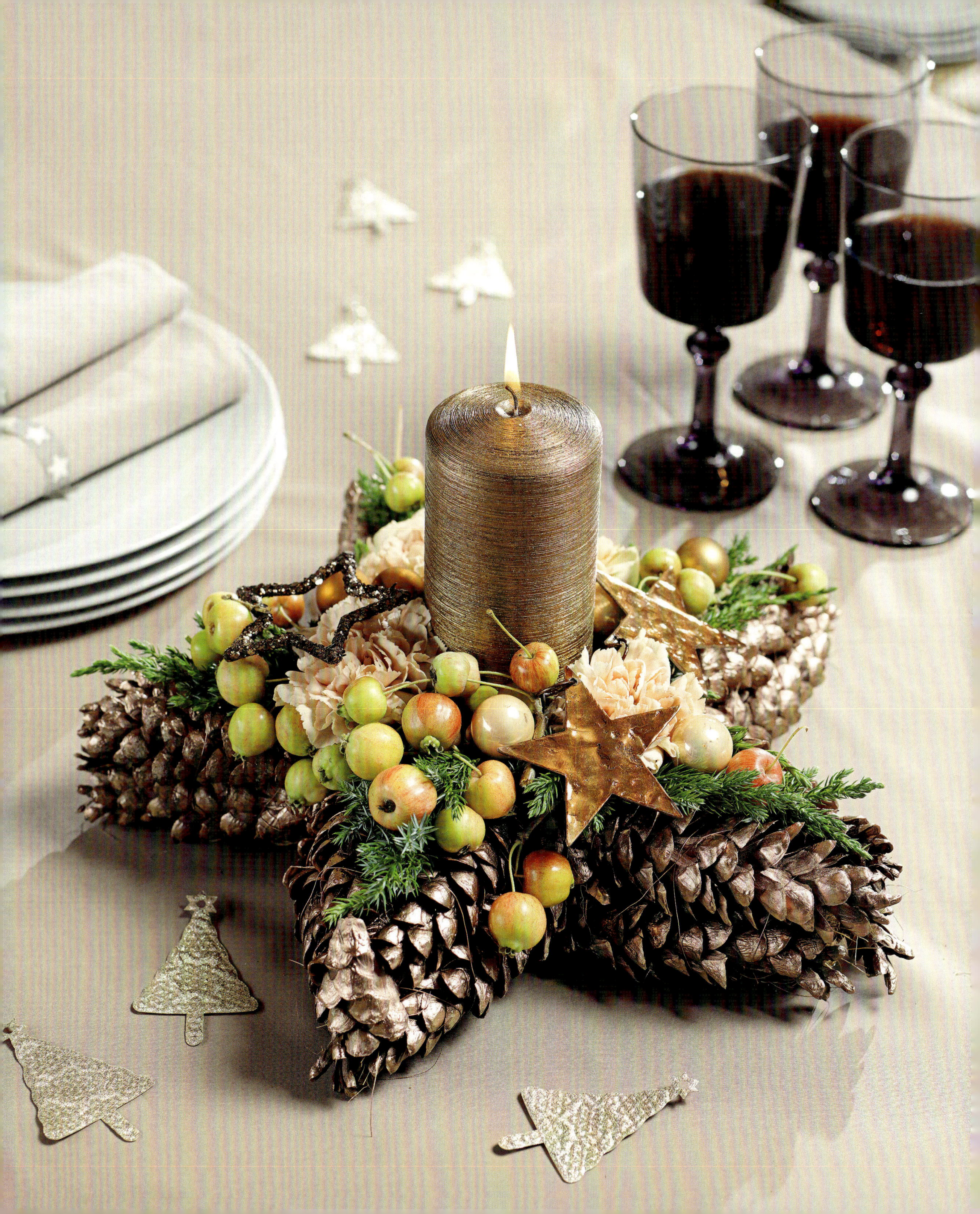

NUSSHALTIGES STERNGESTECK

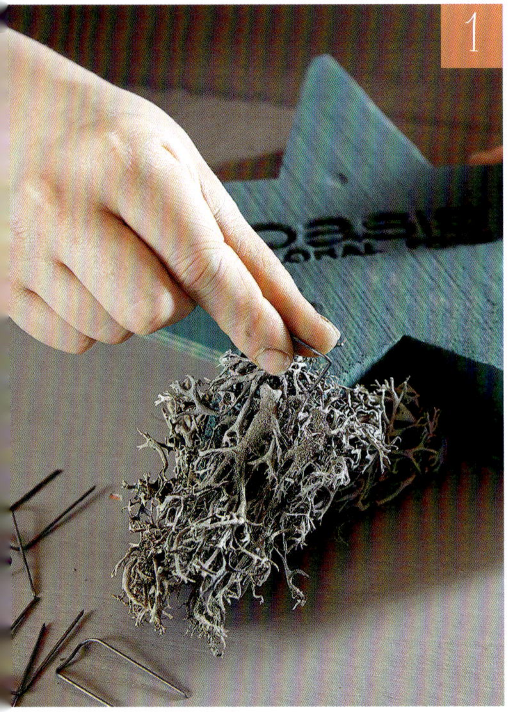

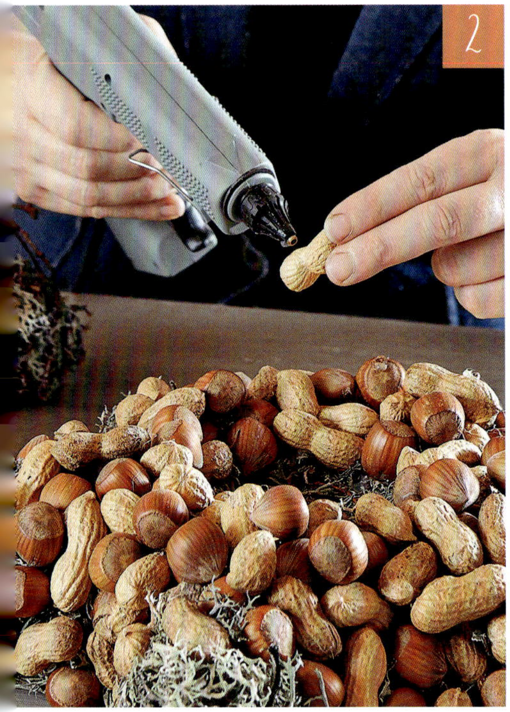

DAS WIRD BENÖTIGT:

Hilfsmittel
- Frischblumensteck-schaum-Stern
- Haften

Pflanzliches
- Erd- und Haselnüsse
- Flechten
- Lärchenzweige

Accessoires
- Kerzen
- Kerzenteller
- Dekostern
- Bänder

SO WIRD'S GEMACHT:

1. Zunächst die Spitzen des Steckschaum-Sterns mit Flechten behaften.

2. Dann Nüsse mit Heißkleber befestigen und dabei üppig verteilen. Kerze mit Kerzenteller einstecken. Die Lärchenzweige über das Gesteck ziehen, einen Dekostern mit Bändern bewickeln und zwischen die Zweige klemmen.

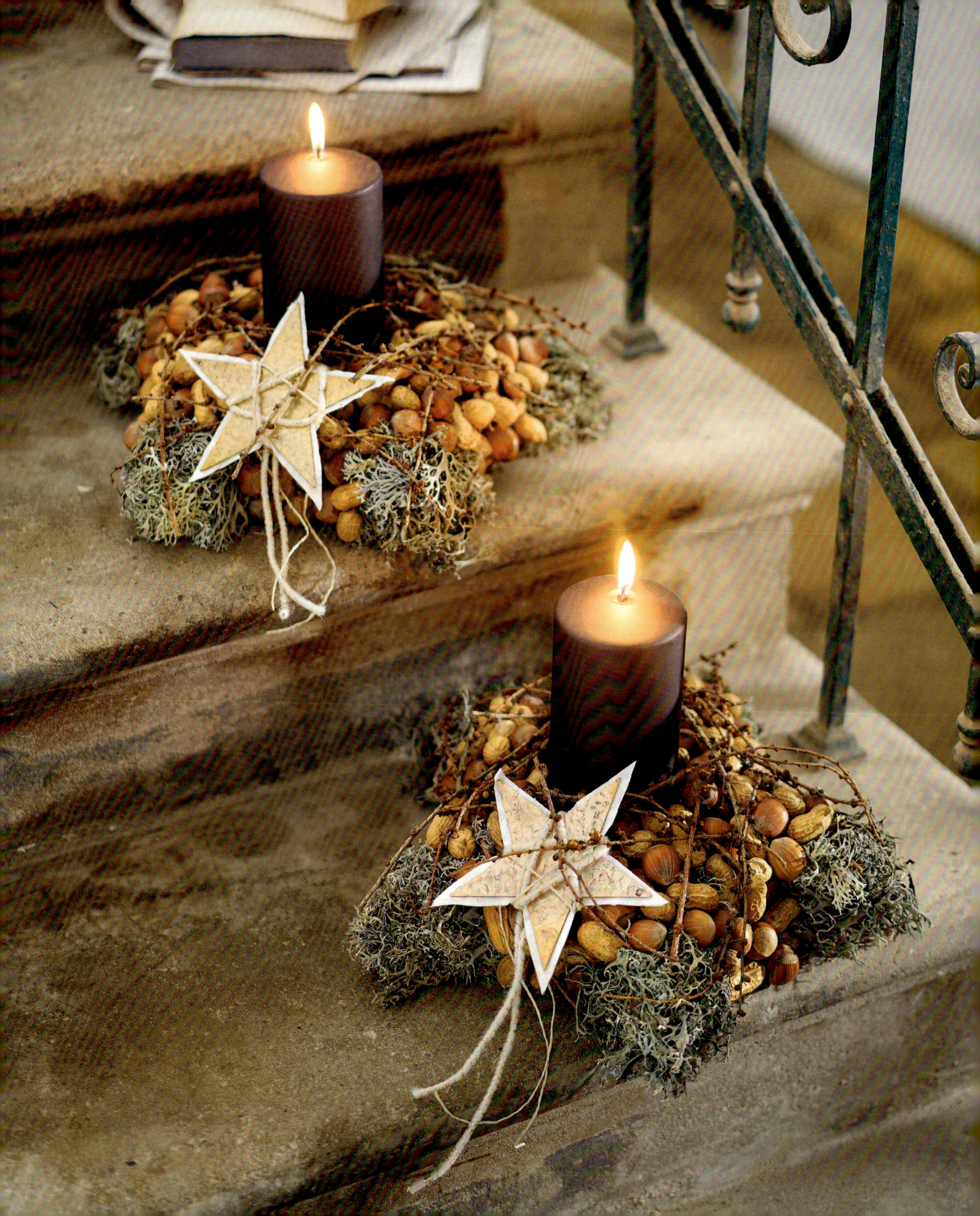

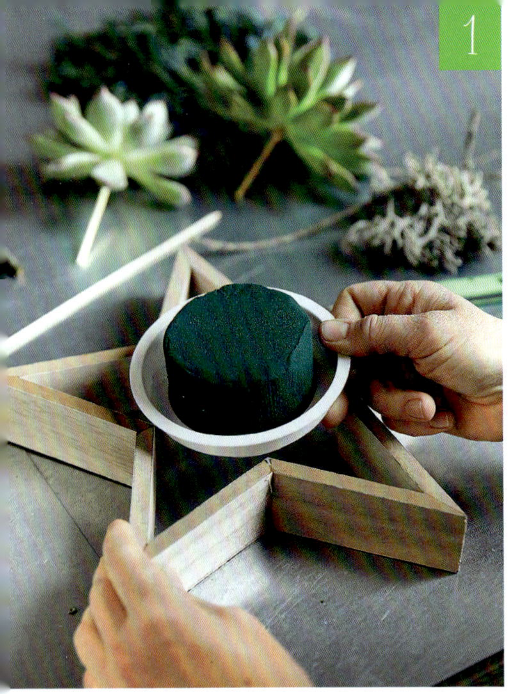

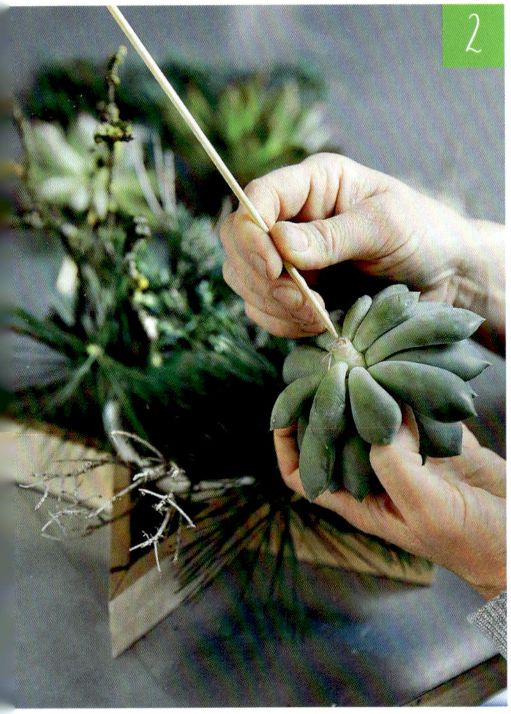

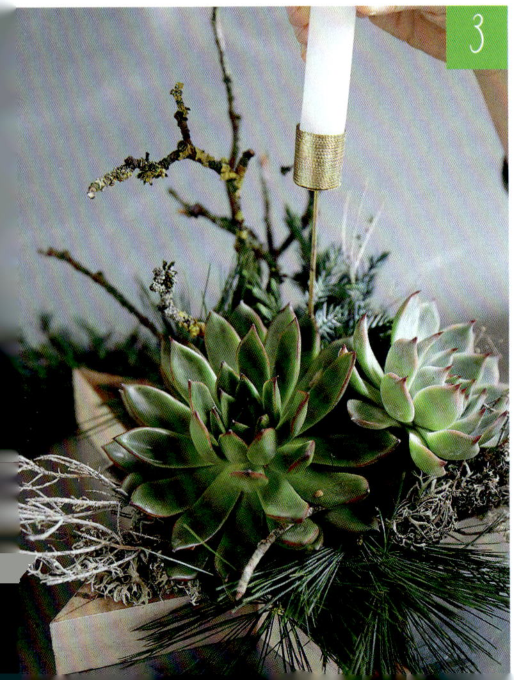

STERN IM BOTANICAL STYLE

DAS WIRD BENÖTIGT:

Hilfsmittel
- Holz-Sternform
- Frischblumensteck-schaum mit Kunst-stoffschale
- Holzstäbe

Pflanzliches
- Islandmoos
- Echeverien
- Thymianzweige
- Wintergrün (z. B. von Kiefer, Wacholder)
- flechtenbewachsene Zweige

Accessoires
- Kerze und Kerzenhalter

SO WIRD'S GEMACHT:

1. Den Frischblumensteckschaum aus der Schale nehmen, wässern, wieder einsetzen und in die Mitte der Sternform setzen.

2. Den Frischblumensteckschaum mit verschiedenen Floralien bestecken. Dabei zunächst Wintergrün, Thymian, Islandmoos und Zweige nach Belieben von außen nach innen einstecken, sodass die Kunststoffschale nicht mehr zu sehen ist. Die Echeverien auf je einen Holzstab stecken und im Steckschaum befestigen.

3. Zuletzt die Kerze in den Kerzenhalter stecken und in das Gesteck einarbeiten.

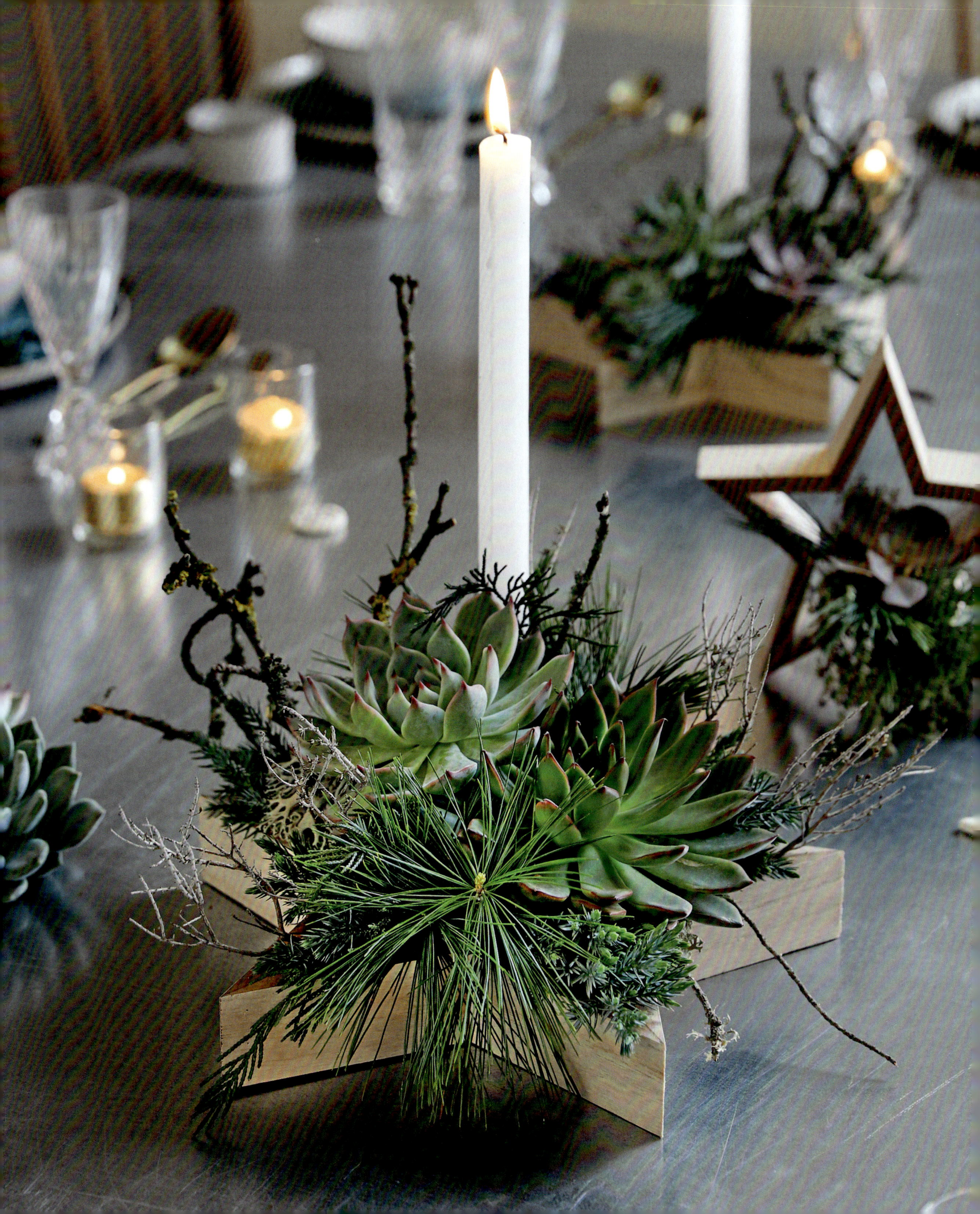

Stern mit Walddekor

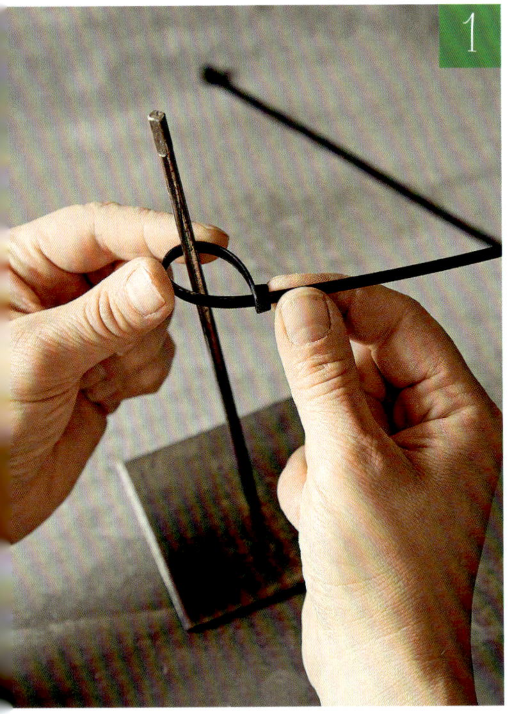

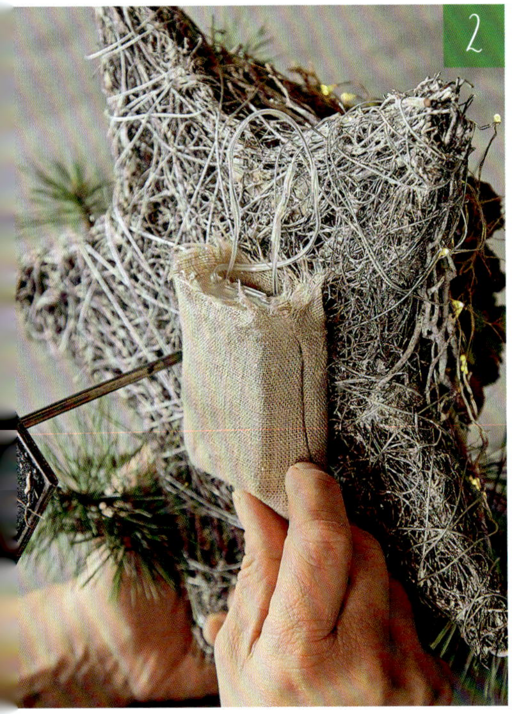

Das wird benötigt:

Hilfsmittel
- Frischblumensteck-schaum
- Kabelbinder
- Stoff
- Metallständer
- Gefäß, Sternform
- Ranken-Stern

Pflanzliches
- Bergkieferzweige
- Silber-*Brunia*
- Berzelien
- Eukalyptus
- Kiefernnadeln
- Eichelhütchen
- Flechte
- Zimt

Accessoires
- Kugeln
- LED-Lichterkette

So wird's gemacht:

1. Den Kabelbinder am Metallständer befestigen, er dient als Stütze für das Werkstück, damit es nicht herunterrutscht. Sterngefäß mit Steckschaum ausfüllen, Floralien in die Sternunterlage einarbeiten, dann auch die Lichterkette.

2. Den Batteriekasten der Lichterkette mit Stoff bedecken und an der Unterseite der Sternmanschette befestigen. Den fertigen Stern auf den Metallständer setzen.

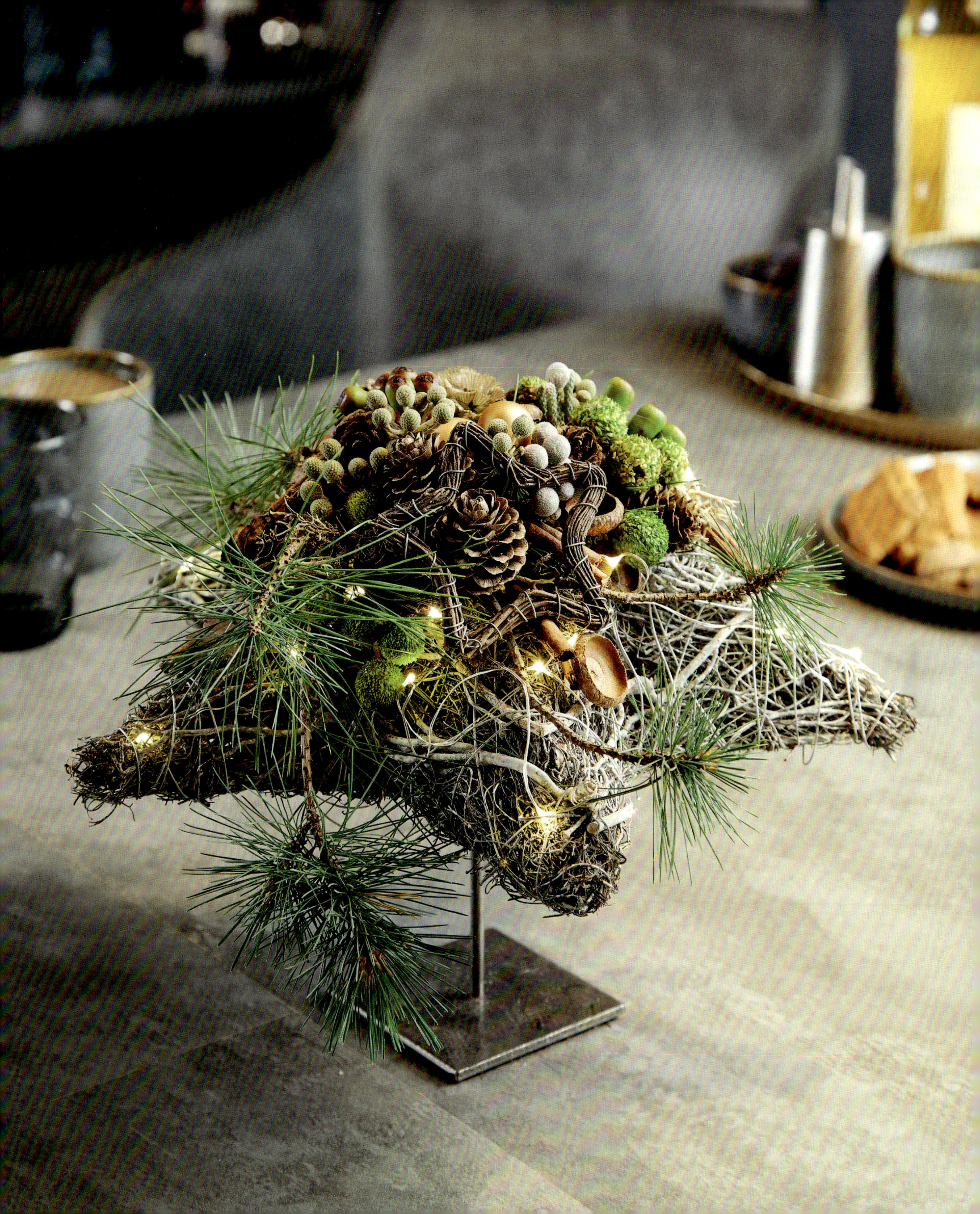

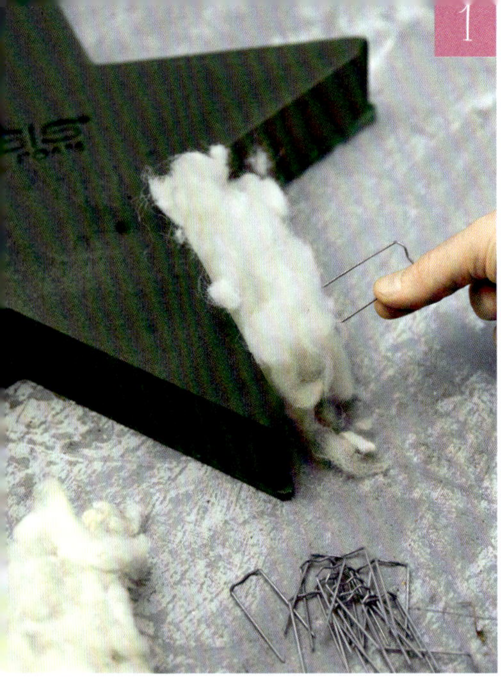

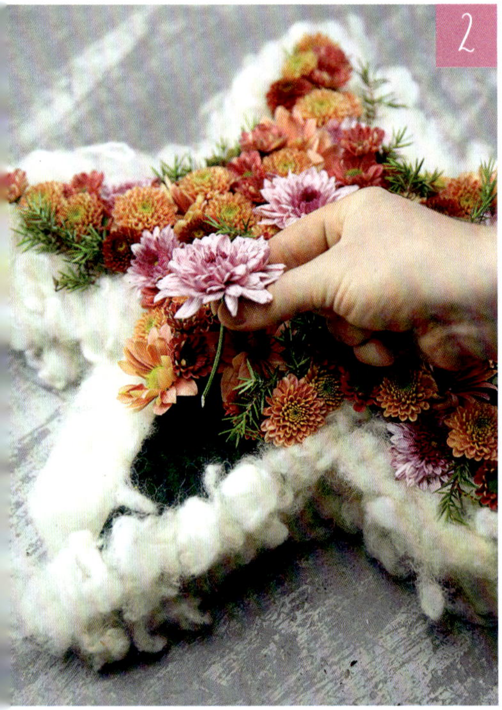

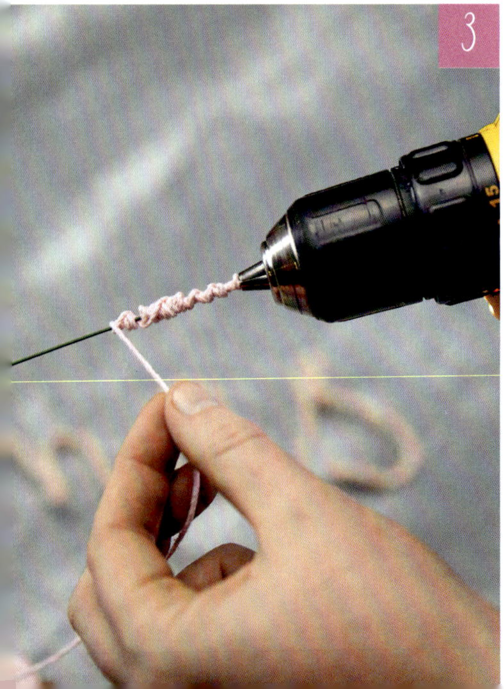

FLORIERENDER STERN

DAS WIRD BENÖTIGT:

Hilfsmittel
- Frischblumensteck-schaum-Stern
- Haften
- Steckdraht

Pflanzliches
- Chrysanthemen
- Wacholderzweige

Accessoires
- Flockenwolle
- Schnur

SO WIRD'S GEMACHT:

1. Die Sternunterlage zunächst wässern, dann mittels Haften die Flockenwolle an den Seiten der Unterlage befestigen und diese somit kaschieren.

2. Die Oberfläche mit Blumen ausfüllen, bis alles bedeckt ist.

3. Für den Schriftzug Steckdraht in eine Bohrmaschine einklemmen und mit Wolle umwickeln und das Ende mit Kleber fixieren. Daraus dann nach Belieben einen Schriftzug biegen und auf dem Stern platzieren.

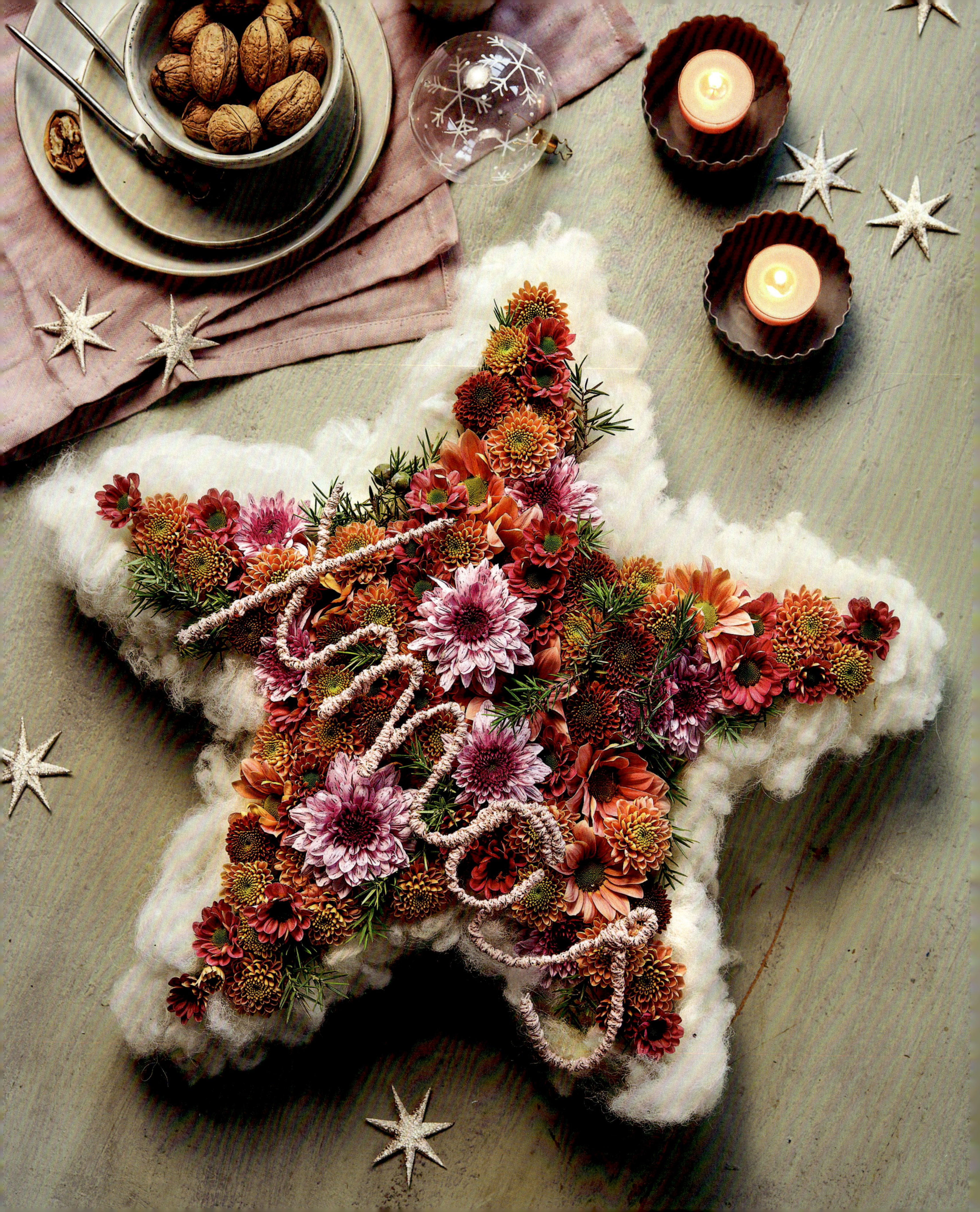

STERN ZUM AUFHÄNGEN

DAS WIRD BENÖTIGT:

Hilfsmittel
- Metallstern
- doppelseitiges Klebeband

Pflanzliches
- Hartriegel-, Lärchen- und Stechpalmenzweige
- Thymian
- Steineichenzapfen

Accessoires
- Dekoband
- Sterne
- Wolle

Für den Hingucker im Essbereich sorgt der mit doppelseitigem Klebeband und anschließend mit Wollfaden umwickelte Metallrahmen in Sternform. Daran lassen sich kleine florale Bündel aus Hartriegel-, Lärchen-, Stechpalmen- und Thymianzweigen sowie Steineichenkiefern knoten. Der schlicht-geometrische Anhänger in der Mitte, der zwei weitere Sterne zeigt, vervollständigt den Look.

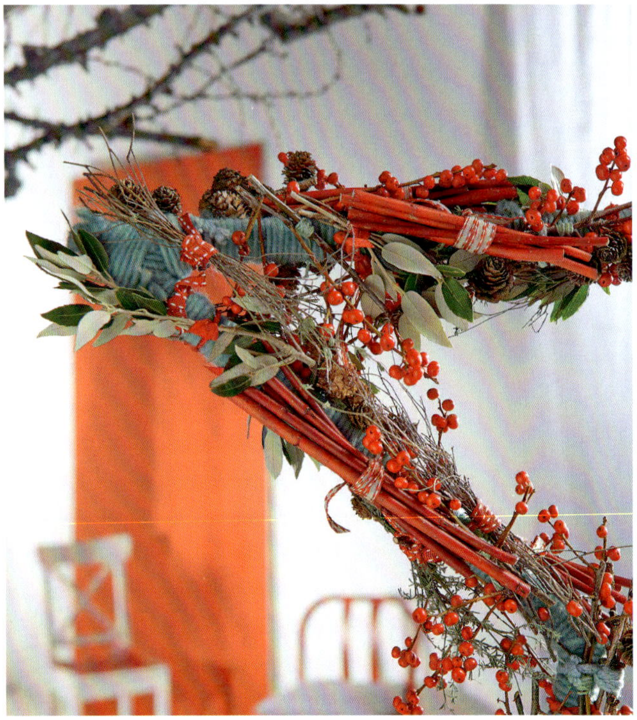

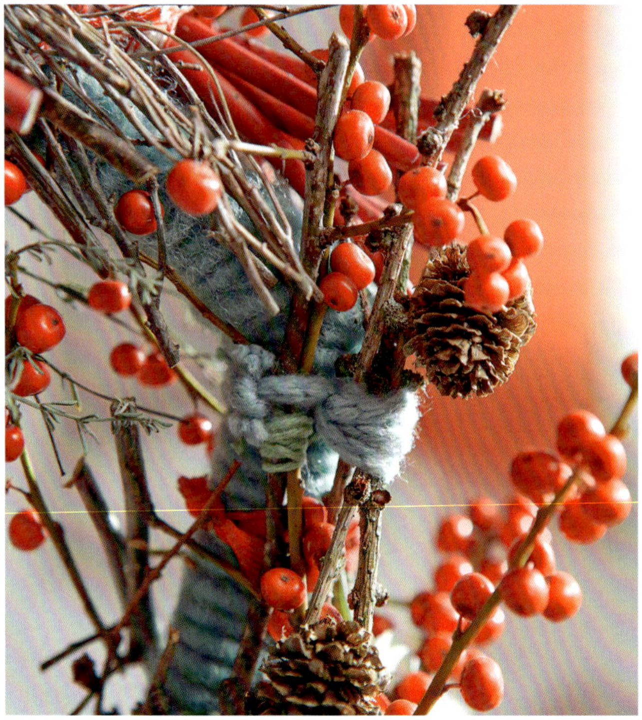

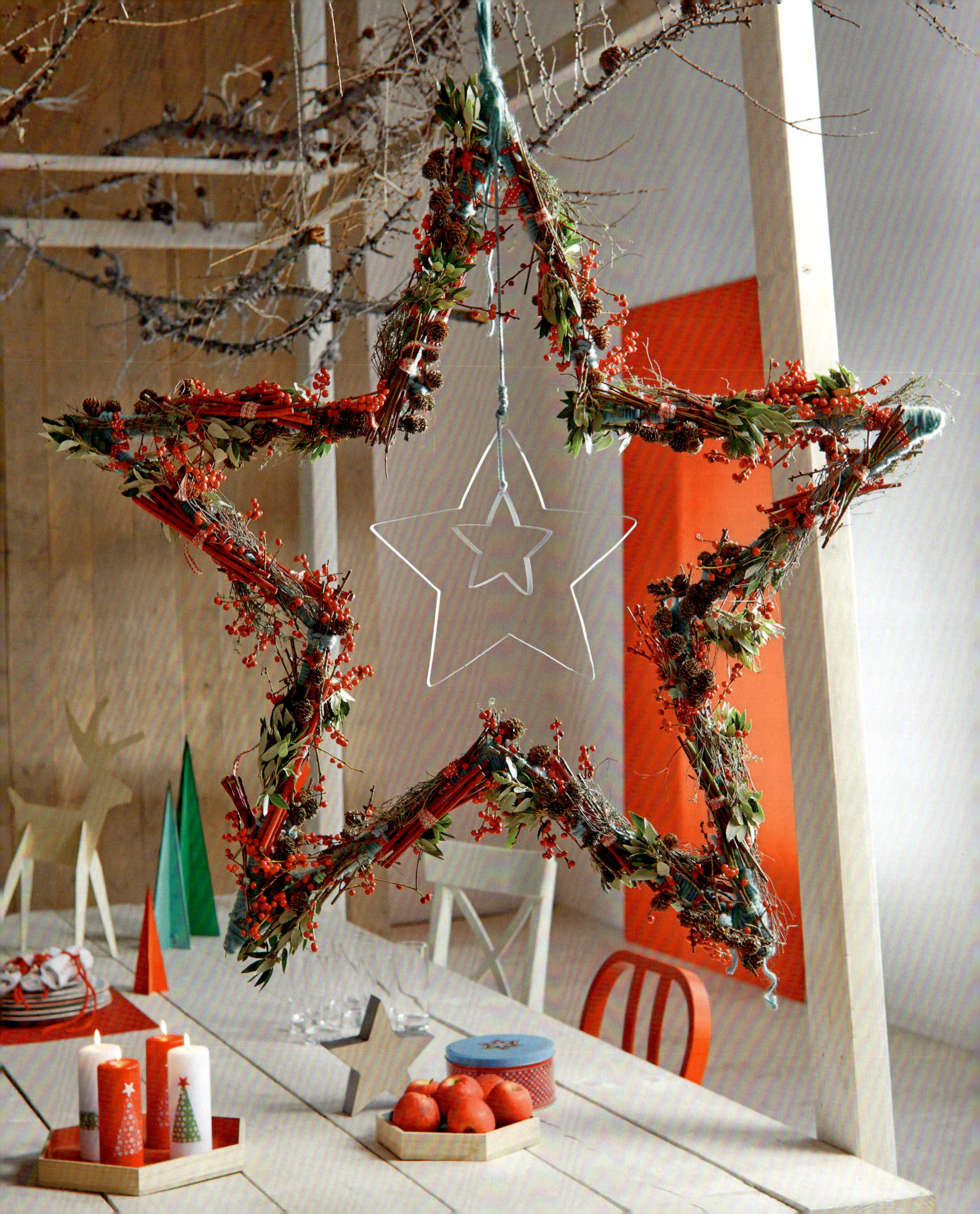

XXL-ZAPFENSTERN

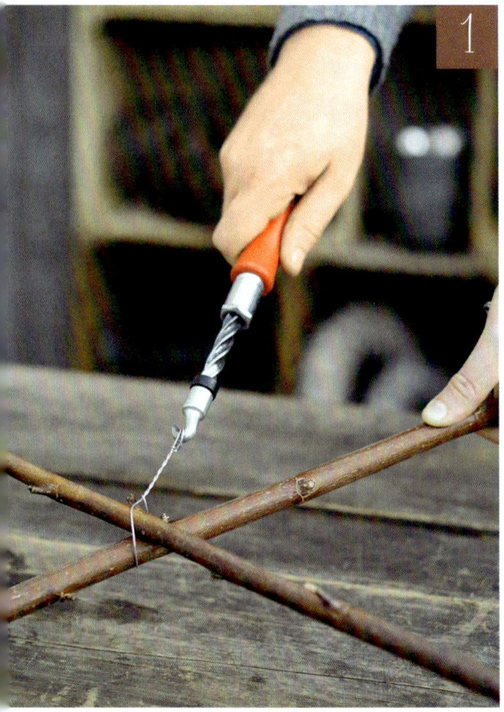

DAS WIRD BENÖTIGT:

Hilfsmittel
- ★ Wickeldraht
- ★ Flachdraht
- ★ Twistdrähte

Pflanzliches
- ★ Weiden- und Lärchen-zweige
- ★ Fichten- und Weymouth-Kiefernzapfen

Accessoires
- ★ Christbaumkugeln
- ★ Papiertüten
- ★ Wollfaden
- ★ Lederband

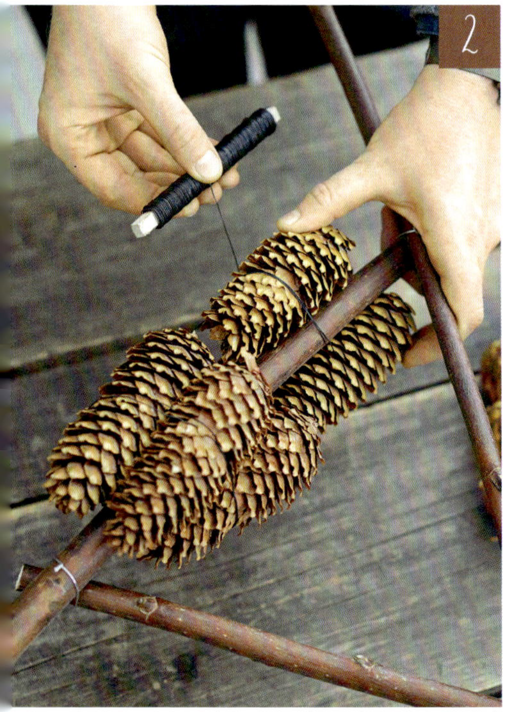

SO WIRD'S GEMACHT:

1. Die Sternform mithilfe von Twistdrähten aus geraden Weidenruten bilden.

2. Daran längliche Zapfen und Zapfenzweige mit Wickeldraht fixieren. Den Draht dabei zwischen die Zapfenschuppenreihen ziehen, das sorgt für festeren Halt.

Außerdem: Für kleine Akzente einige Stellen mit flachem Zierdraht, Schnüren und Bändern versehen. Hängende Glaskugeln und Papiertüten machen den Stern zum Adventskalender der besonderen Art.

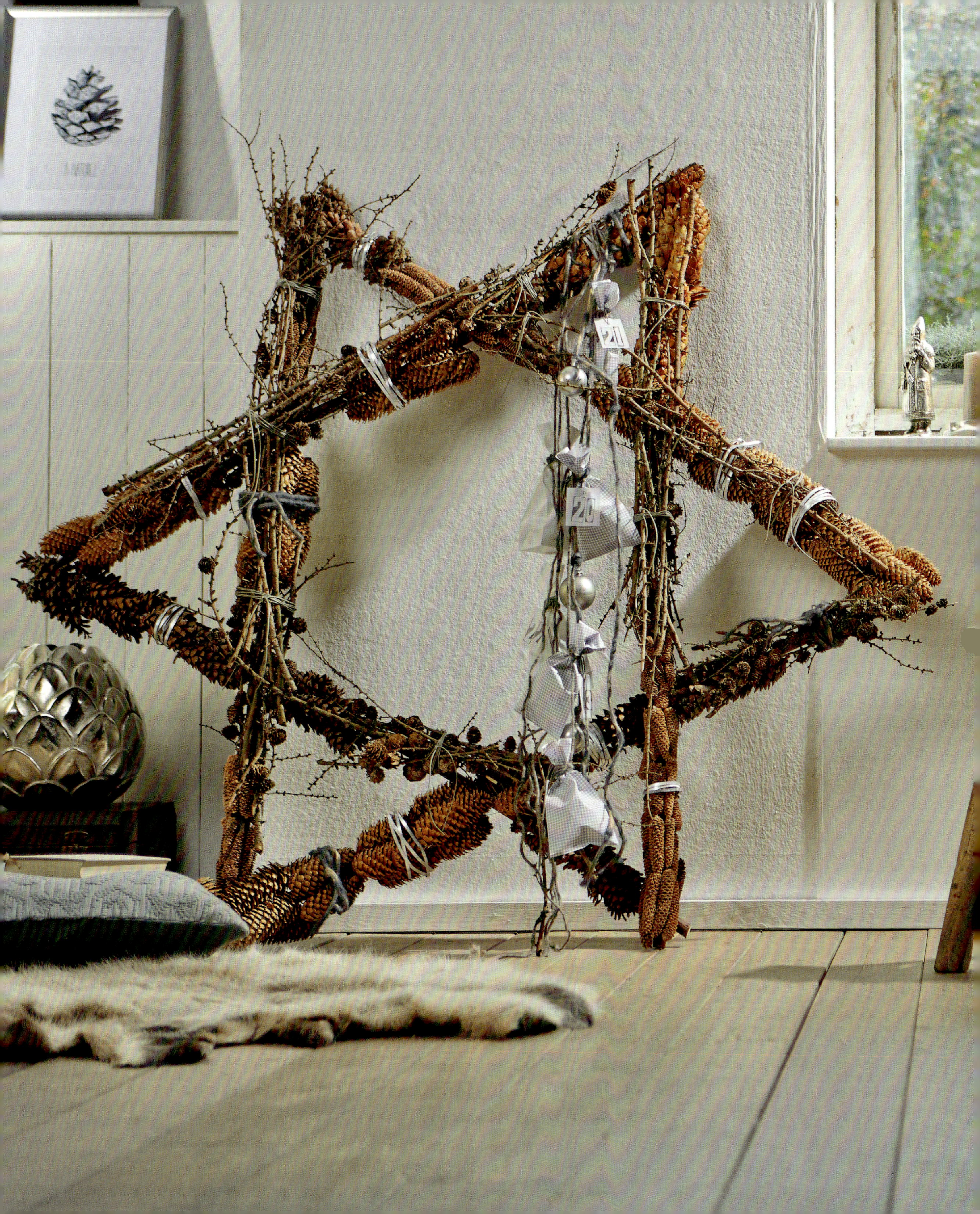
20
20

STERNGEMÄLDE AUS ZAPFEN

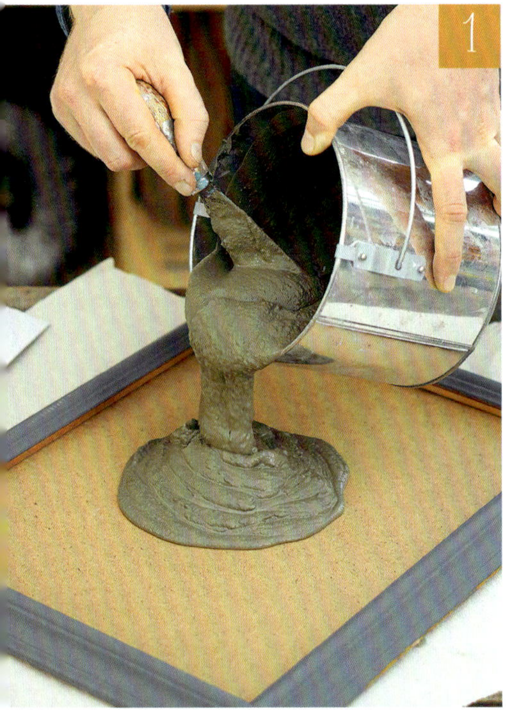

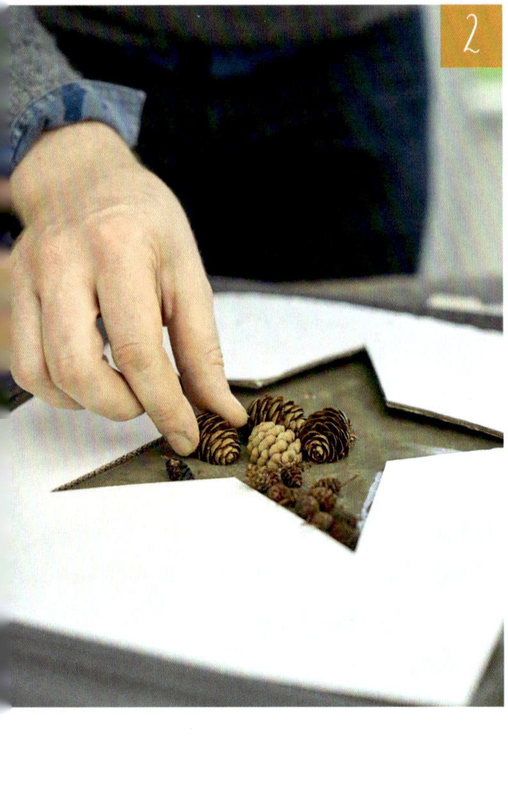

DAS WIRD BENÖTIGT:

Hilfsmittel
- Bilderrahmen
- Füllspachtel
- Spachtel
- Pappkarton

Pflanzliches
- Schwarzerlen-, Zypressen- und Lärchenzapfen
- Syrischer Wacholder

SO WIRD'S GEMACHT:

1. Füllspachtel anrühren und den Bilderrahmen damit ausgießen, gegebenenfalls mit einem Spachtel gleichmäßig verteilen.

2. Einen Stern in den Pappkarton schneiden und als Formmatritze auf den noch feuchten Füllspachtel legen. Den Stern mit Zapfen und Syrischem Wacholder ausfüllen, Pappe abziehen und die Spachtelmasse gut trocknen lassen.

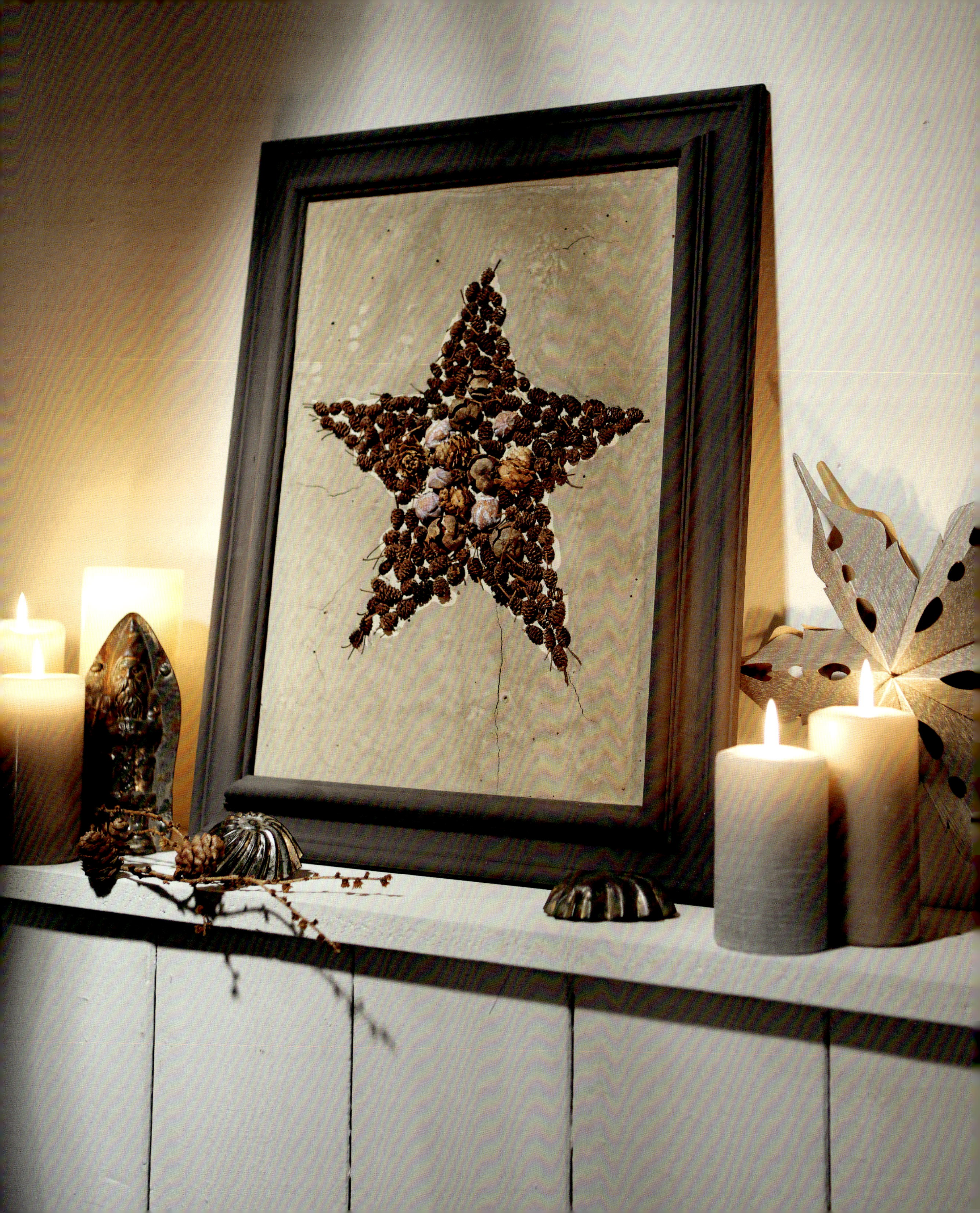

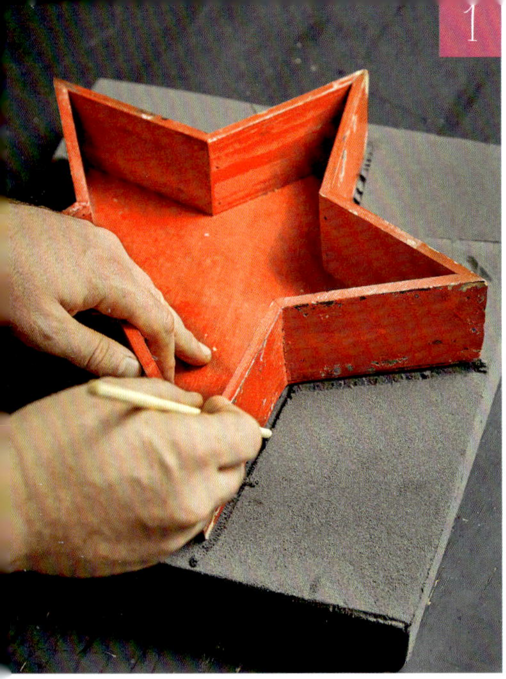

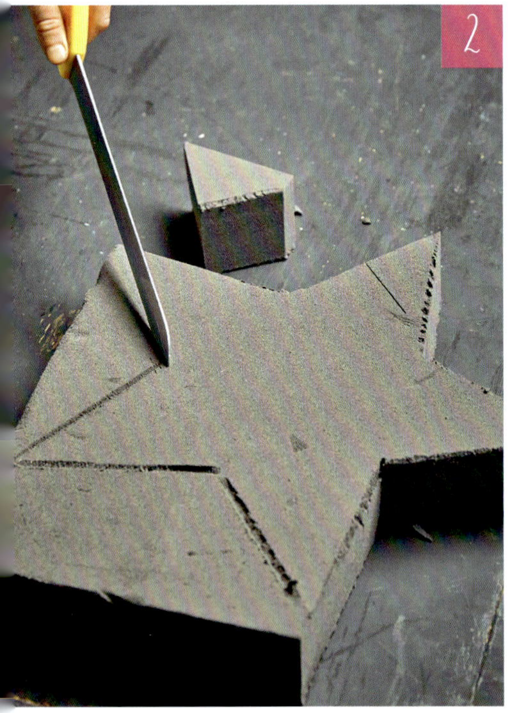

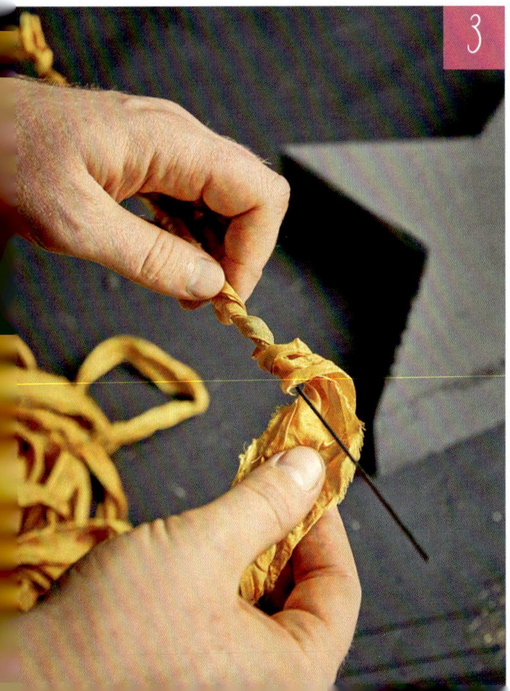

DREIDIMENSIONALER STERN

DAS WIRD BENÖTIGT:

Hilfsmittel
- Trockenblumensteck-schaum-Platte
- Sternform
- Knetkleber
- Pinholder
- Steckdraht
- Wickeldraht

Pflanzliches
- Trockenblumen (z. B. Strohblumen, Hortensien, Jungfer im Grünen, Anthurien, Proteen und mehr)
- Mohnkapseln
- Eukalyptus
- Datteln
- Hagebutten
- Weymouth-Kiefern-zapfen und Kiefernadeln

Accessoires
- Baumkerze
- Baumkerzen-Clips
- Papierband
- Glasschmuck
- Glaskugeln
- Tablett

SO WIRD'S GEMACHT:

1. Eine Sternform auf die Steckschaum-Platte legen und nachzeichnen.

2. Den Stern mit einem Messer vorsichtig aus der Platte schneiden und wässern. Zapfen andrahten und mit den restlichen Floralien in die Basis stecken.

3. Steckdraht mit Papierband umwickeln und zu einem Stern biegen, auf dem Steckschaum-Stern befestigen. Für den edlen Glanz noch eine Kerze mit Clip anbringen.

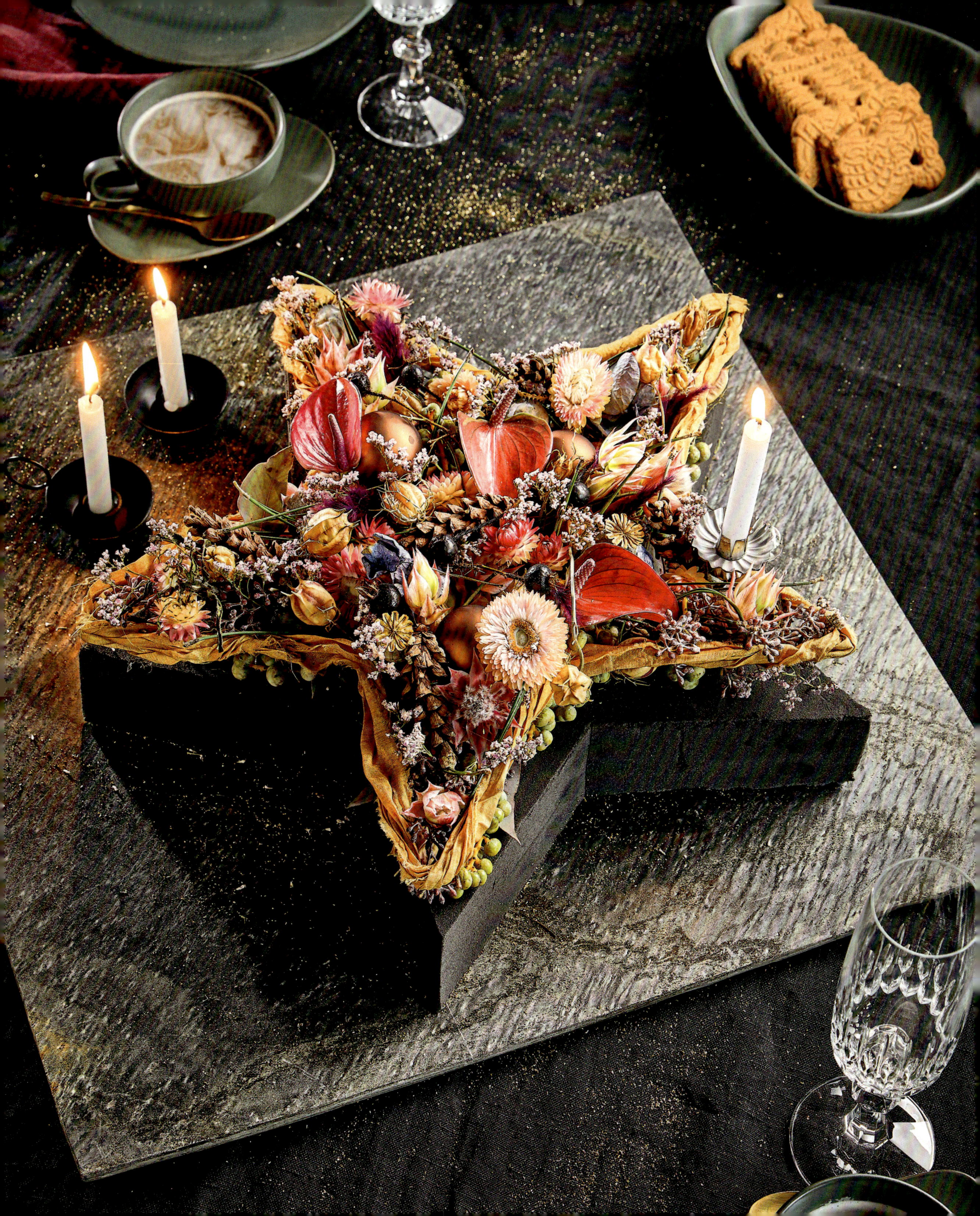

HASELNUSS-STERNE

DAS WIRD BENÖTIGT:

Hilfsmittel
- ★ Rebenbindedraht

Pflanzliches
- ★ Haselnüsse
- ★ Christrose

Accessoires
- ★ Wollschnur

Haselnüsse machen sich nicht nur gut im Gebäck, sondern sind als dekoratives Element durchaus eine Bereicherung. Um den Rebenbindedraht durch die Nüsse fädeln zu können, werden diese mit einem feinen Bohrer bearbeitet. Zu einem Stern geformt und mit Wollschnüren sowie einer Christrose geschmückt, können mehrere Sterne als Gastgeschenke auf den Tellern verteilt werden.

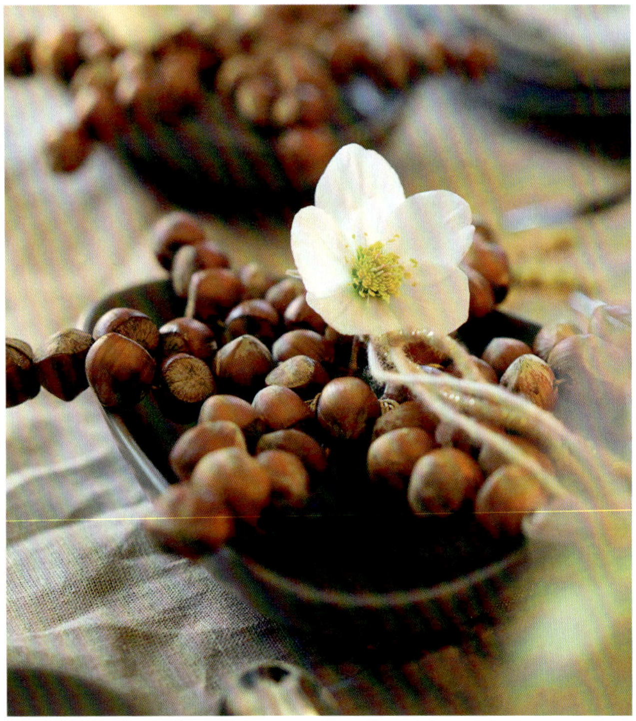

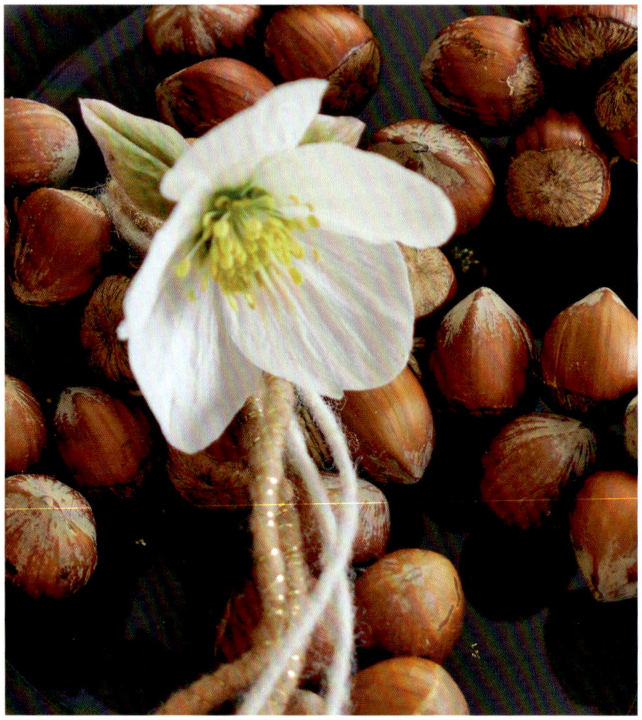

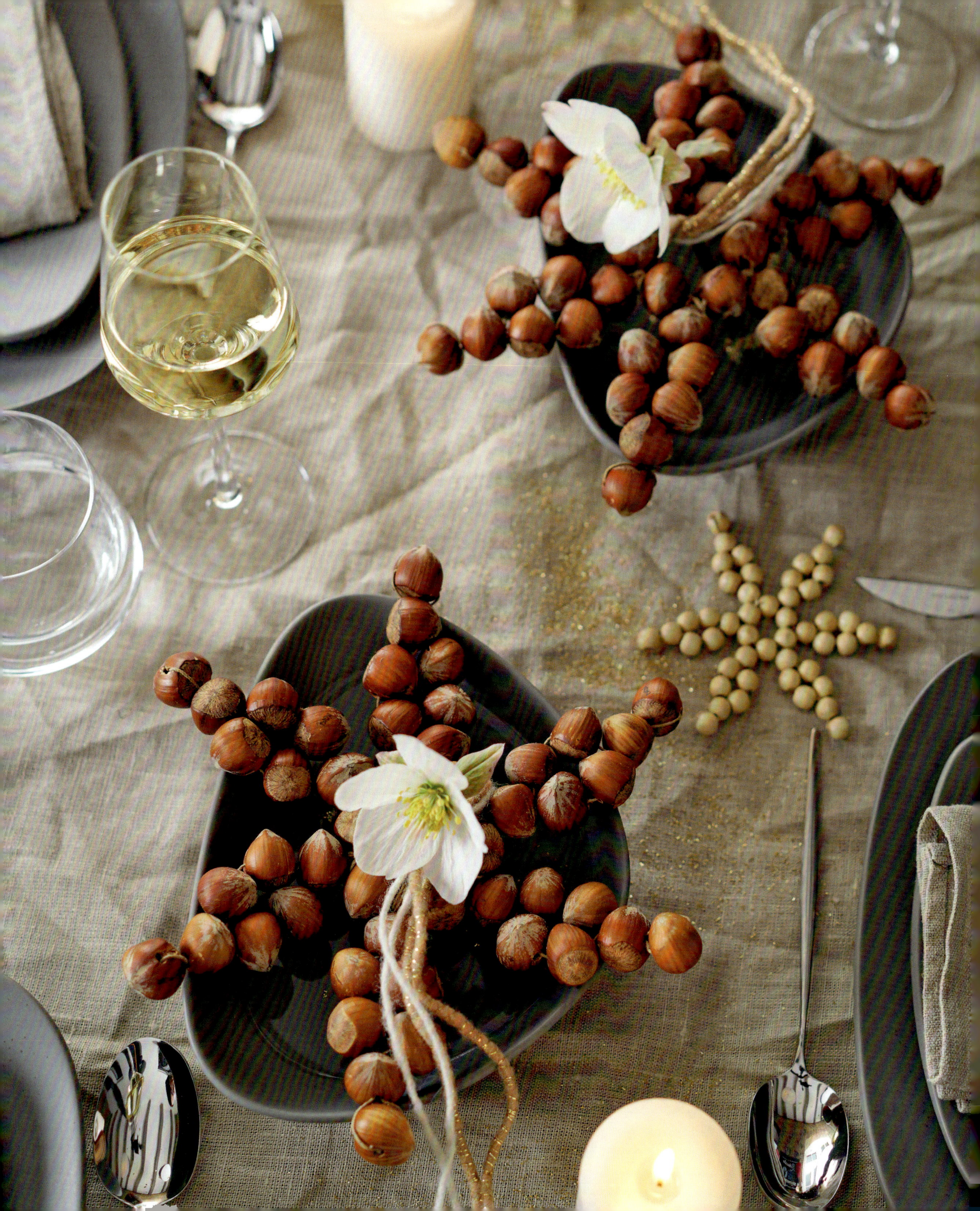

STERN MIT EXOTISCHER NOTE

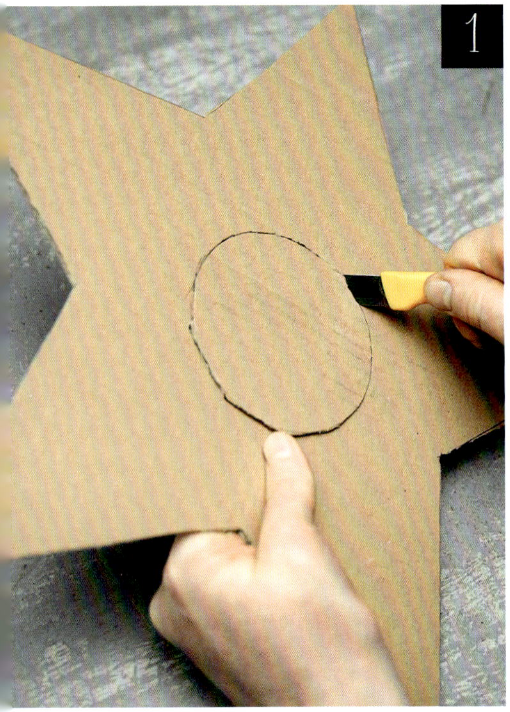

DAS WIRD BENÖTIGT:

Hilfsmittel
- Gefäß
- Pappe
- Zierdraht

Pflanzliches
- Flechtenzweige
- Frauenschuh
- Eukalyptus
- Zweige (z. B. Edel-Tanne, Sicheltanne, Eibe, Westamerikanische Hemlock-tanne)

SO WIRD'S GEMACHT:

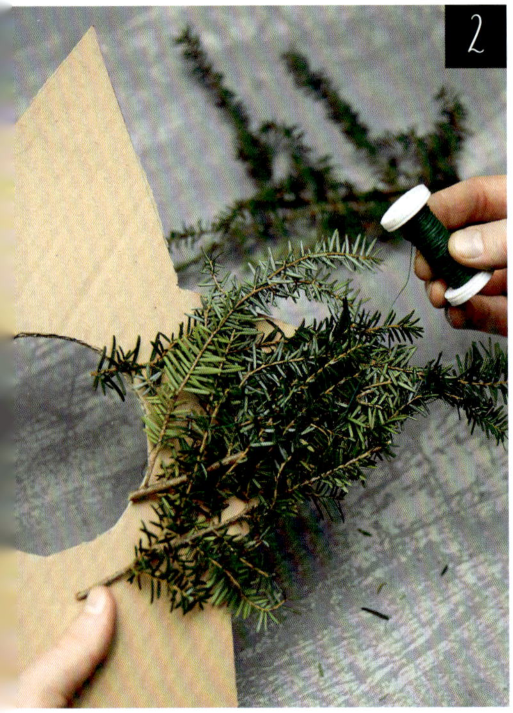

1. Auf ein großes Stück Pappe einen Stern zeichnen und diesen ausschneiden. Anschließend mittig ein Loch ausschneiden.

2. Pappstern mittels Wickeldraht mit diversem Koniferengrün umwickeln. Den fertigen Stern auf ein Gefäß legen und die Pflanze einsetzen.

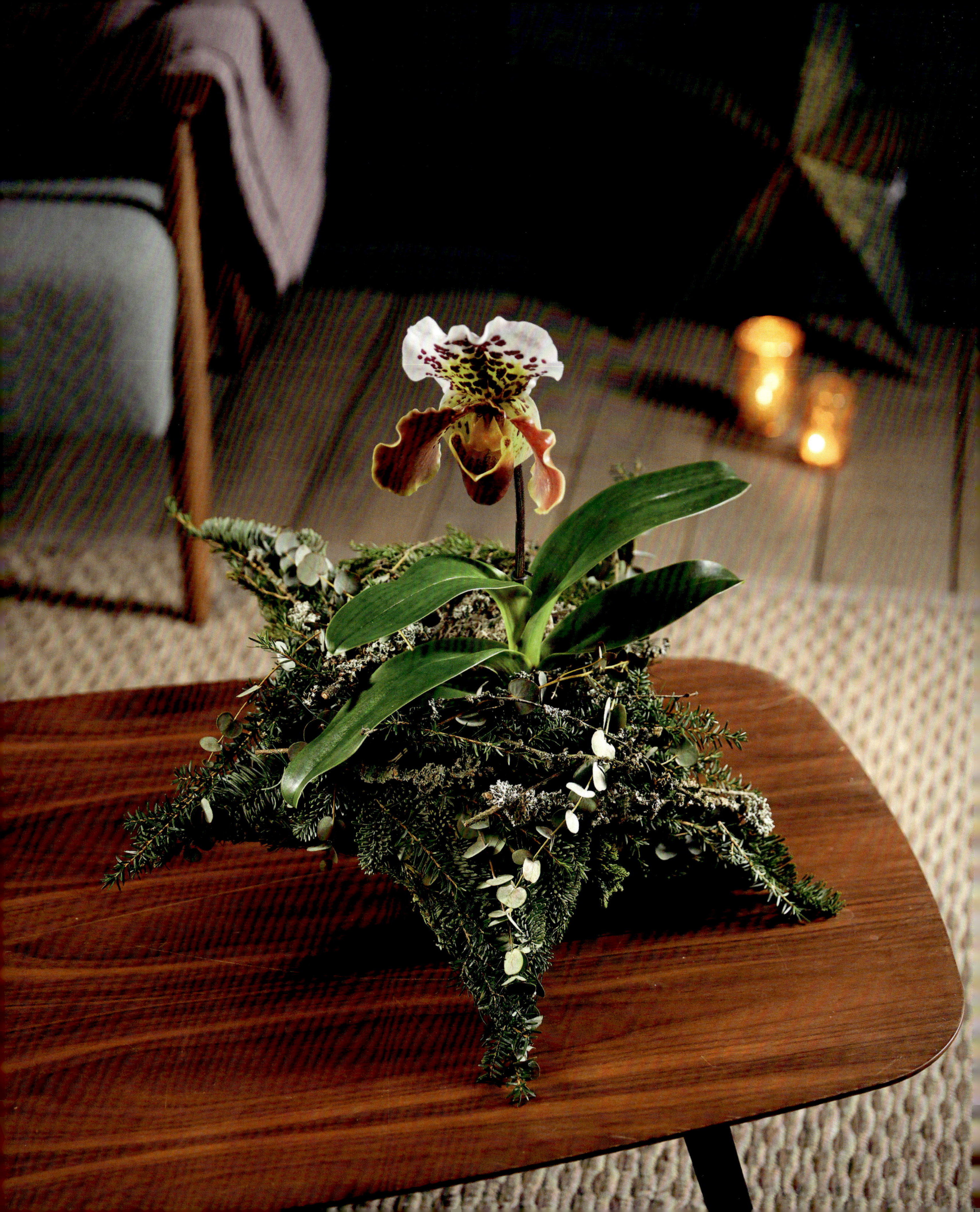

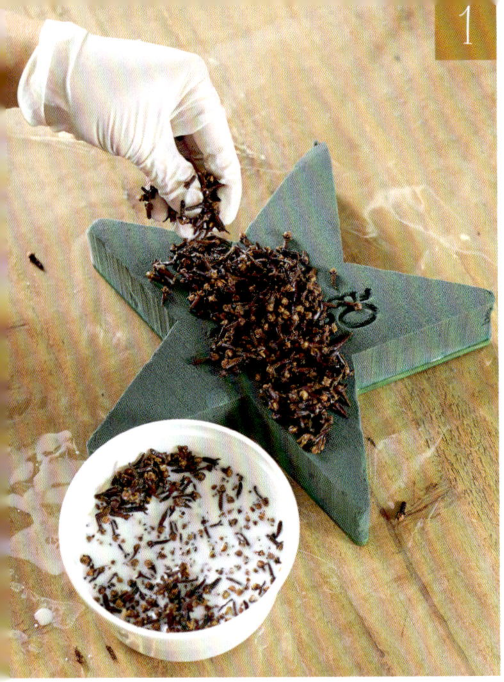

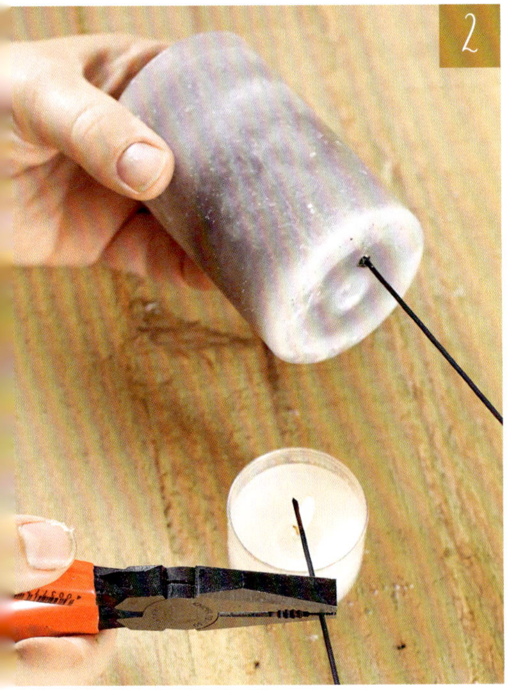

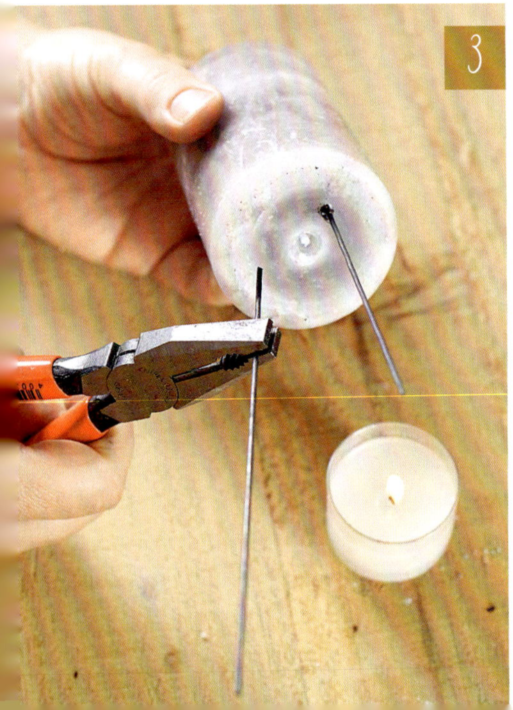

STERN MIT WÜRZE

DAS WIRD BENÖTIGT:

Hilfsmittel
- ★ Frischblumensteck-schaum-Stern
- ★ Holzleim
- ★ Steckdraht

Pflanzliches
- ★ Gewürznelken
- ★ Nüsse
- ★ Zimt
- ★ Waldreben-Fruchtstände

Accessoires
- ★ Kerze
- ★ Kugeln
- ★ Sterne

SO WIRD'S GEMACHT:

1. Holzleim in eine Schale geben und mit Wasser verdünnen. Nelken in den Leim einlegen und anschließend auf dem Stern verteilen. Dann die flauschigen Fruchtstände rundherum in den Stern einstecken.

2. Steckdrähte mit einer Zange aufnehmen und ein Ende an einem Teelicht erhitzen.

3. Die erhitzten Enden von drei Drähten e in einer Kerze verankern. Sobald alles abgekühlt ist, die Kerze in den Stern stecken und Nüsse, Sterne, Kugeln sowie Zimt einkleben.

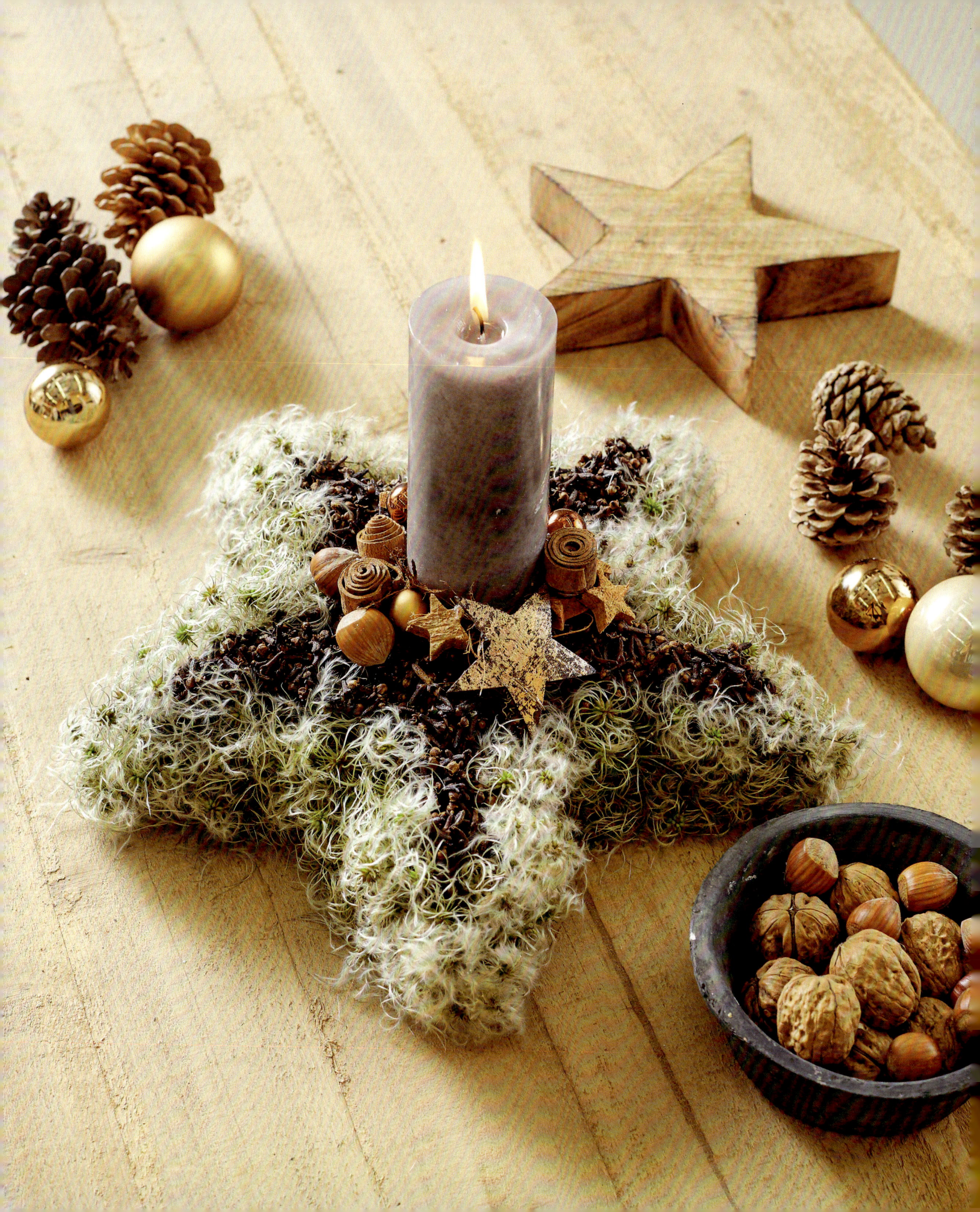

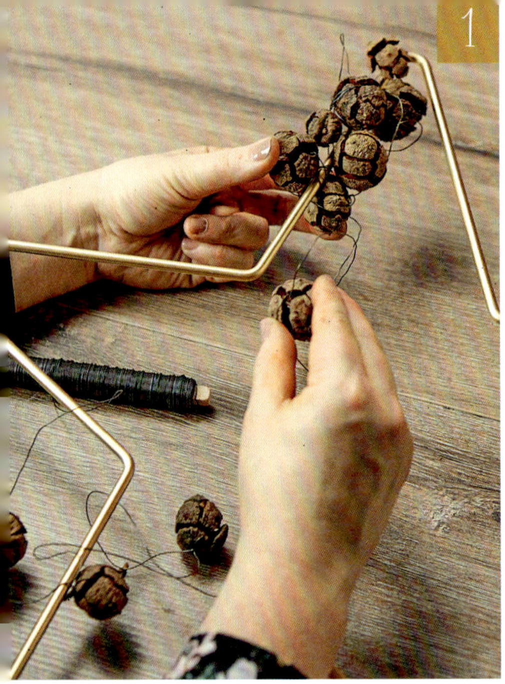

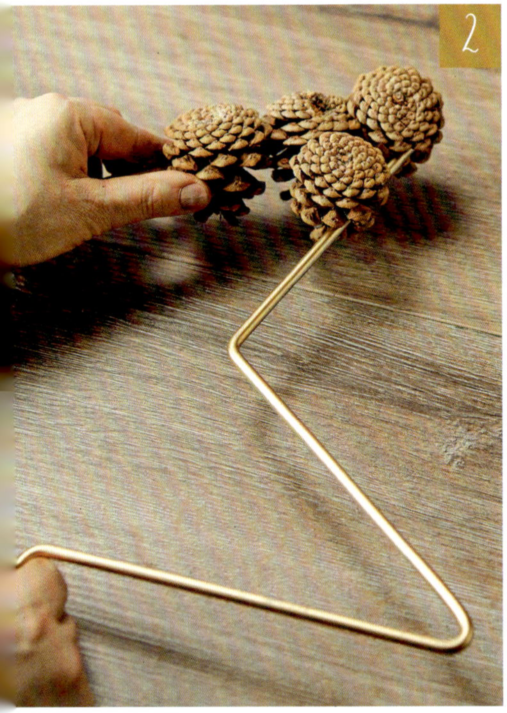

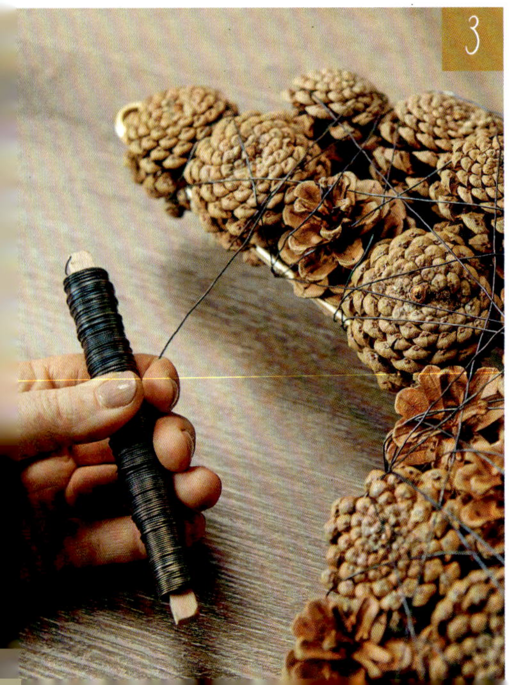

HARMONISCHES STERNDUETT

DAS WIRD BENÖTIGT:

Hilfsmittel
- Grundgestelle, Stern
- Wickeldraht
- Zierdraht
- Pappe
- Sprühkleber

Pflanzliches
- Kiefernzweig
- Kiefern- und Zypressenzapfen

Accessoires
- Holzstern
- Holzklotz
- Leder

SO WIRD'S GEMACHT:

1. Für den ersten Stern die Zypressenzapfen großzügig auf Wickeldraht fädeln, sodass eine lange Kette entsteht. Diese um ein Grundgestell wickeln und ebenfalls mit Wickeldraht fixieren.

2. Für den zweiten Stern Kiefernzapfen in das Sterngestell klemmen, sodass die freie Fläche komplett damit ausgefüllt ist.

3. Damit alles gut hält, die Zapfen mittels Zier- und Wickeldraht mehrfach kreuz und quer über das Gestell wickeln.

Außerdem: Jeweils ein Loch in die Holzklötze bohren und darin die Sterngestelle einfügen. Aus Pappe große Sterne ausschneiden, mit Leder bekleben und in die Zapfensterne einarbeiten. Zum Schluss Kiefernzweige anbringen.

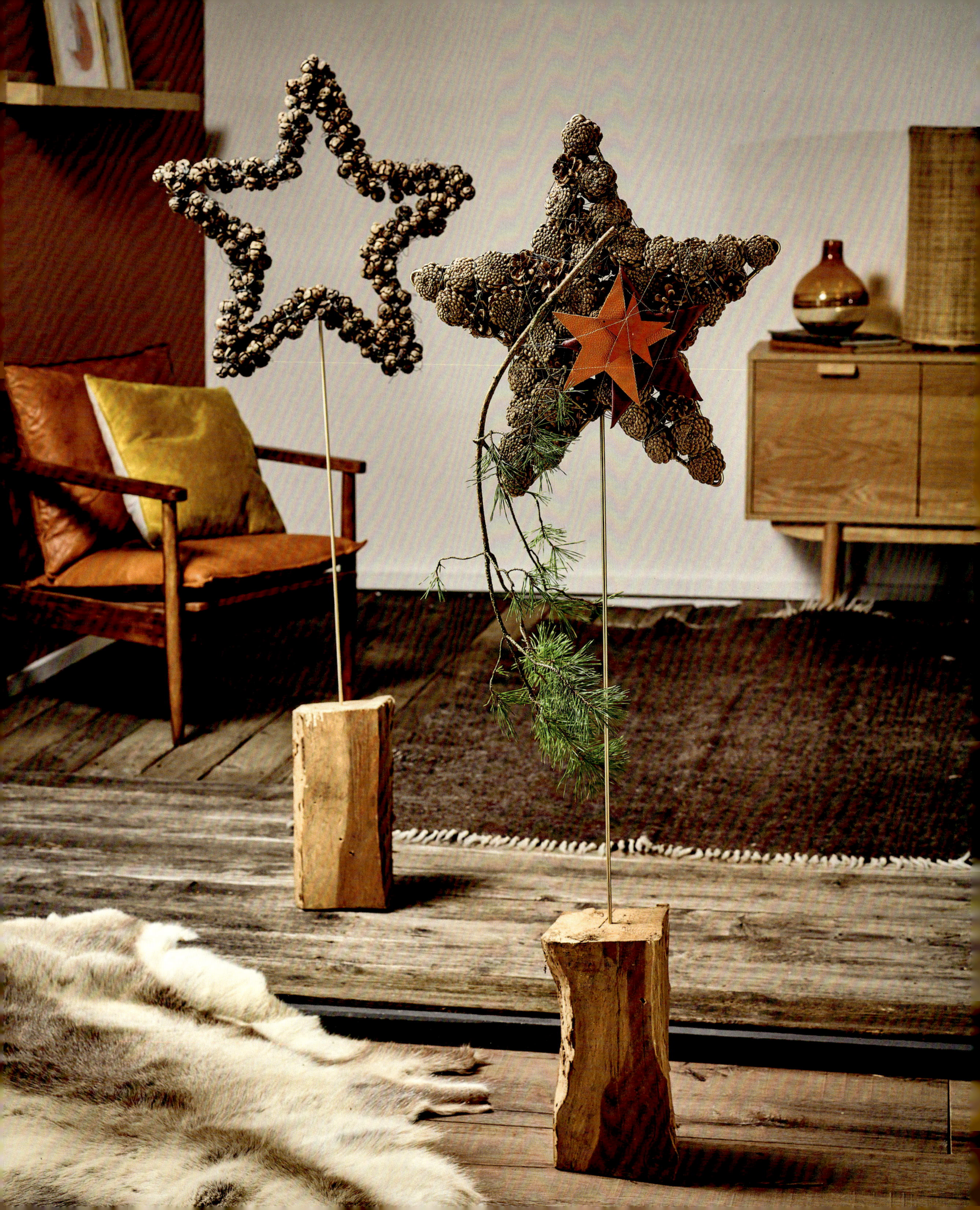

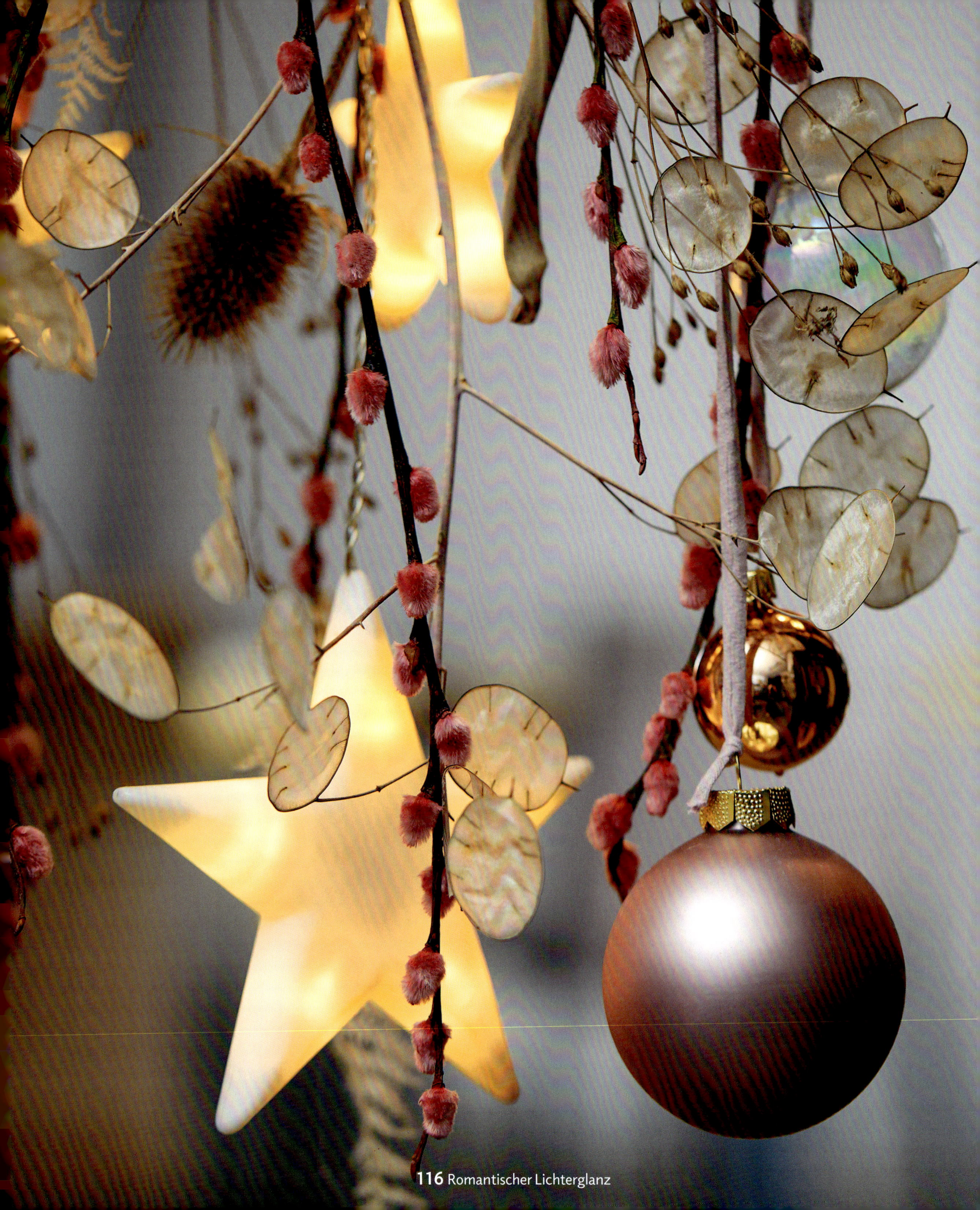

ROMANTISCHER LICHTERGLANZ

Zur Advents- und Weihnachtszeit dürfen Lichter nicht fehlen. Sie bringen Wärme und Helligkeit in die dunkle Jahreszeit, sodass sie in Verbindung mit Sternen eine harmonische Dekoration ergeben. Am besten eignen sich batteriebetriebene LED-Lichterketten, da sie flexibel einsetzbar sind und ohne Strom auskommen. Doch auch Sterne, die als Lichtquelle dienen, bringen den gewünschten Effekt in diese besinnliche Zeit.

STERN IM GRÄSERKRANZ

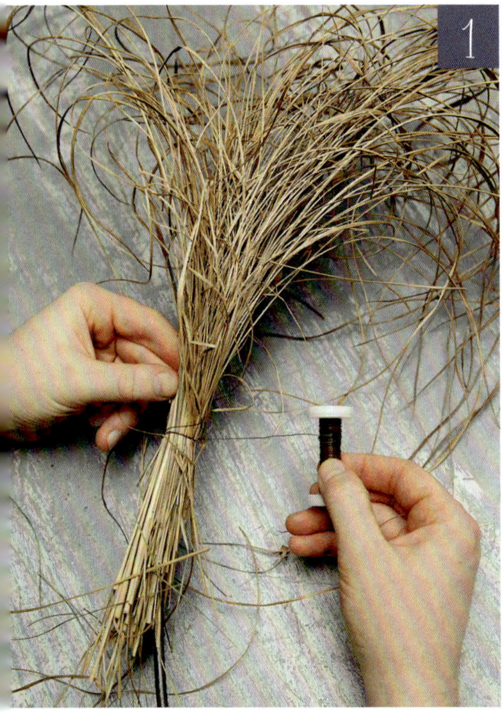

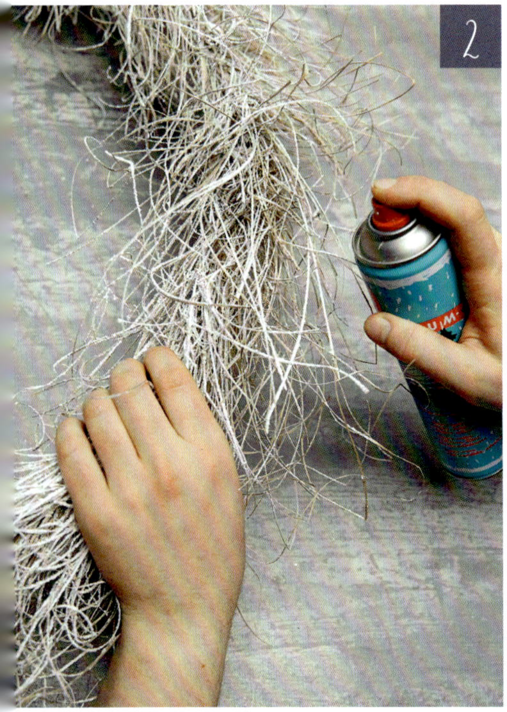

DAS WIRD BENÖTIGT:

Hilfsmittel
- Dekoring
- Myrtendraht
- Schneespray
- Wandfarbe
- Drahtstern

Pflanzliches
- Wintertrockene Gräser
- Seidenkiefern-Zapfen

Accessoires
- LED-Lichterkette
- Kugeln
- Band

SO WIRD'S GEMACHT:

1. Den Dekoring mithilfe von Myrtendraht mit Gräsern bewickeln.

2. Den Gräserkranz mit Schneespray ansprühen, sodass ein frostiger Effekt entsteht.

Außerdem: Zusätzlich die Zapfen mit Wandfarbe weißen. Den Innenraum des Sterns mit den geweißten Zapfen sowie Christbaumkugeln füllen und mit einer Lichterkette umwickeln. Die Batteriebox dabei in dem Drahtstern verstecken. Fertigen Stern mit einem Band im Kranz befestigen und aufhängen.

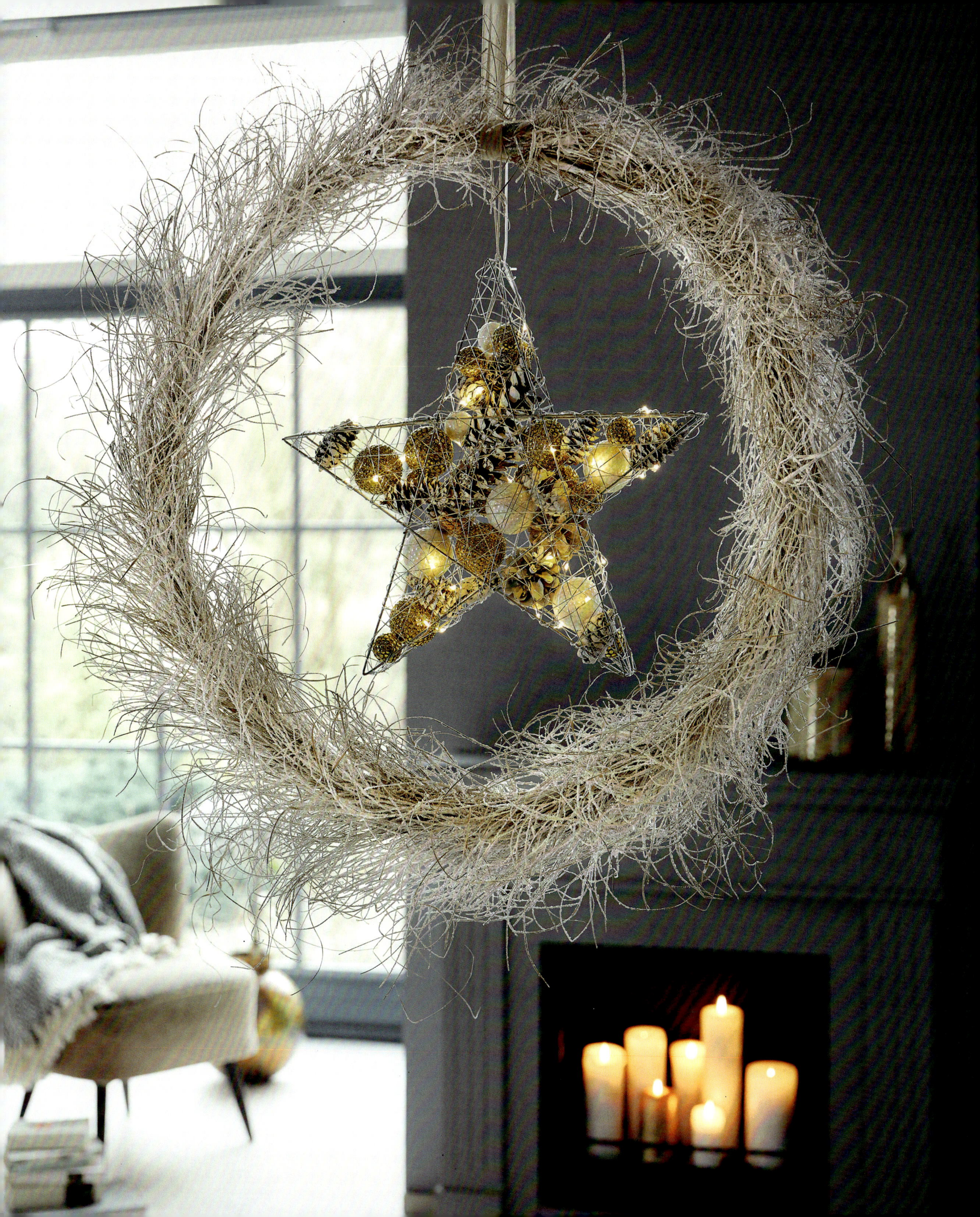

Sternstecker mit Eukalyptus

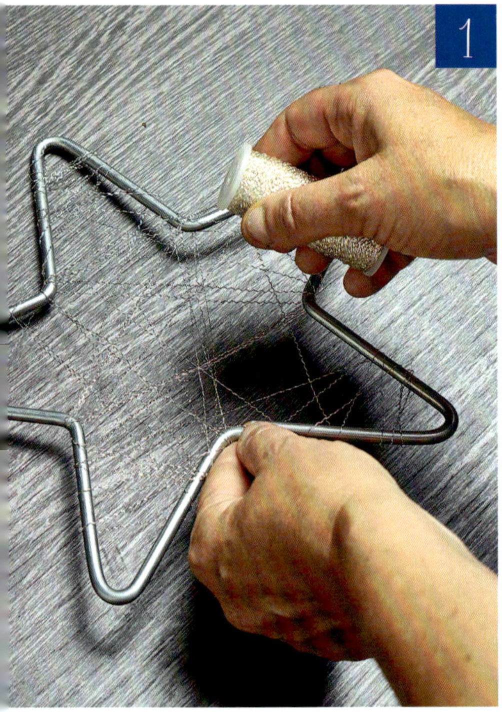

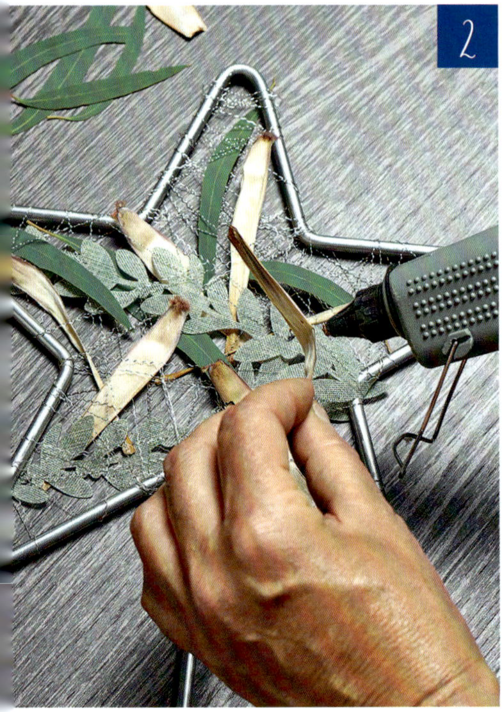

Das wird benötigt:

Hilfsmittel
- Dekostecker, Stern
- Bouillondraht

Pflanzliches
- Eukalyptus
- Protee
- Hagebuttenzweige

Accessoires
- Band
- Vase
- LED-Lichterkette
- Pfauenfeder
- Christbaumkugeln

So wird's gemacht:

1. Zunächst die Blüten einer Protee einzeln abzupfen und ebenso mit Eukalyptusblättern verfahren. Dann den Stern so mit Bouillondraht umwickeln, dass eine Art Netz entsteht.

2. Die Blüten und Blätter in dieses Netz einarbeiten und einkleben. Den fertigen Sternstecker in eine Vase mit Hagebuttenzweigen sowie einer Pfauenfeder stellen. Für den weihnachtlichen Touch können Kugeln mit einem Band an den Zweigen befestigt werden.

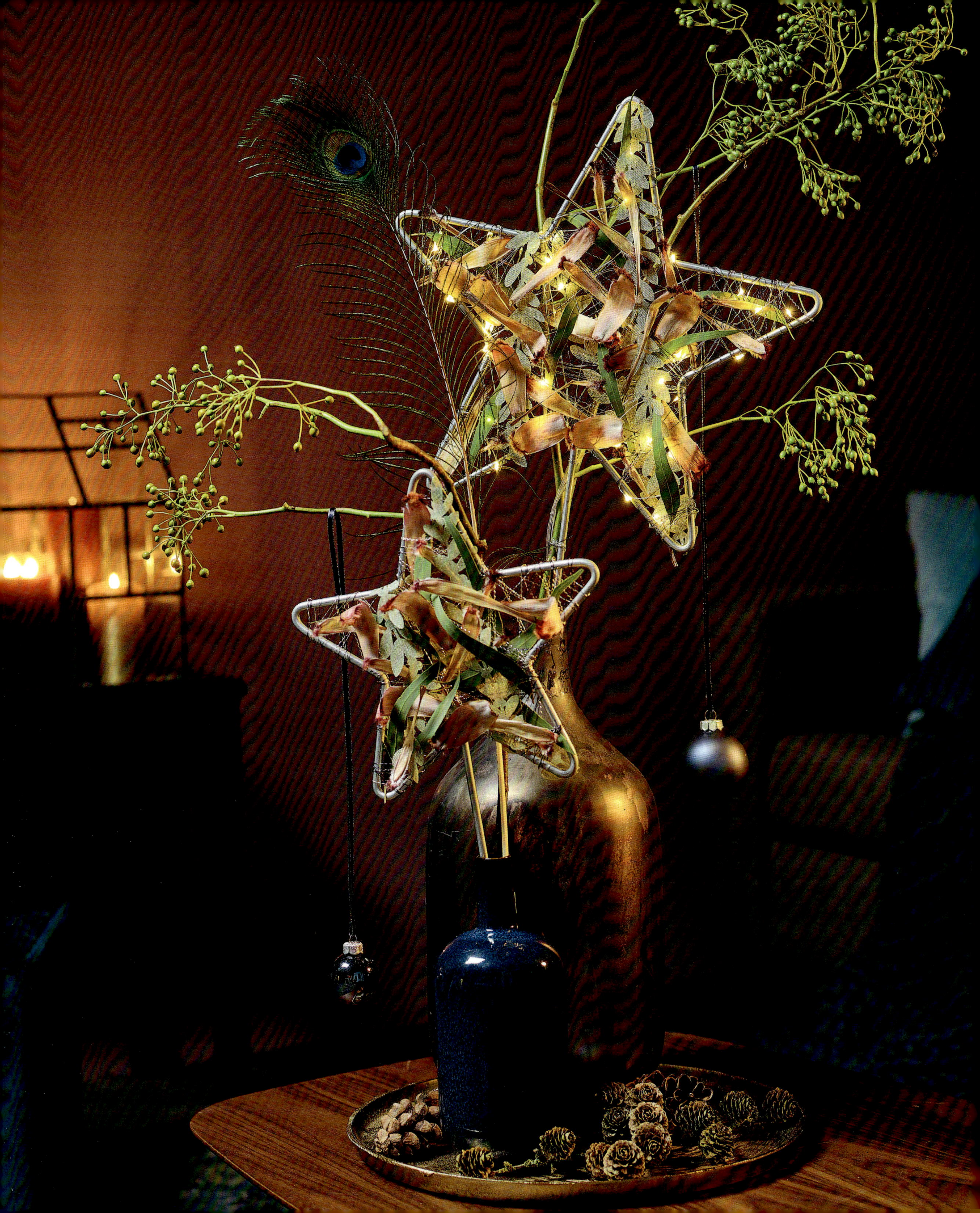

VERSCHNÜRTER STERN

DAS WIRD BENÖTIGT:

Hilfsmittel
- ★ Holzstern
- ★ Rebenbindedraht

Pflanzliches
- ★ Zieräpfel
- ★ Schwarz-Kiefern-Zweige
- ★ Kiefernnadeln
- ★ Hagebutten

Accessoires
- ★ Accessoires
- ★ Holzsterne, klein
- ★ LED-Stern-Lichterkette
- ★ Bänder und Kordeln

Die Mitte des Holzsterns ist mit gecrushtem Rebenbindedraht und einer Lichterkette mit LED-Sternchen gefüllt. Gehalten wird alles mit unterschiedlichen Kordeln und Bändern, die kreuz und quer um den Stern gewickelt sind. Hagebutten und kleine Holzsterne füllen die Zwischenräume aus, während feine Kiefernnadeln das i-Tüpfelchen sind.

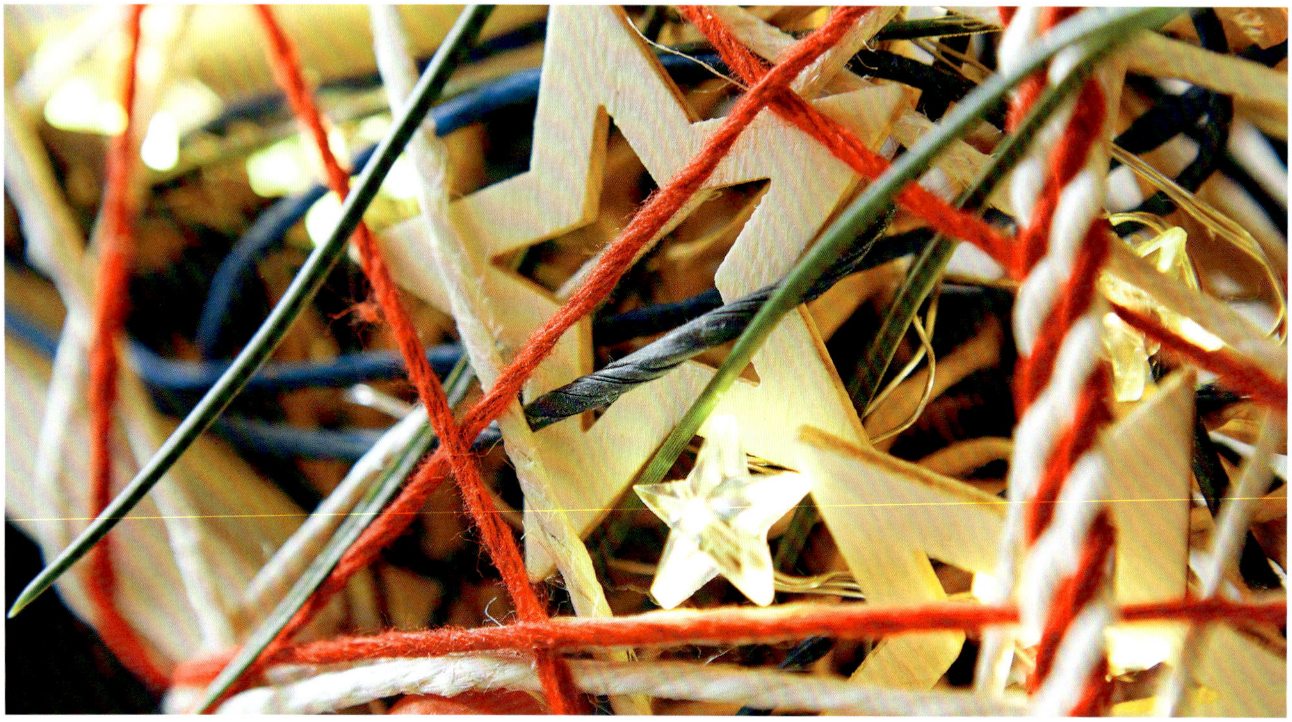

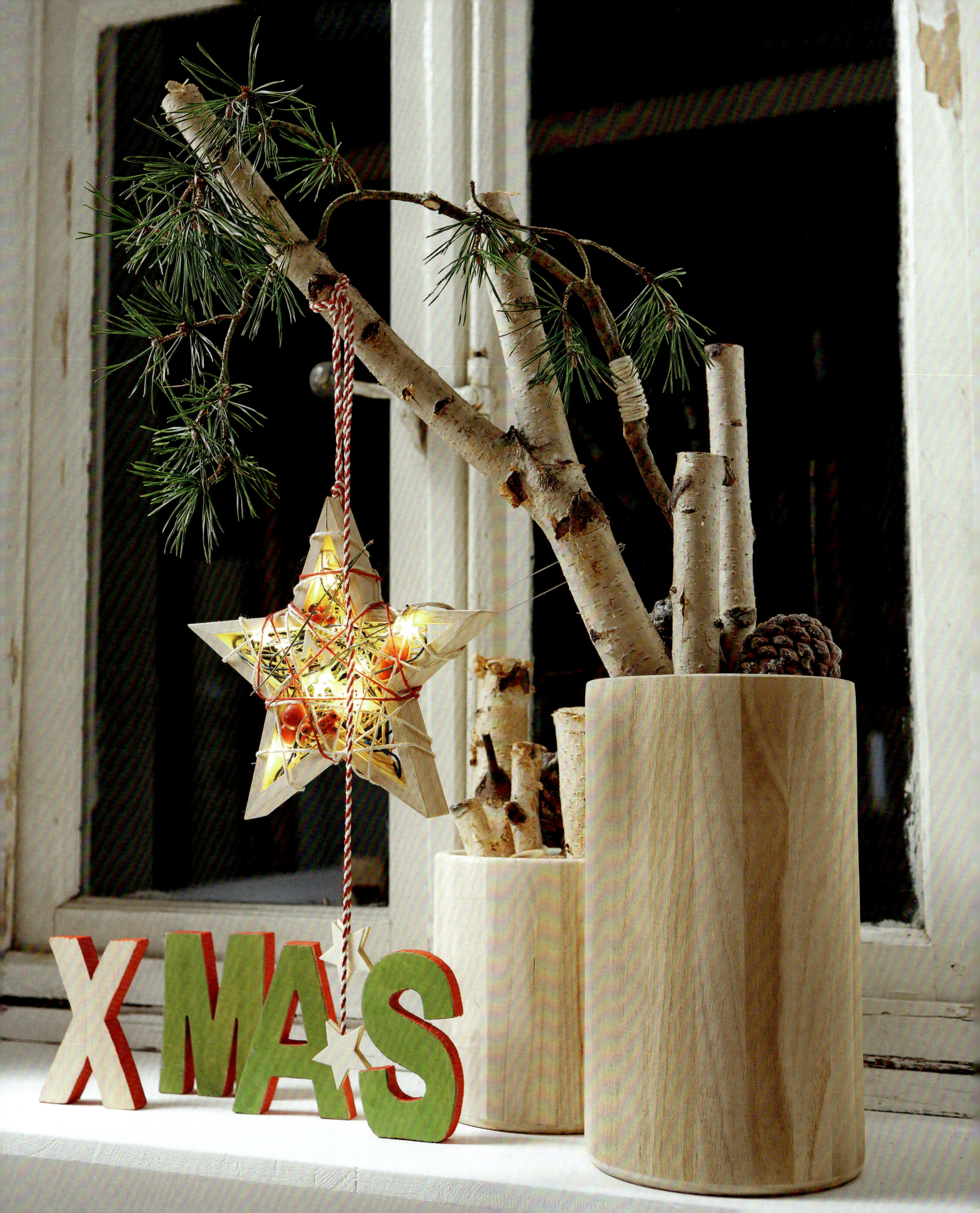
XMAS

LEUCHTENDE STERNMITTE

DAS WIRD BENÖTIGT:

Hilfsmittel
- Styroporring
- Bouillondraht
- Rebenbindedraht
- Aluminium-Flachdraht
- Sprühkleber
- Farbspray, weiß

Pflanzliches
- Olivenzweige
- Gewöhnliche Waldrebe
- Silberblatt
- Fruchtstände, getrocknet

Accessoires
- Dekosterne
- Federn
- LED-Lichterkette

Die Basis des hellen Sterns bildet ein Styroporring der mit einer Lichterkette umwickelt und weißen Federn kaschiert ist. Geweißte Holzstäbe, die an einem Ende mit Flachdraht zu Sternspitzen zusammengebunden werden, sind abwechselnd im Styroporring verankert. Dekorativ in Szene gesetzt werden die einzelnen Sternspitzen abwechselnd mit Bouillondraht, Zweigen, Silberblatt und trockenen Fruchtständen.

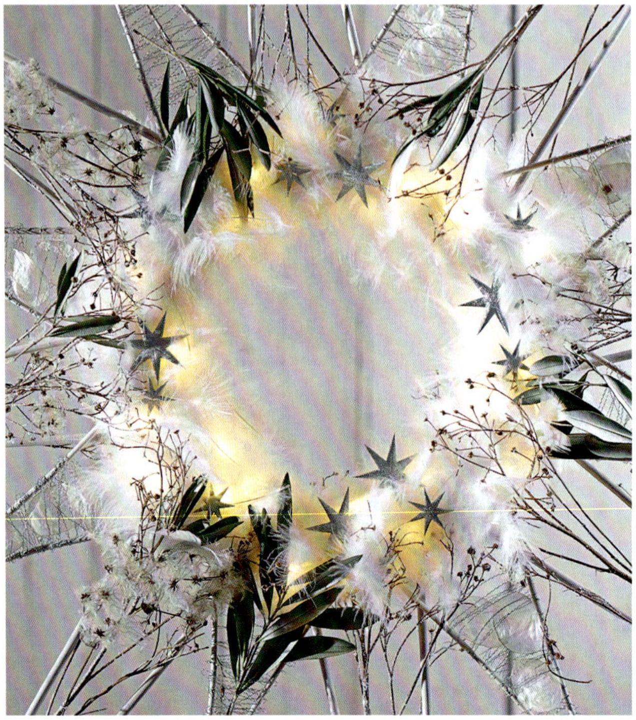

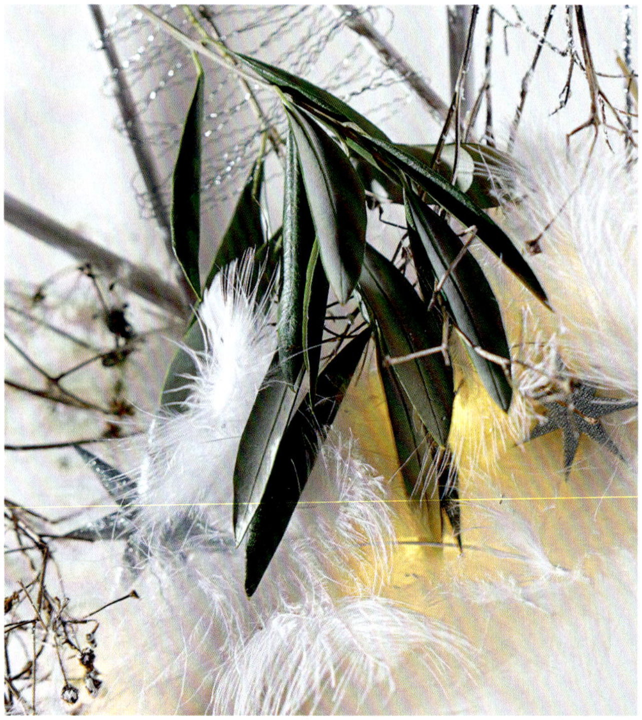

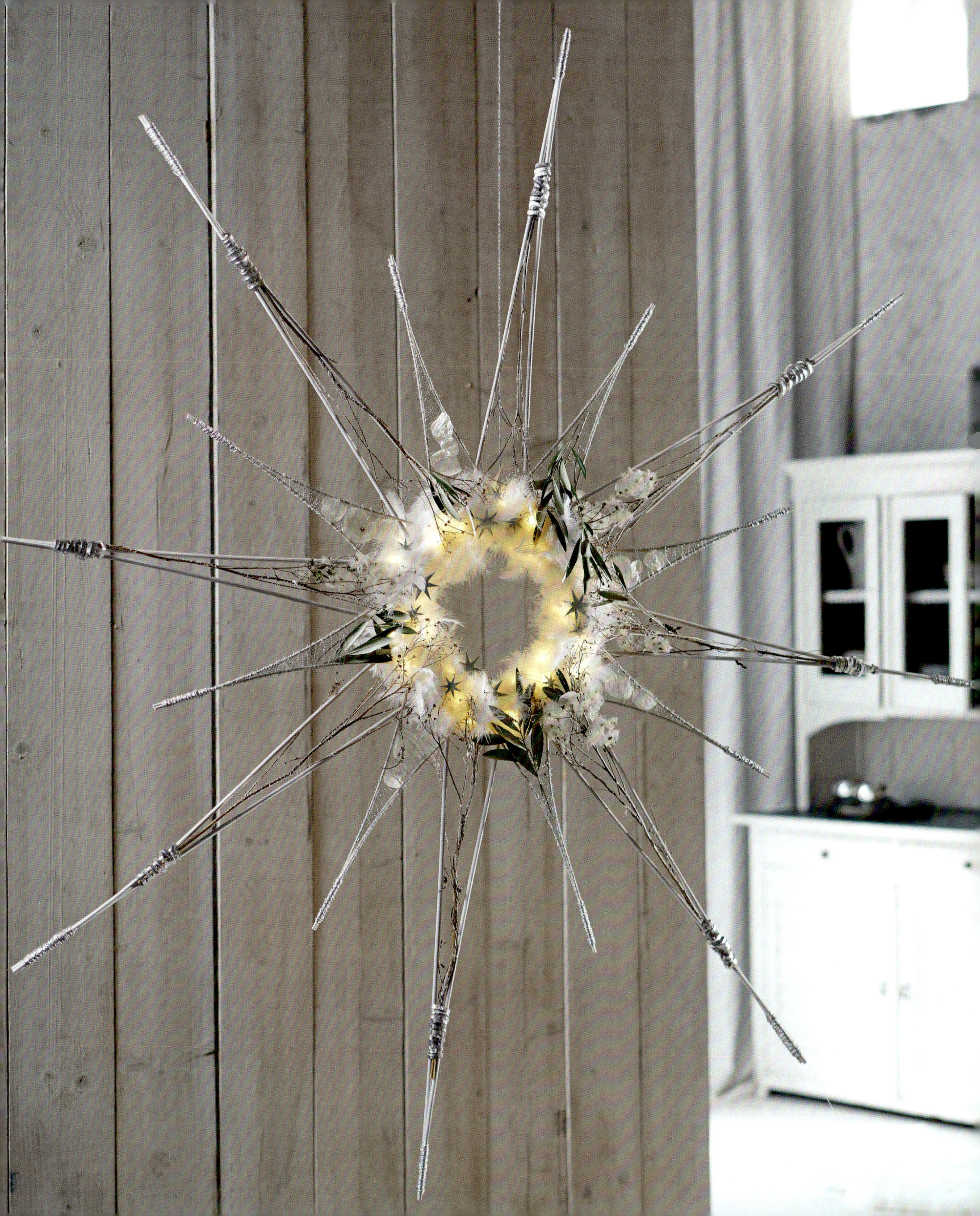

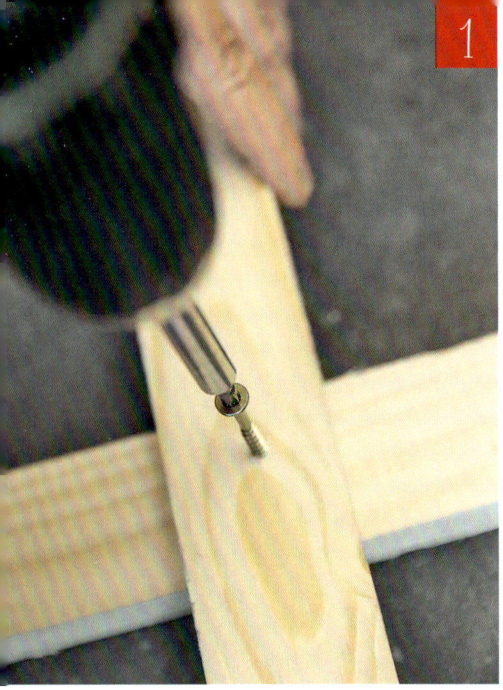

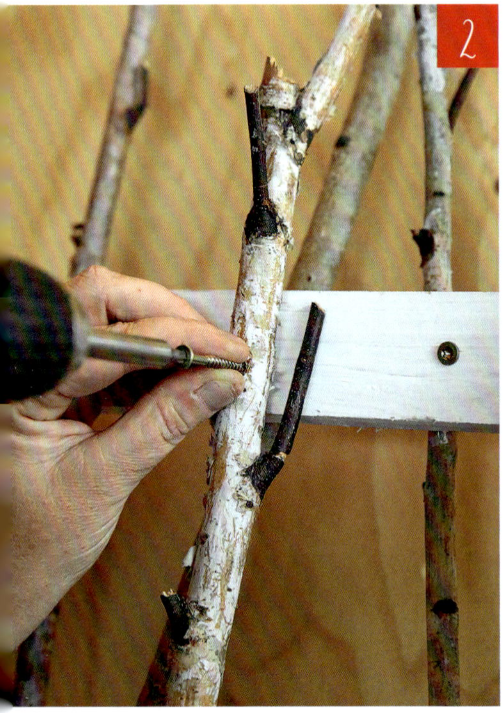

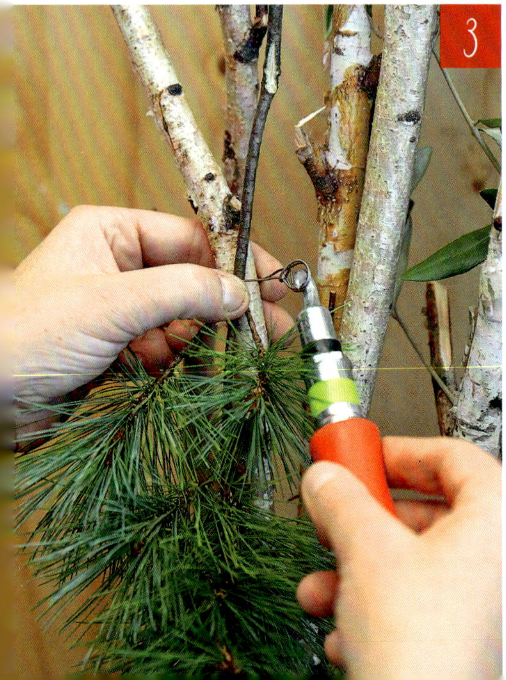

STERN IM RAHMEN

DAS WIRD BENÖTIGT:

Hilfsmittel
- Rahmenlatten
- Farbe
- Twistdraht
- Rebenbindedraht
- Schrauben

Pflanzliches
- Oliven- und Apfelzweige
- Kiefernzweige und -zapfen

Accessoires
- Stern, beleuchtet
- Christbaumkugeln
- Kordel
- Birkenäste
- Holz-, Kork und Strohsterne

SO WIRD'S GEMACHT:

1. Latten zu einem Rahmen verschrauben und weiß streichen.

2. Die Birkenäste senkrecht mit Schrauben befestigen.

3. Zweige mit Twistdraht und mittels Twister fixieren. Kugeln, Zapfen und verschiedene Sterne mit Rebenbindedraht einarbeiten. Den beleuchteten Stern mit einer Kordel versehen und einhängen.

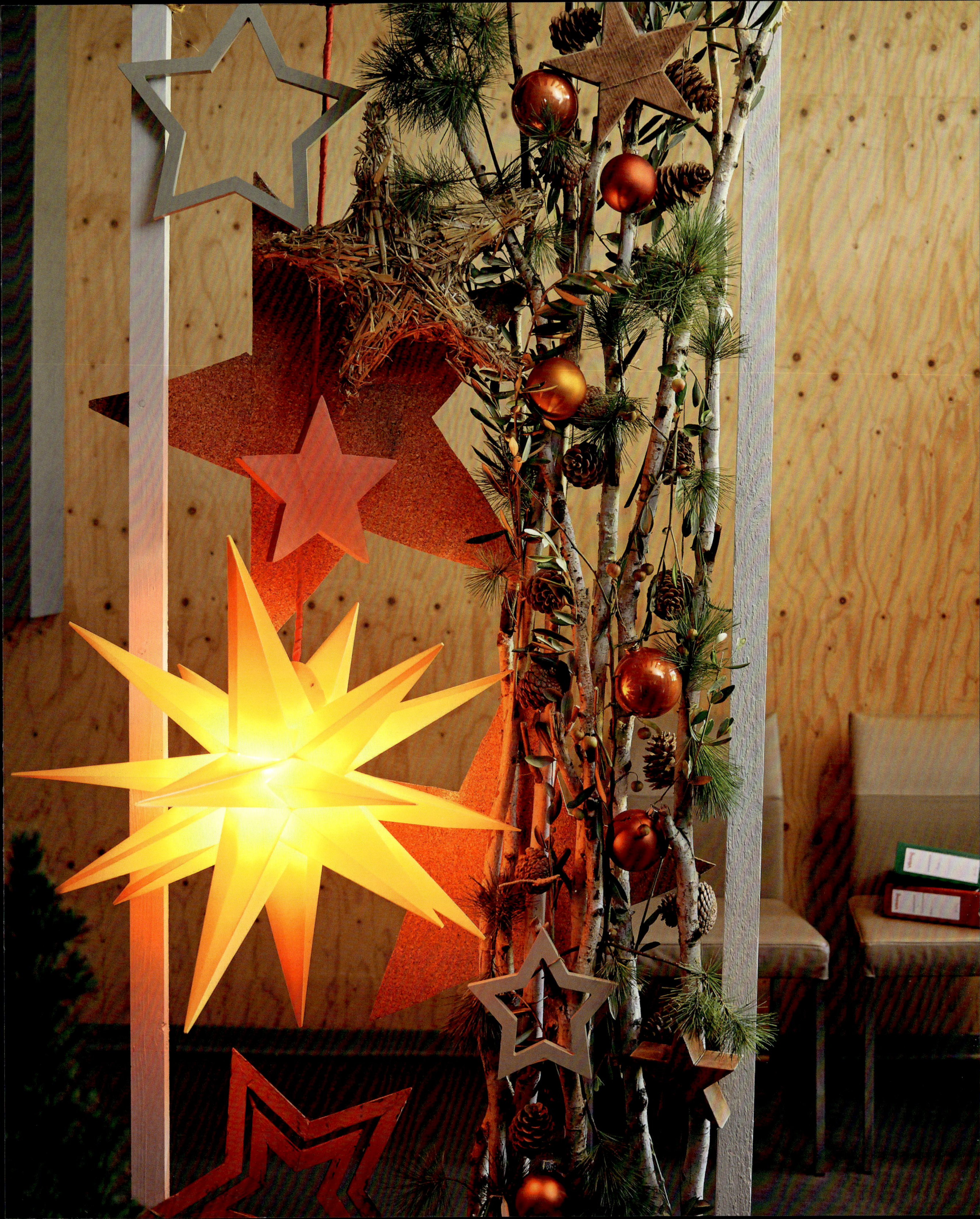

Stern im Fenster

Das wird benötigt:

Hilfsmittel
- Holzlatten
- Nagel
- Schrauben

Pflanzliches
- Schwarzkiefernzweige

Accessoires
- Bänder
- LED-Lichterkette
- Sterngirlande
- Papierstern

Den Reiz dieses Sterns machen die mit roter Kordel betonten Bindestellen an den Sternspitzen aus. Je drei Holzlatten zu gleichseitigen Dreiecken zusammenschrauben, diese versetzt zu einem sechseckigen Stern aufeinanderlegen und aneinander befestigen. Die Lichterkette hebt die Sternform hervor und bekommt durch die Kiefernzweige eine naturnahe Wirkung.

Klebt die Batteriebox der Lichterkette hinter eine Holzlatte, damit sie versteckt und nicht zu sehen ist.

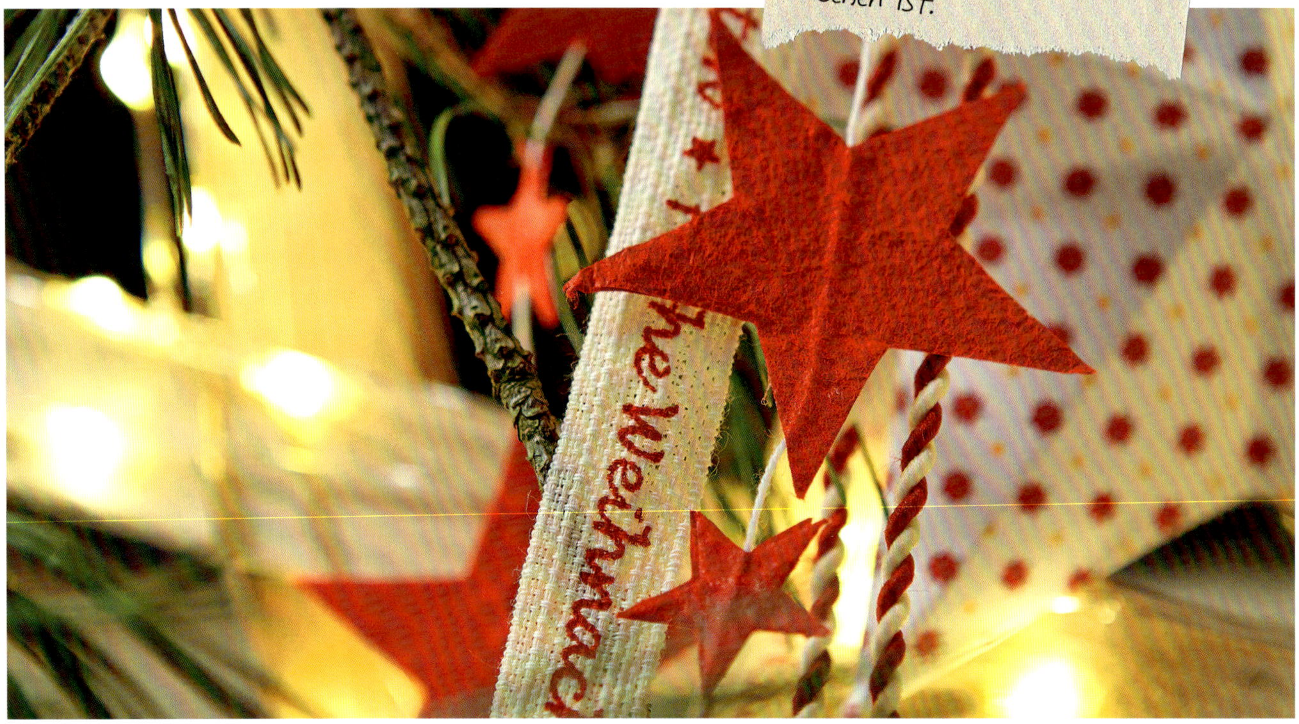

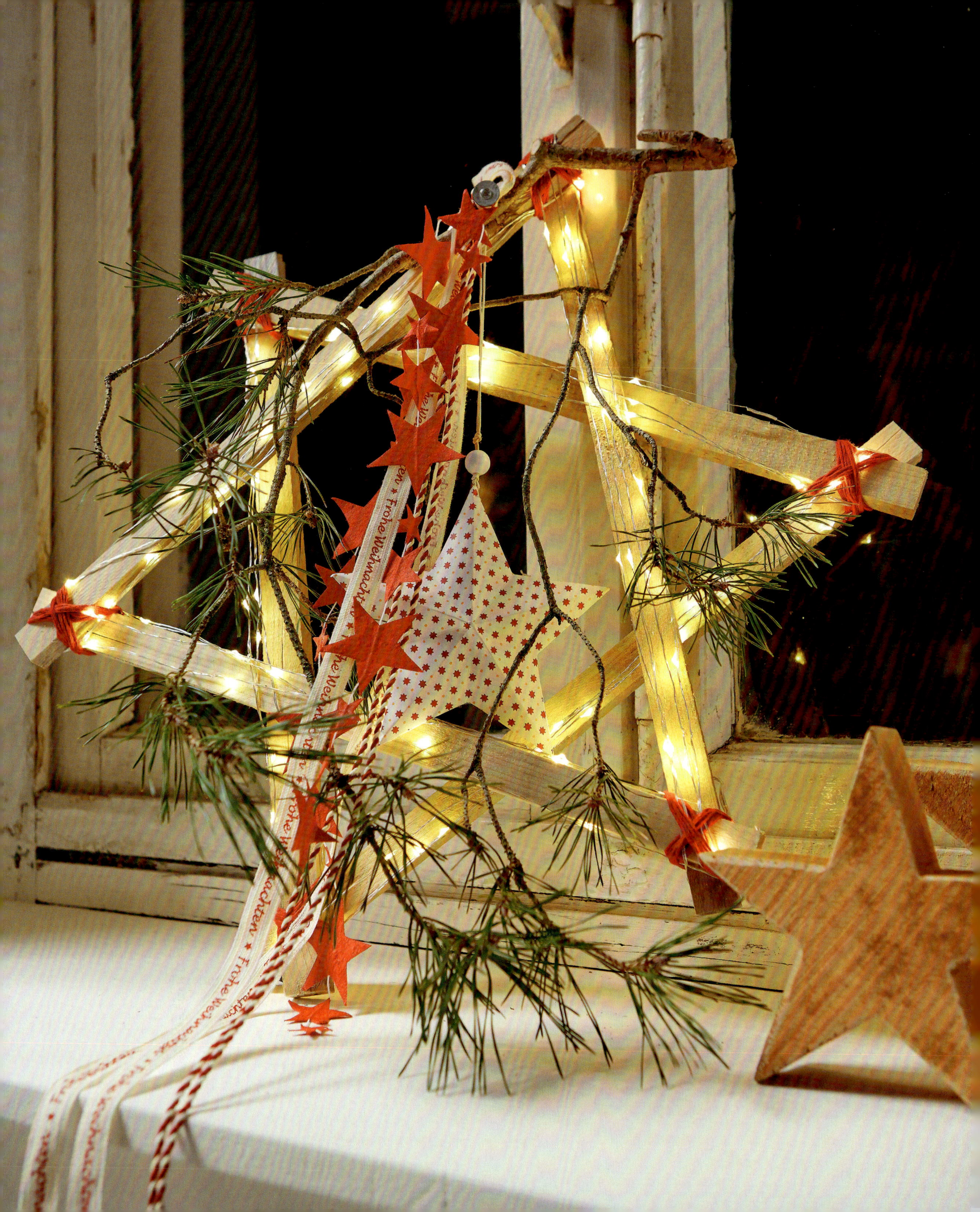
Frohe Weihnachten

STERN WIE AUS WOLKEN

DAS WIRD BENÖTIGT:

Hilfsmittel
- Filzvlies
- Jute
- Zierdraht
- Wickeldraht
- Steckdraht

Pflanzliches
- Waldrebe
- Fichtenzapfen
- Weiden- und Mistelzweige
- trockene Gräser

Accessoires
- LED-Lichterkette
- Wolle

Der Stern besteht aus Weidenzweigen, die mit Wickeldraht zusammengehalten werden. Für das flauschige Aussehen wird eine Schicht auseinandergezupftes Filzvlies um den Stern gelegt und mit Zierdraht fixiert. Die Sternarme sind mit Dochtfaden und Wolle umwickelt. Mit der eingearbeiteten Lichterkette und der üppig ausstaffierten Mitte aus Zapfen, Zweigen und Gräsern kann der Stern in einem großen Raum aufgehängt werden oder an einer Wand lehnend alle Blicke auf sich ziehen.

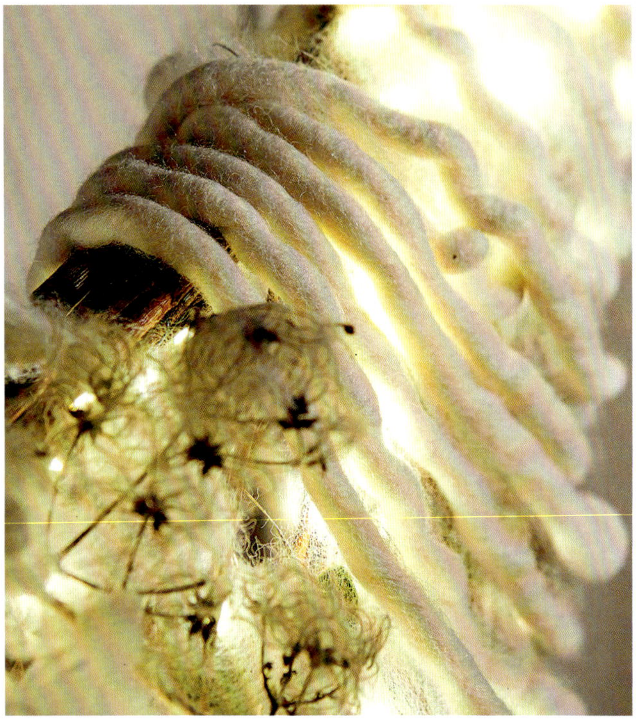

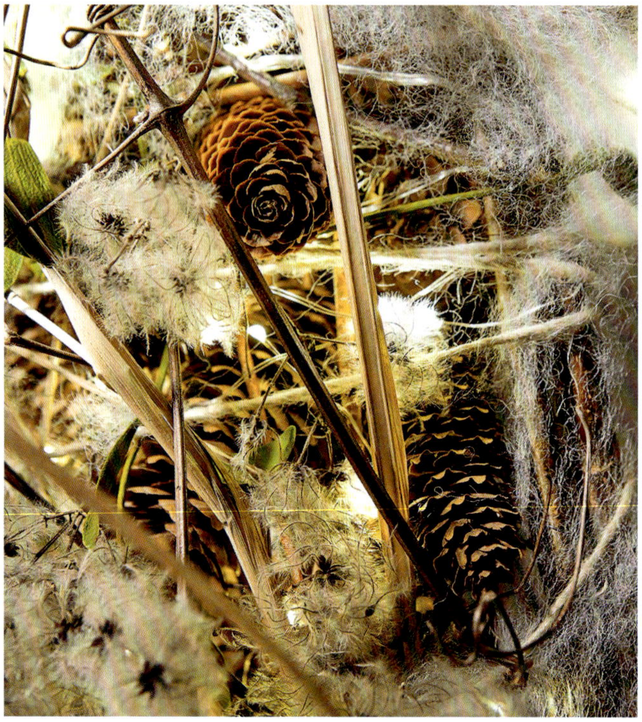

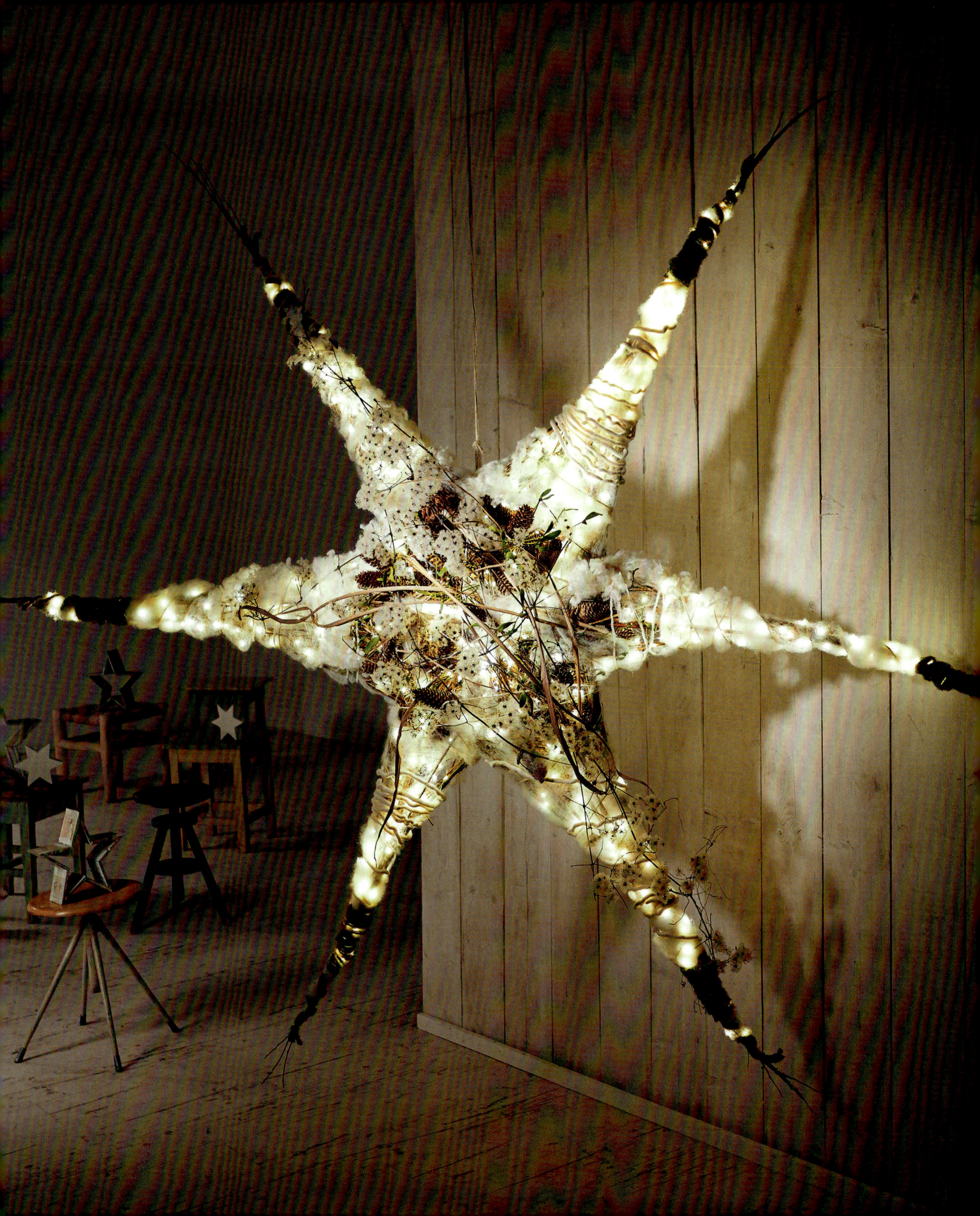

ROMANTISCHER STERNENREGEN

DAS WIRD BENÖTIGT:

Hilfsmittel
- Furnierscheibe
- Holzleiste
- Schrauben
- Bohrer
- Farbe, weiß

Pflanzliches
- Weber-Karde
- Silberblatt
- Korallfarn, geweißt
- Sonnenflügel
  Weidenkätzchen, gefärbt

Accessoires
- Leinen, gerissen
- Sternen-LED-Lichterkette
- Glaskugeln
- Holzsterne

Unter der halbierten Furnierscheibe ist eine Holzleiste mit vorgebohrten Löchern angebracht, in die die pflanzliche Materialien und leuchtende Sterne fixiert werden. Der Übergang von Furnierscheibe und Holzleiste wird mit einem Stück Leinenstoff, Band und glitzernden Schnüren dekorativ verdeckt.

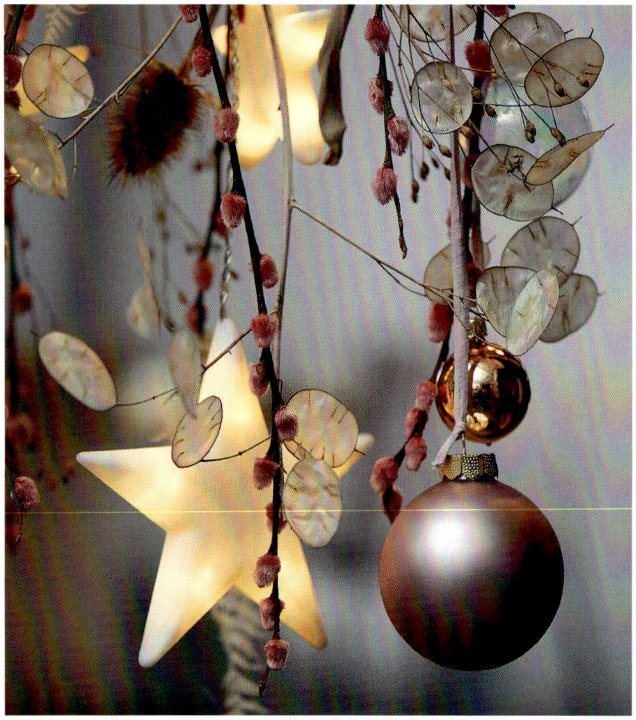

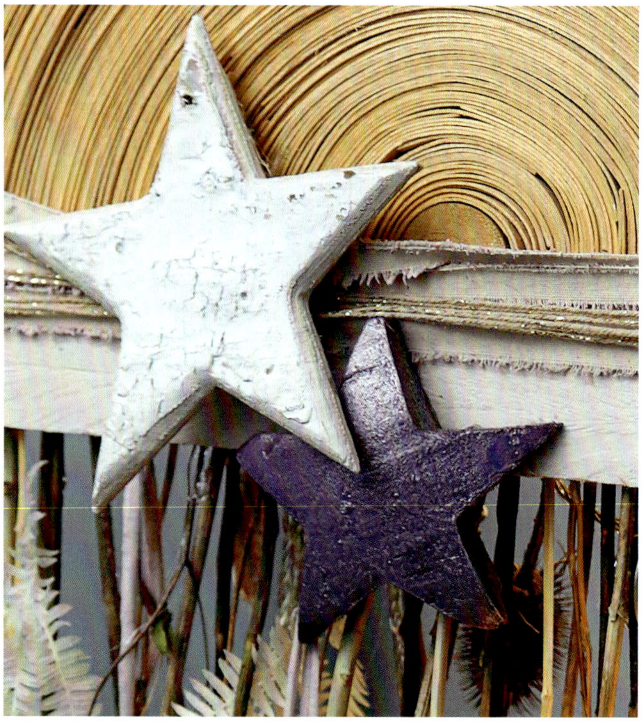

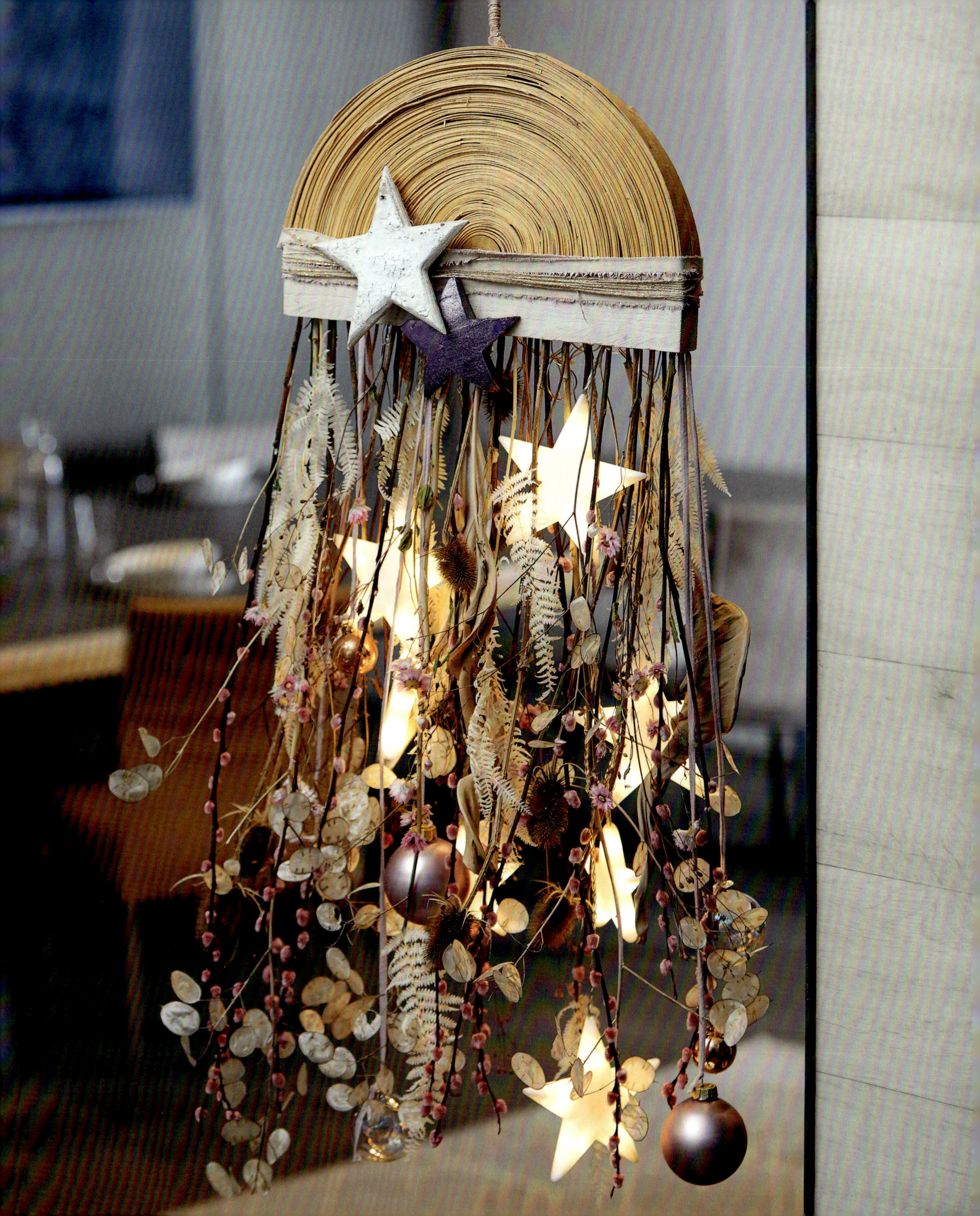

Flauschige Sterne

Das wird benötigt:

Hilfsmittel
- ★ Zierdraht
- ★ Bouillondraht
- ★ Schlagmetall
- ★ Pflastersteine
- ★ Sprühkleber

Pflanzliches
- ★ Adlerfarn, gebleicht
- ★ Silberblatt
- ★ Chinaschilf-Stiele und -Wedel
- ★ Lärchen- und Weymouthskiefernzweige

Accessoires
- ★ Dekostecker, Stern
- ★ Sterne
- ★ LED-Lichterketten
- ★ Band

In vorgebohrten Steinen haben die Sternstecker einen guten Halt. Mittels Bouillondraht können in der großen Sternform Adlerfarn, Silberblatt und Chinaschilf eingearbeitet werden, während in der kleineren Form besonders Chinaschilf-Wedel zum Einsatz kommen. Die umspannte Lichterkette und mit Schlagmetall bearbeiteten Zapfen bringen Glanz in die natürliche Gestaltung.

Statt die Steine anzubohren, könnt Ihr auch Quadrate aus Gips gießen und die Stecker darin einfassen.

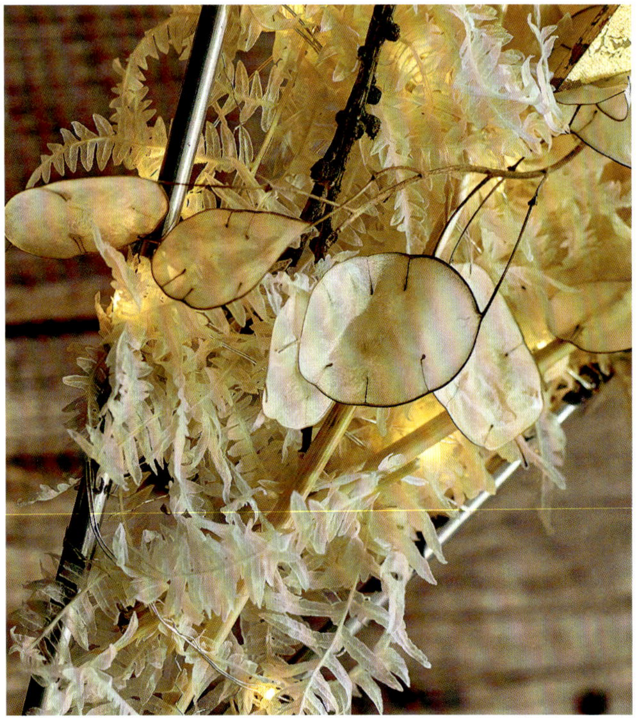

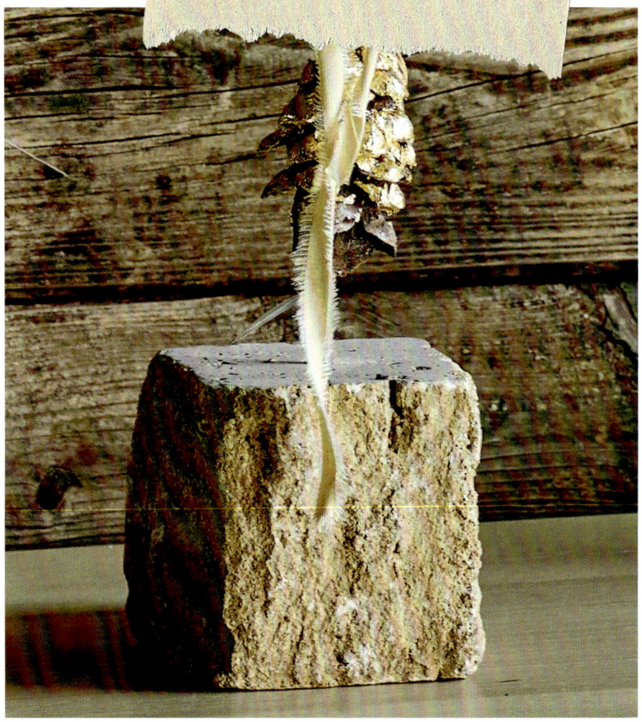

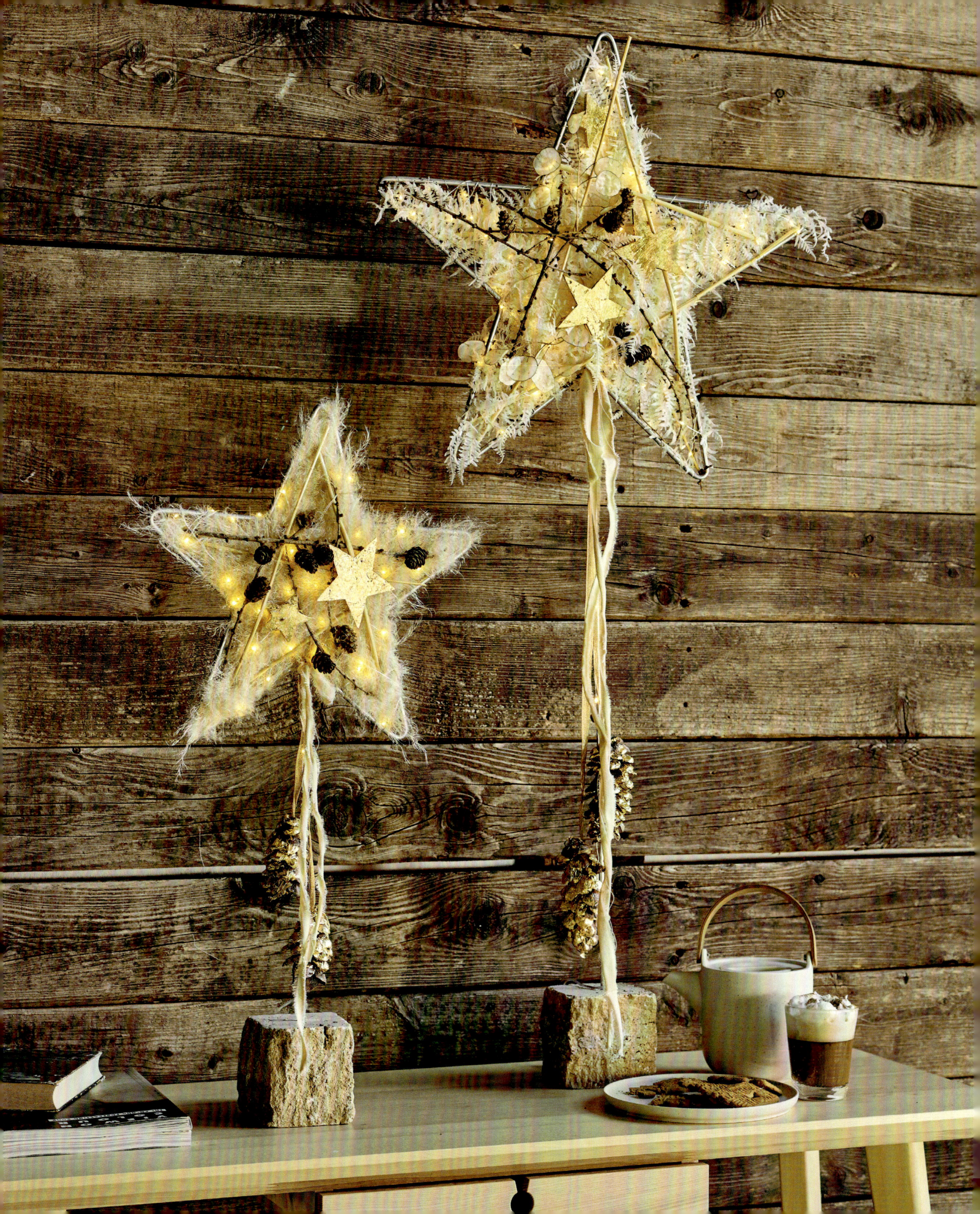

STERN AM AST

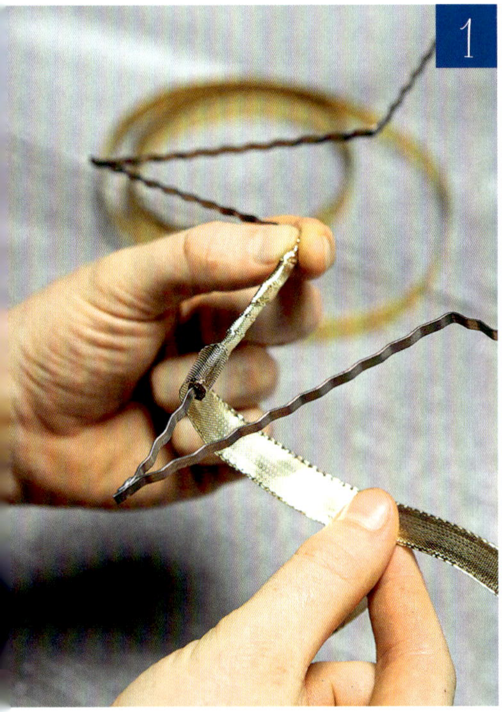
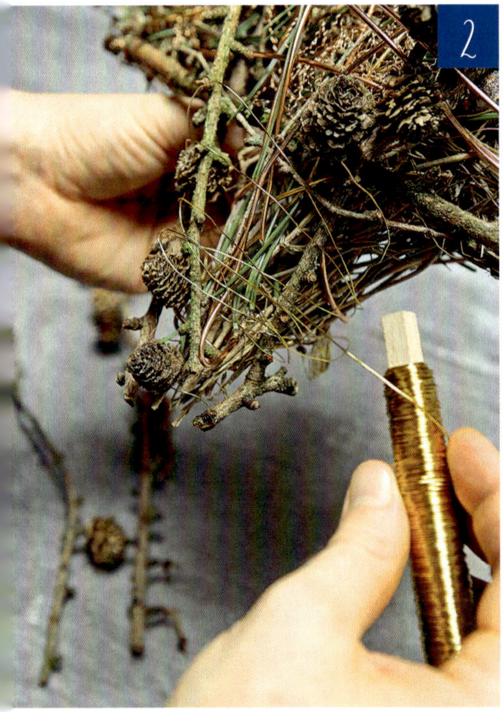

DAS WIRD BENÖTIGT:

Hilfsmittel
- Wellendrahtstern
- Aluminiumdraht
- Bouillondraht
- Flachdraht

Pflanzliches
- Ast
- Lärchenzweige
- Schwarzkiefernnadeln
- Weg-Rauke

Accessoires
- Streusterne
- Kugeln
- Band
- Schnur
- LED-Lichterkette

SO WIRD'S GEMACHT:

1. Den Wellendrahtstern mit Band umwickeln.

2. Mit Lärchenzweigen den Rand des Sterns verdicken. Kiefernnadeln sowie Weg-Rauke darüber legen und mit Bouillondraht festwickeln. Dann Aluminiumdraht um den Stern winden, die Lichterkette in den Stern ziehen und mit Streusternen sowie Kugeln dekorieren.

Außerdem: Einen dicken Ast mit Flachdraht und Schnur akzentuieren, den Stern an einer Gabelung mit Draht aufhängen und ein Band oben an den Stern knoten.

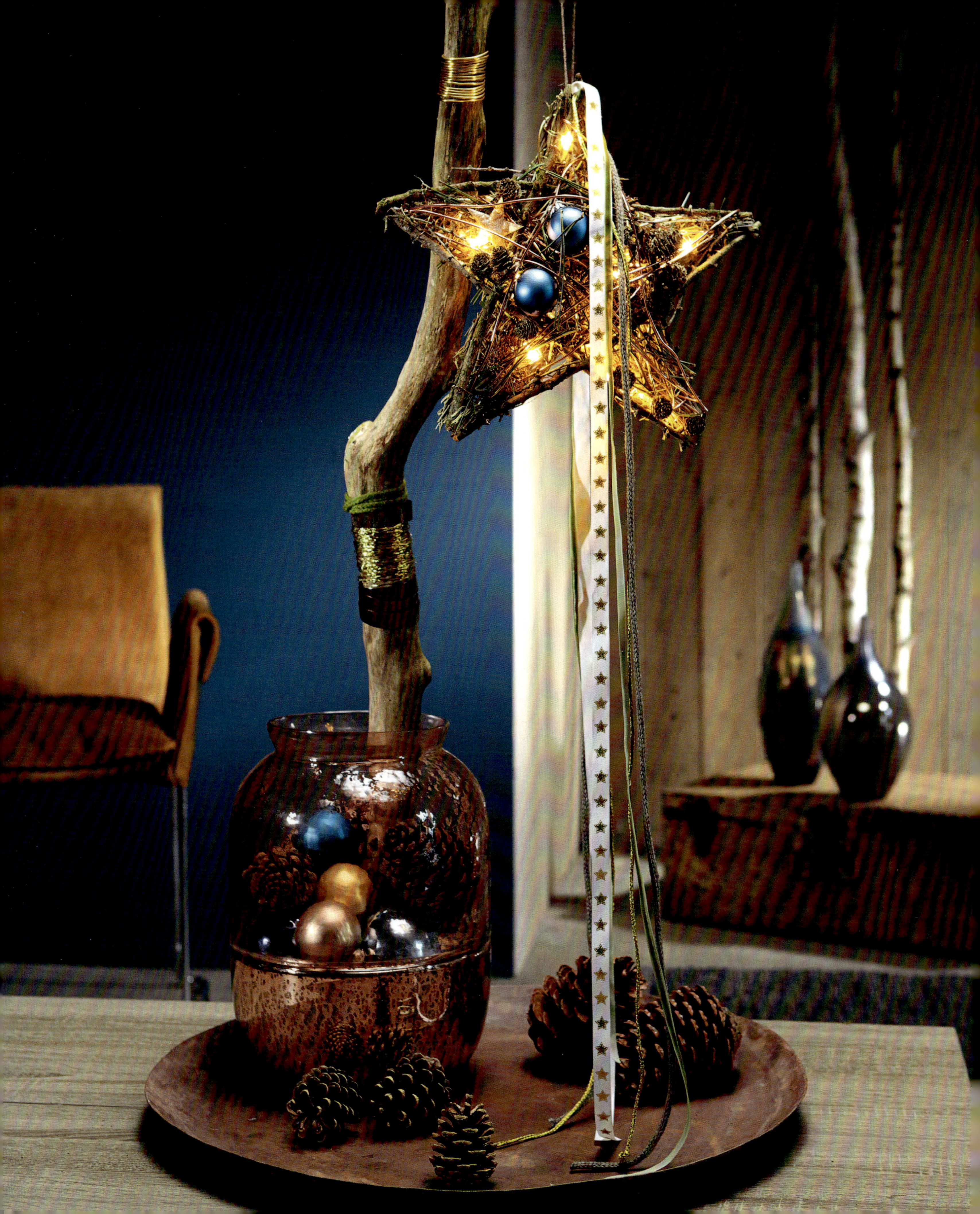

STERN MIT BLUMENZWIEBELN

DAS WIRD BENÖTIGT:

Hilfsmittel
- ★ Metallgrundgestell
- ★ Twistdraht

Pflanzliches
- ★ Waldrebenranken
- ★ Rittersternzwiebeln
- ★ Kiefern- und Pinienzapfen

Accessoires
- ★ LED-Lichterkette
- ★ Glaskugeln
- ★ Band
- ★ Wolle

Das sternenförmige Grundgestell wird großzügig mit Waldrebenranken umwickelt und mittels Twistdrähten fixiert. Ausgefüllt wird der Stern mit jeder Menge Glaskugeln und Zapfen, um dann großzügig mit einer langen Lichterkette oder auch mit mehreren kurzen umwickelt zu werden. Sobald die eingearbeiteten Rittersterne erblühen, erhält das Gesamtbild eine farbliche Akzentuierung.

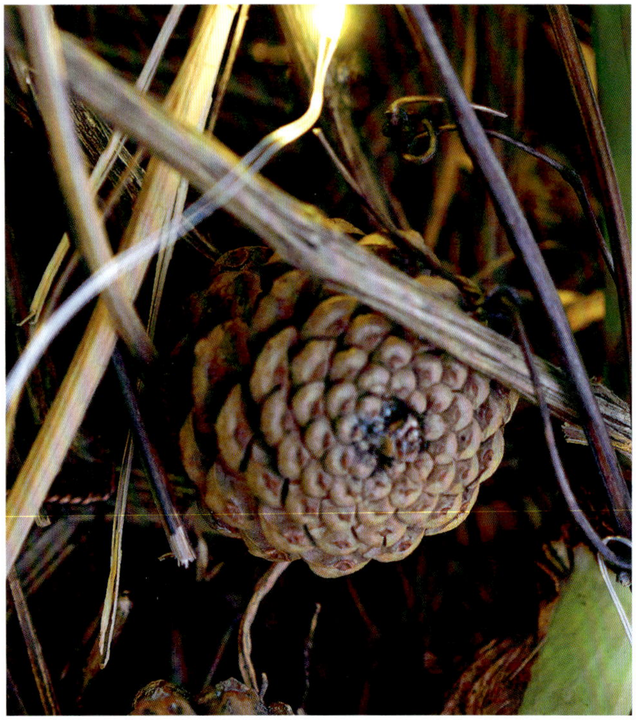

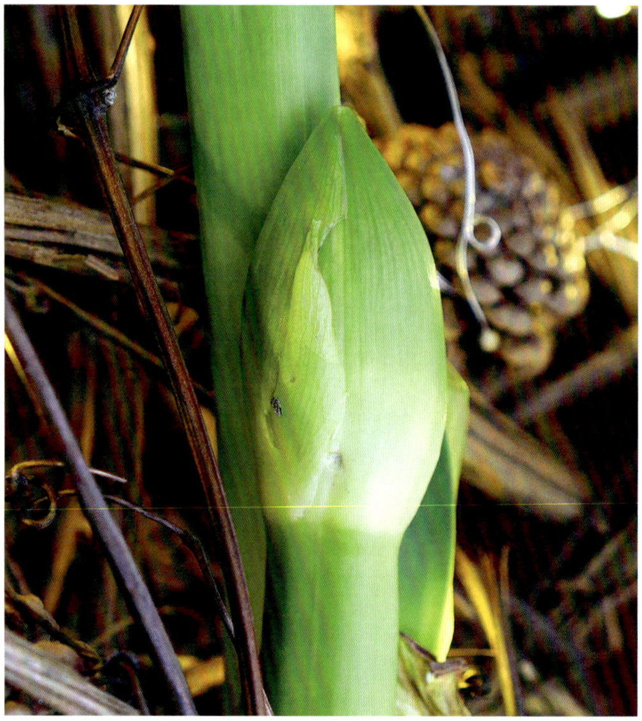

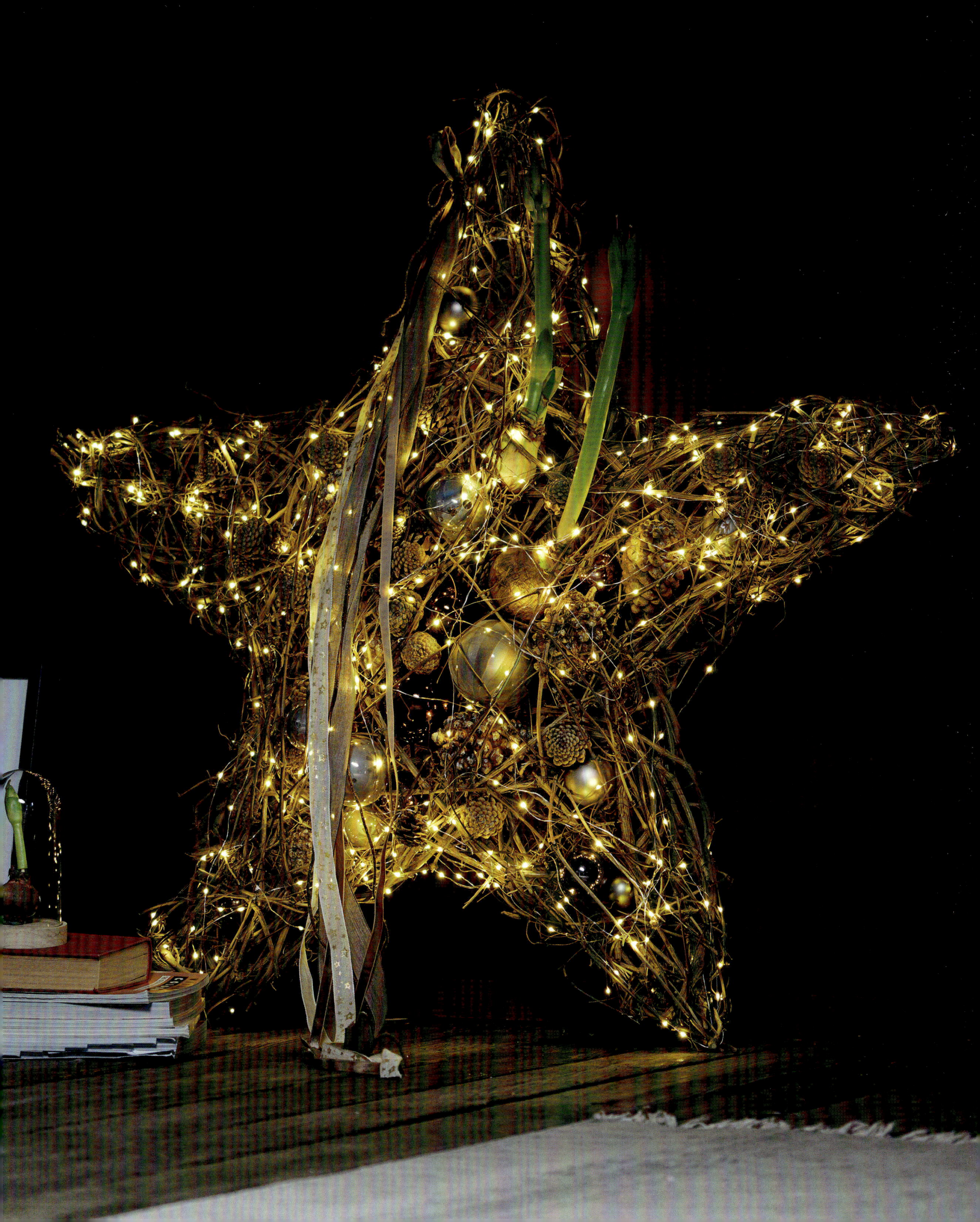

NATURMATERIALIEN

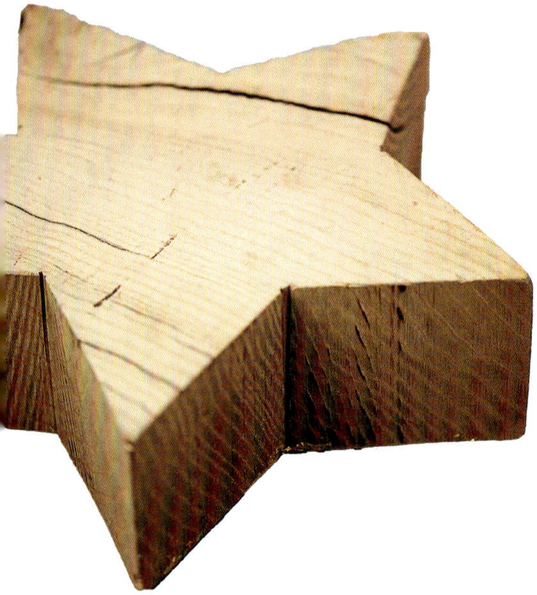

HOLZ kommt in unterschiedlichen Formen, Größen und Erscheinungen daher. Kaum ein anderes Material ist so wandelbar und robust, dass es Werkstücke mal rustikal und kernig oder mal elegant und modern wirken lässt. Dabei kann Holz als Ast, Stamm oder zierlicher Zweig für eine naturnahe Gestaltung sorgen oder verarbeitet als Latte, Brett oder Stab eine funktionale und stabilisierende Funktion einnehmen. Der Vorteil: Holz kann dauerhaft im Werkstück verbleiben oder wieder verwendet werden.

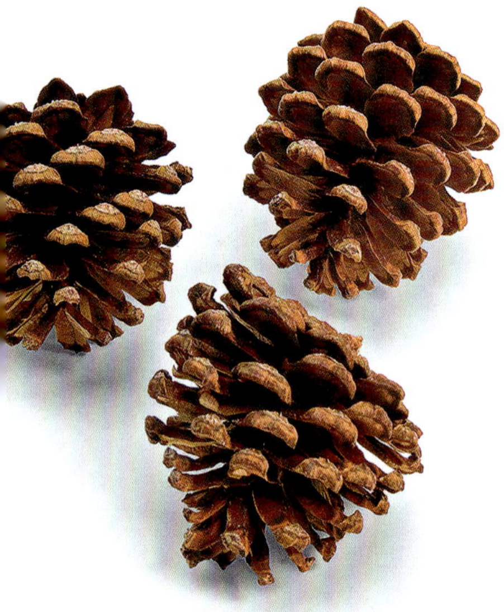

ZAPFEN bezeichnet man meist die mit ihrer Reife verholzenden weiblichen Blütenstände von Nadelgehölzen. Die wichtigsten floristisch verwendeten Zapfen stammen von Kiefernarten, manchen Fichten- und Lärchenarten, von Zedern und Zypressen sowie von Douglasien. Vieles davon kann man in der freien Natur sammeln. Zapfen von Tannen sind fürs dekorative Gestalten weniger geeignet, da sie bei Reife zerfallen.

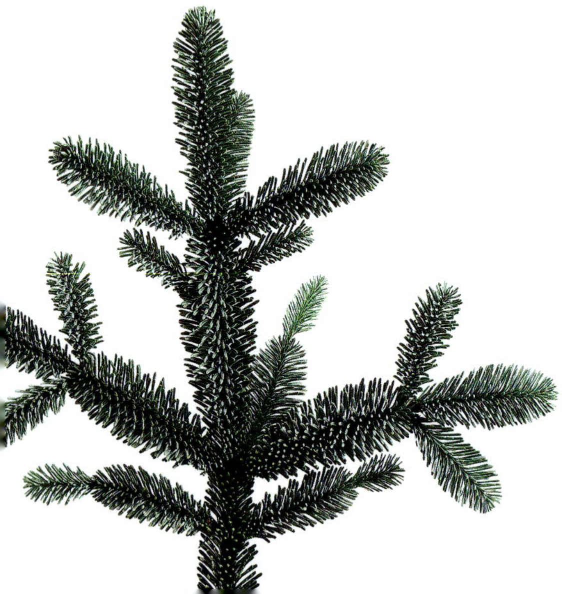

IMMERGRÜNE BLÄTTER wirken in Gestaltungen naturnah und oft ländlich. Koniferen und immergrüne Laubgehölze weisen Blätter auf, die mit ihrer ledrig-zähen Stofflichkeit der winterlichen Witterung widerstehen. Immergrün sind neben Kiefern, Eiben, Zypressen und anderen Koniferen auch Laubgehölze wie Buchs, Skimmien, Scheinbeeren, Kirschlorbeer sowie viele Moosarten. Diese Werkstoffe bleiben ohne Wasser lange haltbar und trocknen schließlich ein, ohne den grünen Farbstoff sofort zu verlieren.

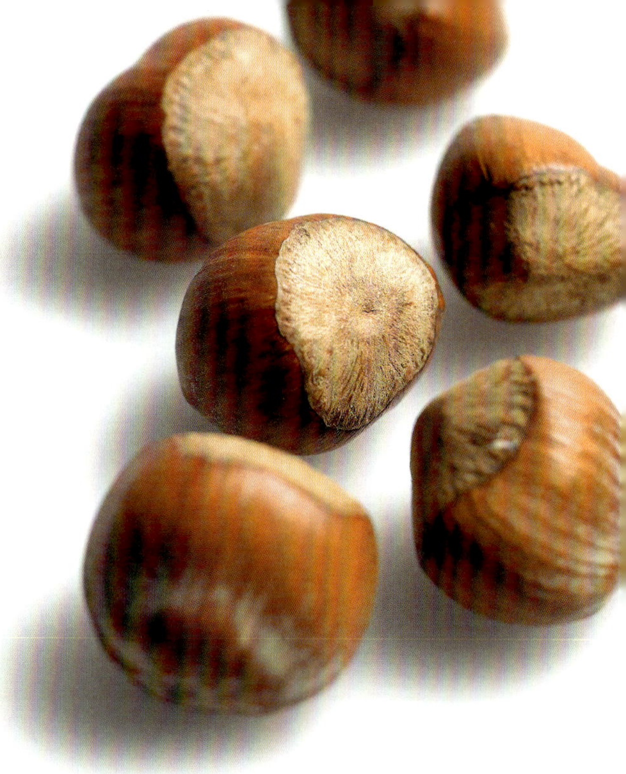

NÜSSE und andere ähnliche Kerne bzw. Samen kommen auch zu dekorativen Zwecken gerne zum Einsatz. Egal ob Hasel- oder Walnüsse, Bucheckern oder Eicheln, für jede oberflächliche Beschaffenheit gibt es eine Methode, sie kreativ zu bearbeiten und in diverse Werkstücke einzubauen – so lassen sie sich färben, anbohren, kleben und vieles mehr. Ähnlich wie Zapfen kann man einige Nüsse teilweise im Wald sammeln, zudem gehören sie zu den ausdauernden Materialien und sind somit nachhaltig und wiederverwendbar.

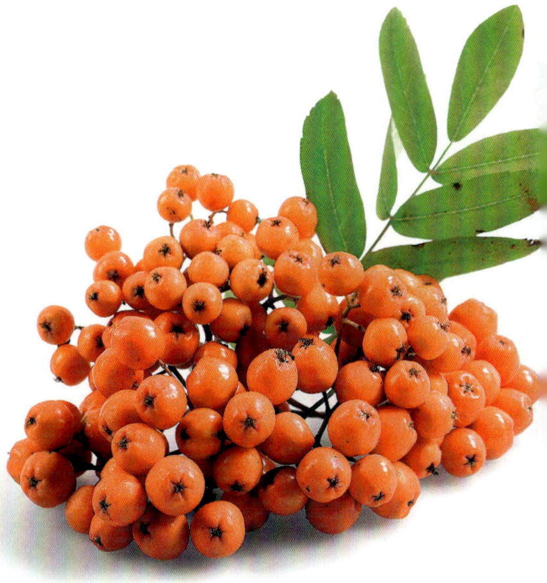

BEEREN UND FRÜCHTE bringen Farbe ins Spiel. Besonders beliebt sind Hagebutten und Stechpalmen-Beeren, die mit ihrem charakteristischen Rot für weihnachtliche Stimmung sorgen. Ideal zum Einkleben, Andrahten oder Stecken sorgen sie für verspielte Details. Auch Zieräpfel finden sich in traditionellen Adventskränzen gerne wieder. Allerdings ist zu beachten, dass Früchte und Beeren recht vergänglich und meist nur für den kurzweiligen Einsatz geeignet sind. Gut getrocknet und bis zur Verwendung dunkel gelagert, sind Hagebutten beispielsweise mehrere Wochen haltbar.

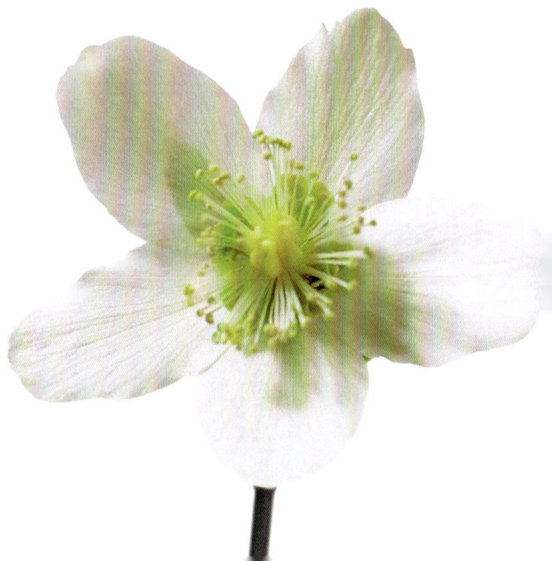

BLUMEN UND BLÜTEN sind in der Advents- und Weihnachtszeit zwar nicht die vorrangigen Materialien, die beim Dekorieren und Gestalten benutzt werden, bringen aber immer wieder das gewisse Etwas mit. Wenn es frische Blumen oder Blüten sein sollen, dann eignen sich saisonale Sorten wie Ritterstern, Amaryllis und Christrosen, aber auch Exotisches wie Proteen sind gern gesehen. Flexibler und langlebiger hingegen sind getrocknete Floralien, die sich auch gut einkleben oder andrahten lassen.

HILFSMITTEL

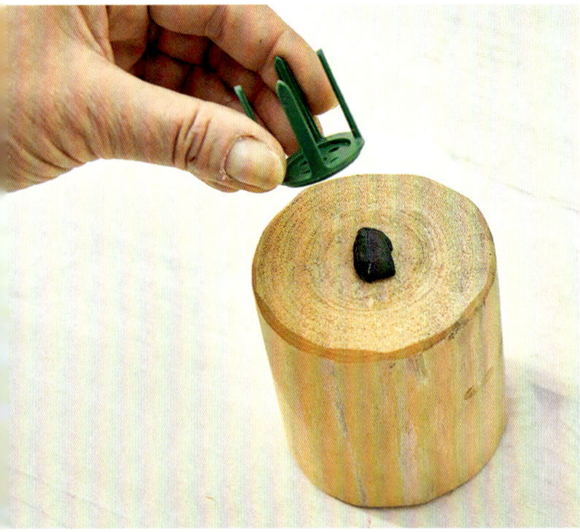

PINHOLDER kann man auch als Gesteck- oder Steckschaumhalter bezeichnen. Sie sorgen dafür, dass Gestecke und Steckschaumunterlagen stets an ihrem Platz bleiben. Dafür wird auf einer ebenen Fläche eine Klebemasse angebracht, auf die der Pinholder befestigt wird. So kann die zu gestaltende Unterlage darauf fixiert werden, ohne zu verrutschen.

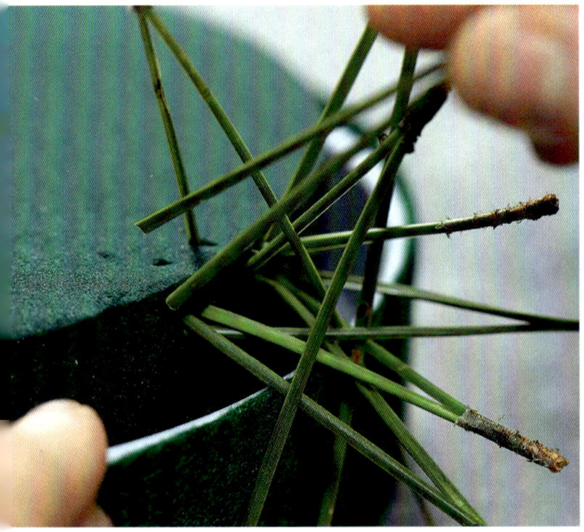

FRISCH- UND TROCKENBLUMENSTECKSCHAUM sind Steckbasen, die vor allem Zweigen und Blumenstielen eine feste Grundlage und Halt bieten. Frischblumensteckschaum wird dabei vor dem Besteckt werden gewässert und hält somit eingesteckte Tannenzweige, Blüten und Co. über einen längeren Zeitraum hinweg frisch. Trockenblumensteckschaum bietet sich dagegen für trockene oder künstliche Floralien sowie Accessoires an, die keine Wasserversorgung benötigen. Es gibt beide Variationen in verschiedenen Größen und Formen.

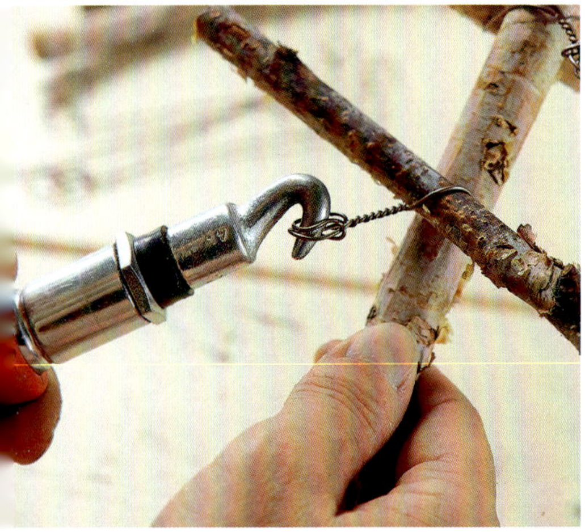

TWISTER wird auch Drillapparat oder Rödelgerät genannt und hilft beim kraft- und zeitsparenden Verdrehen der Drähte. Dabei wird der Drill- oder Rödeldraht um die zu verbindenden Zweige gebogen. Beide Ösen werden in den Gerätehaken einhängt. Wird dann am Griff gezogen, dreht sich der Haken und verdrillt damit die beiden Drahtenden miteinander.

TWISTDRÄHTE haben an beiden Enden je eine Öse und werden zum Verdrahten beispielsweise von Zweigen mittels eines Twisters eingesetzt.

ACCESSOIRES

SCHLAGMETALL wird zum Vergolden oder Versilbern von Keilrahmen, Holz, Stein, Porzellan, Glas, Papier und vielem mehr verwendet. Dazu wird meist Anlegemilch benötigt – ein spezieller Kleber für Blattmetalle – oder auch Sprühkleber, je nach Bedarf. Damit bestreicht oder besprüht man die Stelle des Materials, auf die das Schlagmetall angebracht werden soll. Nach kurzer Trocknung kann das glänzende Metall vorsichtig aufgelegt werden und mit einem stumpfen Gegenstand z. B. der Rückseite eines Löffels oder mit einem Pinsel angedrückt werden. Das erfordert viel Fingerspitzengefühl und Übung.

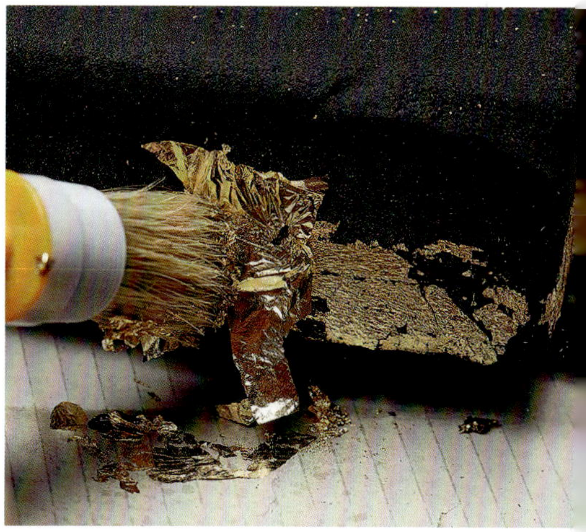

SPIEGELBEEREN sind bereits zu Bündeln an einem Draht befestigte, kleine Weihnachtskugeln, die es aus Glas oder Kunststoff gibt. Sie lassen sich sowohl im Bund als auch einzeln in verschiedene Gestaltungen einarbeiten. Dafür werden die Drähte zwischen den Tannenzweigen des Gestecks beziehungsweise im Steckschaum versteckt.

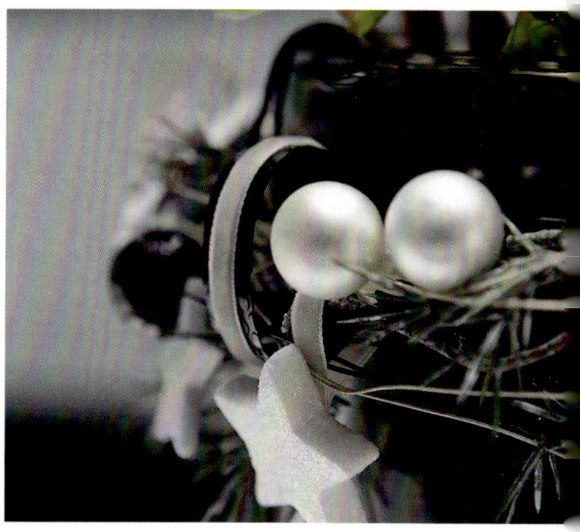

LED-LICHTERKETTEN sind dank ihrer geringen Wärmeentwicklung flexibler einsetzbar und sicherer als herkömmliche Lämpchen. Je nach Gegebenheit – ob batterie- oder strombetrieben – können sie unterschiedlich an einem Werkstück angebracht werden. Bei stark verzweigten Werkstoffen reicht es, das Leuchtmittel einfach einzuhängen. Auf Trockenblumensteckschaum hingegen lassen sich die Lämpchen mithilfe von Haften gleichmäßig befestigen. Der Einsatzort ist immer entscheidend für die Wahl der Lichterkette. Sobald Werkstücke draußen aufgestellt oder aufgehängt werden sollen, muss eine spezielle Outdoor-Lichterkette genutzt werden. Denn Schnee, Eis und Regen können Innen-Lichterketten beschädigen, was einen Kurzschluss zur Folge haben kann.

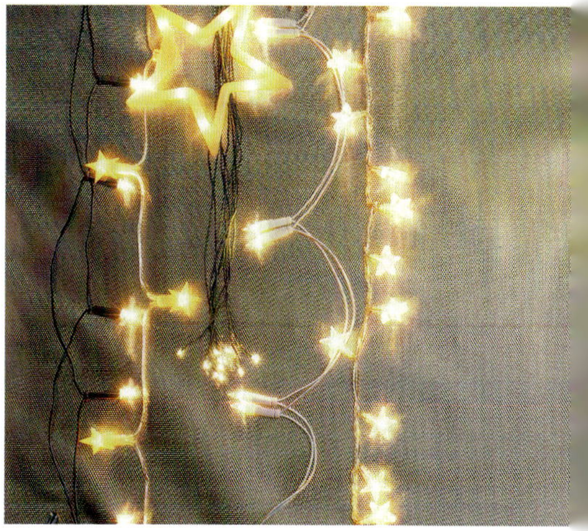

IMPRESSUM

HERAUSGEBER
BLOOM's GmbH, Ratingen (D)

KONZEPTION UND TEXT
Giulia Seibel

FLORISTIK, STYLING
Team BLOOM's

REDAKTION
Hella Henckel (vwtl.),
Giulia Seibel

FOTOS
BLOOM's GmbH
Alexander Heide
Patrick Pantze Images GmbH,
Lage (D): Hendrik Lemke
René Deppe

GRAFIKDESIGN
Alicja Tolay

DTP
Britta Baschen

1. Auflage 2022
ISBN 978-396563-092-5

BLOOM's
MEDIEN | MARKETING | EVENTS

BUCHTIPPS FÜR DIE ADVENTSZEIT

Aus der gleichen Reihe erschienen:

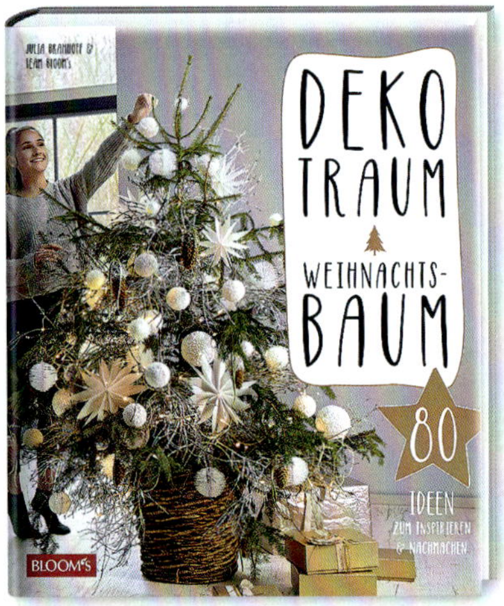

Dekotraum Weihnachtsbaum
80 Ideen zum inspirieren & Nachmachen
Julia Bramhoff, Team BLOOM's
144 Seiten, Format 24 x 28 cm,
Text deutsch, Hardcover
€ (D) 19,90 | € (A) 20,50 | SFR (CH) 24,90
ISBN 978-3-96563-050-5

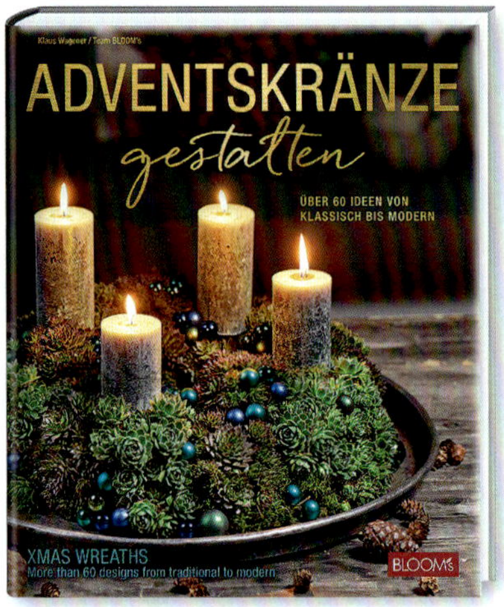

Adventskränze gestalten
Über 60 Ideen von klassisch bis modern
Klaus Wagener, Team BLOOM's
144 Seiten, Format 24 x 28 cm,
Text deutsch/englisch, Hardcover
€ (D) 29,90 | € (A) 30,80 | SFR (CH) 37,90
ISBN 978-396563-093-2

Diese und weitere Bücher zum Thema Weihnachten findet Ihr in unserem Online-Shop unter: blooms.de/shop